U0109153

古典文獻研究輯刊

三二編

潘美月・杜潔祥 主編

第3冊

《四庫提要》精選精注（第三冊）

司馬朝軍 著

國家圖書館出版品預行編目資料

《四庫提要》精選精注（第三冊）／司馬朝軍 著 -- 初版 -- 新北市：花木蘭文化事業有限公司，2021〔民 110〕

目 6+220 面；19×26 公分

（古典文獻研究輯刊 三二編；第 3 冊）

ISBN 978-986-518-384-4（精裝）

1. 四庫全書 2. 研究考訂

011.08　　110000575

古典文獻研究輯刊

三二編 第三冊　　ISBN：978-986-518-384-4

《四庫提要》精選精注（第三冊）

作　　者 司馬朝軍

主　　編 潘美月、杜潔祥

總 編 輯 杜潔祥

副總編輯 楊嘉樂

編　　輯 許郁翎、張雅淋　美術編輯 陳逸婷

出　　版 花木蘭文化事業有限公司

發 行 人 高小娟

聯絡地址 235 新北市中和區中安街七二號十三樓

電話：02-2923-1455／傳真：02-2923-1452

網　　址 http://www.huamulan.tw 信箱 service@huamulans.com

印　　刷 普羅文化出版廣告事業

初　　版 2021 年 3 月

全書字數 1388152 字

定　　價 三二編 47 冊（精裝）台幣 120,000 元

《四庫提要》精選精注
（第三冊）

司馬朝軍 著

目次

第三冊

38. 資治通鑑考異三十卷

宋司馬光（1019～1086）撰。

此書於元豐七年（1084）隨《通鑑》同奏上。高似孫《緯略》載，光編集《通鑑》有一事用三四出處纂成者。《文獻通考》載司馬康所述有司馬彪、荀悅、袁宏、崔鴻、蕭方等、李延壽及《太清記》《唐曆》之類。洪邁《容齋隨筆》所摘有《河洛記》《魏鄭公諫錄》〔一〕《李司空論事》《張中丞傳》《涼公平蔡錄》《鄴侯家傳》《兩朝獻替記》《後史補》《金鑾》《密記》《彭門紀亂》《平剡錄》《廣陵妖亂志》之類。不過偶舉其數端，不止是也。其間傳聞異詞，**稗官既喜造虛言，正史亦不皆實錄**。光既擇可信者從之，復參考同異，別為此書，辨正謬誤，以祛將來之惑。昔陳壽作《三國志》，裴松之注之，詳引諸書錯互之文，折衷以歸一是，其例最善。而修史之家未有自撰一書明所以去取之故者。有之，實自光始。其後李燾《續通鑑長編》、李心傳《建炎以來繫年要錄》，皆沿其義，雖散附各條之下，為例小殊，而考訂得失則一也。至陳桱、王宗沐、薛應旂等欲追續光書〔二〕，而不能網羅舊籍，僅據本史編排，參以他書，往往互相牴牾，不能遽定其是非。則考異之法〔三〕不講，致留遺議於本書，滋疑竇於後來者矣。

其中如唐闞播平章事拜罷，專引《舊唐書》，而不及引《新唐書》紀、傳、年表以證其誤者，小小滲漏，亦所不免。然卷帙既繁，所謂牴牾不敢保者，光固已自言之，要不足為全體累也。

其書原與《通鑑》別行，胡三省作《音注》，始散入各文之下，然亦頗有漏略。此乃明初所刊單本，猶光原書卷第，故錄之以存其舊焉。（《四庫全書總目》卷四十七）

【注釋】

〔一〕**【魏鄭公諫錄】**唐王方慶撰。

〔二〕**【續書】**元、明間人陳桱著《通鑑續編》二十四卷，其書成於元末。明王宗沐撰《續資治通鑑》，僅六十四卷，內容比較簡略。明薛應旂撰《宋元通鑑》，共一百五十七卷，「意在推崇道學，而敘事多疏漏，其年月率不可信」（錢大昕《十駕齋養新錄》卷十三）。王、薛二書通稱為《宋元資治通鑑》。

〔三〕**【長編考異之法】**王樹民先生云：「其取材在廣博的基礎上又極為精審，每一史實都是以嚴謹的態度，自多種史料中選定其最可靠者而從之。其比較各項史料的過程和選定的理由，都另作記載，以成《考異》一書，因而此項治學方法被稱為『考異法』。在舊日編寫的史書中，這是最為妥善的一種方法，司馬光充分地運用之，於是形成為本書的另一個重要特點。」(《史部要籍解題》第162頁，中華書局1981年第1版）今按，「長編考異法」是司馬光的一大貢獻，對後世的影響非常巨大，詳見王永興《陳寅恪先生史學述略稿》(北京大學出版社1998年版）第一章第四節。

39. 通鑒釋例〔一〕一卷

宋司馬光（1019～1086）撰。

皆其修《通鑒》時所定凡例，後附於范祖禹《論修書帖》二通。有光曾孫尚書吏部員外郎伋跋語稱「遺稿散亂，所藏僅存，脫略已甚，伋輒掇取分類為三十六例」。末題丙戌仲秋，乃孝宗乾道二年（1166）〔二〕。胡三省《通鑒釋文辨誤序》謂光沒後，《通鑒》之學其家無傳，後因金使問司馬光子孫，朝廷始訪其後之在江南者，得從曾孫伋，使奉公祀。凡言書出於司馬公者，必鋟梓行之，蓋伋之始末如此。其編此書時，嘗有浙東提舉常平茶鹽司版本。惟伋跋稱三十六例，而今本止分十二類，蓋並各類中細目計之也。伋又稱，文全字闕者伋亦從而闕之。而今本並無所闕，則已非原刻之舊。胡三省又云：「溫公與范夢得修書二帖，得於三衢學宮，與劉道原十一帖，則得於高文虎氏，伋取以編於前例之後。」今本止有與夢得二帖，而道原十一帖無之。殆後人以《通鑒問疑》別有專本，而削去不載歟？

其書雖出於南渡後，恐不無以意損益，未必盡光本旨〔三〕。而相傳已久，今故與《問疑》並著於錄，以備參考焉。〔四〕(《四庫全書總目》卷四十七)

【注釋】

〔一〕【書名】四庫本書名作「資治通鑒釋例」。

〔二〕【跋語】四庫本未收司馬伋跋語。

〔三〕【辨偽】王樹民先生云：《通鑒釋例》「乃南宋初年時人所撰而託名於光者，但所附之書信不偽，故仍有參考之用」。(《史部要籍解題》第165頁，中華書局1981年第1版)

〔四〕【整理與研究】鄔國義教授撰《通鑒釋例三十六例的新發現》(《史林》1995年第4期)

40. 資治通鑑釋文辨誤十二卷

元胡三省（1230～1302）撰。

《通鑑釋文》，本南宋時蜀人史炤所作，淺陋特甚〔一〕。時又有海陵所刊《釋文》，稱司馬康本。又蜀廣都費氏進修堂版行《通鑑》，亦以注附之，世號《龍爪通鑑》。皆視史炤本差略，而實相蹈襲。三省既自為《通鑑音注》，復以司馬康《釋文》本出偽託，而史炤所作訛謬相傳，恐其疑誤後學，因作此書以刊正之〔二〕。每條皆先舉史炤之誤，而海陵本、龍爪本與之同者，則分注其下。其已見於此書者，《音注》之中既不復著其說。然如《唐德宗紀》「韓旻出駱驛」一條，《音注》云：「史炤謂駱谷關之驛。余案：韓旻若過駱谷關驛，則已通奉天而西南矣。昭說非也。」此類隨文考正者，亦不盡見於《辨誤》。蓋二書本相輔而行，故各有詳略，以便互為考證也。

其書援據精覈，多足為讀史者啟發之助。所云：**「音訓之學，因文見義，各有攸當，不可滯於一隅。」**又云：**「晉、宋、齊、梁、陳之疆里，不可以釋唐之疆里。」其言實足為千古注書之法**，又不獨為史炤一人而設矣。（《四庫全書總目》卷四十七）

【注釋】

〔一〕【評論】錢大昕《跋通鑑釋文》云：「史注固不如胡氏之詳備，而創始之功，要不可沒。胡氏有意抑之，未免蹈文人相輕之習。且如……豈非以不狂為狂乎！景參以地理名家，而疏於小學，其音義大率承用史氏舊文，偶有更改，輒生罅漏，予故表而出之，俾後人知二書之不可偏廢云。」（《潛研齋文集》卷二十八）

〔二〕【胡三省自序】《通鑑釋文》行於世，有史炤本，有公休本。史炤本馮時行為之序。公休本刻於海陵郡齋，前無序，後無跋，直置公休官位、姓名於卷首而已。又有成都府廣都縣費氏進修堂板行《通鑑》，於正文下附注，多本之史炤，間以己意附見，世人以其有注，遂謂之善本，號曰《龍爪通鑑》。要之，海陵釋文、龍爪注大同而小異，皆蹈襲史炤者也，訛謬相傳，而海陵本乃託之公休以欺世，適所以誣玷公休，此不容不辯也。今觀海陵所刊公休釋，以烏桓為烏元。按：宋朝欽宗諱桓，靖康之時，公休沒久矣，安得豫為欽宗諱桓字邪？又謂《南北史》無地理志，是其止見李延壽《南北史》，而不知外七史《宋書》《魏書》《蕭齊書》皆有志，而《隋書》有《五代志》也。溫公修《通鑑》，公休為檢閱文字官，安得不見諸書邪？海陵釋文費氏注雖視史炤釋文為差略，至其同處則無一字異。費氏蜀中鬻書之家，固宜用炤釋刊行。若公休，則在史炤前數十年，炤書既不言祖述公休，而公休書乃如剽竊史炤者，最是其書中多淺陋，甚至於不考《通鑒》上下本文，而妄為之說，有不得其句者，有不得其字者，辯誤悉已疏之於前，讀者詳之，其真偽可見矣。又有《通鑒前例》者，浙東提舉常平茶鹽司板本，乃公休之孫伋所編，亦言欲與《音釋》並行於世，此吾先人所疑，今人所依以為信者。考伋之所編溫公與范夢得論修書二帖則得於三衢學官學，劉道原十一帖則得於高文虎氏，伋取以編於前例之後，其網羅放失者僅如此，蓋溫公之薨，公休以毀卒，《通鑒》之學其家幾於無傳矣。汴京之破，溫公之後曰檏者，金人以其世而敬之，盡徙其家而北，後莫知其音問。紹興兩國講和，金使來問：「汝家復能用司馬溫公子孫否？」朝廷始訪溫公之後之在江南者，得伋，乃公之從曾孫也。使奉公祀，自是擢用。伋欲昌其家學，凡言書出於司馬公者必鋟梓而行之，而不審其為時人傅會也。《容齋隨筆》曰：司馬季思知泉州，刻溫公集，有作中丞日彈王安石章，尤可笑。溫公治平四年解中丞，還翰林，而此章乃熙寧三年者，季思為妄人所誤，不能察耳。季思，伋字也。以此證之，則伋以《音釋》出於其先，編《前例》，欲與之並行，亦為妄人所誤也。今之時，有寶應謝玨《通鑒直音》，自燕板行而南，又有廬陵郭仲山直音，又有閩本直音。直音者，最害後學，更未暇問其考據，其書更不論四聲翻切，各自以土音為之音，率語轉而失其正音，亦有因土音而失其本，至於大相遠者，不特語轉而已。今《辯誤》為公休辯誣，以公休本為海陵本，龍爪本為費氏本，先舉史炤之誤，二本與之同者，則分注其下曰同，然後辯其非，而歸於是，如直音之淺謬，皆略而不錄。丁亥春二月辛亥，天臺胡三省身之父書。

41. 稽古錄二十卷

宋司馬光（1019～1086）撰。

光既撰《資治通鑒》及《目錄》《考異》，又有《舉要曆》，有《曆年圖》，有《百官表》。《曆年圖》仍依《通鑒》，起於三晉，終於顯德。《百官表》止著宋代。是書則上溯伏羲，下訖英宗治平之末，而為書不過二十卷。蓋以各書卷帙繁重，又《曆年圖》刻於他人，或有所增損，亂其卷帙，故芟除繁亂，約為此編，而諸論則仍《曆年圖》之舊。元祐初表上於朝。陳振孫《書錄解題》曰：「越本匯聚諸論於一卷，潭本則分繫於各代之後。此刻次第，蓋依潭本，較越本易於循覽。」《朱子語錄》曰:「《稽古錄》一書，可備講筵宮僚進讀。小兒讀『六經』了，令讀之，亦好。末後一表，其言如蓍龜，一一皆驗。」〔一〕

今觀其諸論，於歷代興衰治亂之故，反覆開陳，靡不洞中得失，洵有國有家之炯鑒，有裨於治道者甚深。故雖非洛學之派，朱子亦不能不重之，足見其不可磨滅矣。南渡以後，龔頤正〔二〕嘗續其書，今《永樂大典》尚有全本。然是非頗乖於公議，陳振孫深不取之。蓋其心術、學問皆非光比，故持論之正亦終不及光也。〔三〕(《四庫全書總目》卷四十七)

【注釋】

〔一〕**【史源】**《朱子語類》卷一百三十四。

〔二〕**【龔頤正】**頤正字養正，處州遂昌人。頤正考證博洽，具有根柢，而舛謬處亦時有之。然統合全編，則精覈者居多，要不在沈括《筆談》、洪邁《隨筆》之下。(《四庫全書總目》卷一一八《芥隱筆記》提要)

〔三〕**【整理與研究】**王瑞來《稽古錄發微》認為，司馬光所撰史籍《稽古錄》的存在，幾乎被巨著《資治通鑒》的光芒所遮蔽，迄今為止的研究比較薄弱。本文縷述了《稽古錄》的成書經緯與內容構成，論及了《稽古錄》與《資治通鑒》的關係，並指出了《稽古錄》不同於《資治通鑒》的私家著述性質。(《史學史研究》2017 年第 3 期)蔡瑞霞《稽古錄的歷史興亡論》認為，《稽古錄》共三十六條「臣光曰」，論歷史興亡，概括出「人君之道有一，其德有三，其才有五」。歷代帝王，根據才能的高下，可分為創業、守成、陵夷、中興和亂亡五類。五才論重點在於論述如何守成。帝王守成的主要方面是「仁、明、武」修心三德與用人治國之道。司馬光史論和政論相通，他的歷史興亡論是他政論的依據。(《史學史研究》2001 年第 2 期)

42. 通鑒外紀十卷目錄五卷

宋劉恕(1032～1078)撰。恕字道原，其先世京兆萬年(今陝西西安)人，祖受為臨川令，葬於高安，因家焉。《宋史》本傳稱其舉進士入高等，不著何年。考司馬光作此書序，稱「恕卒於元豐元年(1078)九月，年四十七」，則當生於明道元年(1032)。又稱其登第時司年十八，則皇祐元年(1049)進士也。初授鉅鹿主簿，尋遷知和州(今安徽和縣)、翁源二縣。會司馬光受詔修《資治通鑒》，奏以恕同司編纂，轉著作郎。熙寧四年(1071)以忤王安石乞終養，改秘書丞，仍令就家續成前書，遂終於家。

此書乃其臨沒時所成也。蓋修《資治通鑒》時，恕欲與司馬光采宋一祖四宗實錄、國史為《後紀》，而摭周威烈王以前事蹟為《前紀》。會遭憂遘疾，右股痹廢，知遠方不可得國書，《後紀》必不能就。乃口授其子義仲，以成此書，改名曰《外紀》。〔一〕凡《包羲以來紀》一卷，《夏紀》《商紀》共一卷，《周紀》八卷，又《目錄》五卷。年經事緯，上列朔閏天象，下列《外紀》之卷數，悉與司馬光《通鑒目錄》例相同。金履祥作《通鑒前編》，詆其好奇。

今觀其書，周成王元年丙戌，稱周公攝王之元年，越七年癸巳，始稱成王元年，則是周公殆類新莽之為矣。又稱魯惠公為隱公娶於宋，見其女好而自納之，生桓公，是惠公先有衛宣之醜。如斯之類，頗為不經。又如齊桓觀龍，殆如戲劇，熊渠射虎，何預勸懲。雖曰細大不捐，亦未免貪多務得。履祥所論，未可謂之吹求。

然《外紀》於上古之事，可信者大書。其異同舛誤以及荒遠茫昧者，或分注，或細書，未嘗不具有別裁。《目錄》於共和以後據《史記・年表》編年，共和以前皆謂之疑年，不標歲陽、歲陰之名，並不縷列其數，亦特為審慎。

且其自序稱：「陶潛豫為《祭文》，杜牧自撰《墓誌》，夜臺甫邇，歸心若飛。不能作《前》《後紀》而為《外紀》。他日書成，公為《前》《後紀》，則可刪削《外紀》之繁冗而為《前紀》，以備古今一家之言（云云）。」則恕作此書，特創為草稿，儲才備用，如《通鑒》之有長編，以待司馬光之刊定耳。履祥不察當日書局編纂之例，遽加輕詆，操之未免為已蹙矣。〔二〕（《四庫全書總目》卷四十七）

【注釋】

〔一〕【編纂】王樹民先生云：「起自三皇五帝，止於周威烈王二十二年，共和以前取編世的形式，共和以後共四百三十八年（前 841～前 404 年），始取編年的形式，性質為《通鑒》的補編，網羅材料亦甚宏富。」（《史部要籍解題》第 165 頁，中華書局 1981 年第 1 版）

〔二〕【整理與研究】林英《劉恕資治通鑒外紀略論》認為，《資治通鑒外紀》資料詳雜，敘述條理清晰。全文共有 29 處劉恕的評論，在某種程度上體現了劉恕對史學考證的精通以及深厚的史學功底，我們也可以從中窺見其史學價值觀。（《中華文化論壇》2009 年 S1 期）

43. 續資治通鑒長編五百二十卷

宋李燾（1115～1184）撰。燾有《說文解字五音韻譜》，已著錄。

燾博極群書，尤究心掌故，以當時學士大夫各信所傳，不考諸實錄、正史，家自為說，因踵司馬光《通鑒》之例，備採一祖八宗事蹟，薈粹討論，作為此書。以光修《通鑒》時先成長編，燾謙不敢言續《通鑒》，故但謂之《續資治通鑒長編》。《文獻通考》載其《進書狀》四篇：一在隆興元年（1163）知榮州時，先以建隆迄開寶年事一十七卷上進；一在乾道四年（1168）為禮部郎時，以整齊建隆元年（960）至治平四年（1067）閏三月五朝事蹟，共一百八卷上進；一在淳熙元年（1174）知瀘州時，以治平後至靖康凡二百八十卷上進；一在淳熙元年（1174）知遂寧府時，重別寫呈，並《舉要》《目錄》計一千六十三卷，六百八十七冊上進。故周密《癸辛雜識》稱：「韓彥古盜寫其書，至盈二廚。」然《文獻通考》所載僅《長編》一百六十八卷，《舉要》六十八卷，與《進狀》多寡迥殊。考陳振孫《書錄解題》稱：「其卷數雖如此而冊數至逾三百，蓋逐卷又分子卷，或至十餘（云云）。」則所稱一千六十三卷者，乃統子卷而計之，故其數較多矣。又據燾《進狀》，其書實止于欽宗，而王明清《玉照新志》稱紹興元年胡彥修疏，在《長編》一百五十九卷注後，則似乎兼及高宗。或以事相連屬，著其歸宿，附於注末，如《左傳》後經終事之例歟？《癸辛雜識》又稱：「燾為《長編》，以木廚十枚，每廚抽替匣二十枚，每替以甲子志之，凡本年之事有所聞，必歸此匣。分日月先後次第之，井然有條（云云）。」則其用力之專且久，可概見矣。

其書卷帙最多，當時艱於傳寫，書坊所刻本及蜀中舊本已有詳略之不同。又神、哲、徽、欽四朝之書，乾道中只降秘書省依《通鑒》紙樣繕寫一部。未經鏤版，流播日稀。自元以來，世鮮傳本。〔一〕本朝康熙初，崑山徐乾學始獲其本於泰興季氏，凡一百七十五卷，嘗具疏進之於朝。副帙流傳，無不珍為秘乘。然所載僅至英宗治平而止，神宗以後仍屬闕如。檢《永樂大典》宋字韻中備錄斯編。以與徐氏本相較，其前五朝雖大概相合，而分注考異往往加詳。至熙寧迄元符三十餘年事蹟，徐氏所闕而朱彝尊以為失傳者，今皆粲然具存，首尾完善，實從來海內所未有。惟徽、欽二紀原本不載〔二〕，又佚去熙寧、紹聖間七年之事，頗為可惜。然自哲宗以上，年經月緯，遂已詳備無遺。以數百年來名儒碩學所欲見而不得者，一旦頓還舊物，視現行諸本增多幾四、五倍，斯亦藝林之巨觀矣。昔明成化中詔商輅等續修《通鑒綱目》，時《永樂大典》

庋藏內府，外庭無自而窺，竟不知燾之舊文全載卷內，乃百方別購，迄不能得，論者以為遺憾。今恭逢我皇上稽古右文，編摩四庫，乃得重見於世，豈非顯晦有時，待聖世而發其光哉！燾原目無存，其所分千餘卷之次第已不可考。謹參互校正，最其文之繁簡，別加釐析，定著為五百二十卷。〔三〕

燾作此書，經四十載乃成。自實錄、正史、官府文書以逮家錄、野紀，無不遞相稽審，質驗異同。雖採摭浩博，或不免虛實並存，疑信互見，未必一一皆衷於至當。不但太宗斧聲燭影之事於《湘山野錄》考據未明，遂為千古之疑竇，即如景祐二年（1035）三月賜鎮東軍節推毛洵家帛米一事，核以余靖〔四〕所撰墓銘，殊不相符，為曾敏行《獨醒雜志》所糾者，亦往往有之。然燾《進狀》自稱：「寧失之繁，毋失之略。」蓋廣搜博錄，以待後之作者。其淹貫詳贍，固讀史者考證之林也。〔五〕（《四庫全書總目》卷四十七）

【注釋】

〔一〕【版本】閻若璩云：「蓋此書（《續資治通鑒長編》）乃錫山秦氏家藏，歸於牧齋宗伯，絳雲災後，此書絕矣。」（《閻若璩年譜》第 84 頁）《困學紀聞箋》卷十五又云：「李仁父《長編》，近四十年前無錫顧孝廉始從嘉興高氏購得之，凡三易主，而歸傳是樓。余假館樓下，且讀且抄，窮日夜不少休，然止及治平，余仍放失。有勸主人宜集眾以續此編者，余亟搖首以戒，主人笑以為知言云。」今按，陳智超《四庫本〈續資治通鑒長編〉發覆》（《社會科學戰線》1987 年第 3 期）認為，《續資治通鑒長編》經過四庫館臣的竄改，已非本來面目。

〔二〕【考證】孫詒讓云：「李燾《長編》今本闕徽、欽兩朝，此《錄》（指《宋宰輔編年錄》——引者）所引尚有數條可補其缺。」（《溫州經籍志》第 527 頁）

〔三〕【考證】錢大昕《跋續資治通鑒長編》云：「李仁甫《續資治通鑒長編》，世所傳者，僅建隆至治平一百八卷。頃年四庫館臣於《永樂大典》中抄得神、哲兩朝《長編》，自熙寧三年四月至元祐八年六月，自紹聖四年至元符三年正月，僅廿六年事，而卷帙轉加於舊，蓋年代彌近，則見聞彌廣故也。然搜羅既博，遂有一事而重出者，如大中祥符八年六月，詔『自今選人有罪犯者，銓司未得定人官資敘，並具考第及所犯取旨』云云，又見於九年六月。此類殊不少矣。其辨昭憲太后遺命傳位太宗，無遞傳光美事，又言光美非杜太后所生，則恐其有所諱避，不如《宋史》之直筆也。《文獻通考》《宋藝文志》俱云百六十八卷，蓋以一年為一卷也。而乾道四年四月進表稱先次寫到建隆元年至治平四年閏三月，五朝事蹟，共一百八年，計一百八卷，寫成一百七十五冊。卷少而冊多，則有一卷而分數冊者矣。自治平至靖康，六十年當為六十卷，而淳熙元年進表稱二百八十卷，殆指一冊為一卷耳。」（《潛研堂文集》第 470～471 頁）《竹汀先生日記鈔》卷一亦云：「借得李仁甫《續通鑒長編》第一函，即《永樂大典》內抄出之本也。其分卷五百二十，則館臣以意分析，非李氏之舊矣。」（第 5～6 頁）

〔四〕【余靖】（1000～1064），字安道，謚曰襄，廣東韶關人。有《武溪集》傳世。

〔五〕【整理與研究】宋人楊仲良曾以李燾之書為依據，編成《皇宋通鑒長編紀事本末》一百五十卷，雖亦有殘缺，而可以重補四庫輯本《長編》的缺佚部分。清人黃以周、秦緗業等據之撰《續資治通鑒長編拾遺》六十卷，是有關《長編》的一部輔助性的著作。（王樹民《史部要籍解題》第 169 頁，中華書局 1981 年第 1 版）今按，陶晉生、王民信合編《李燾〈續資治通鑒長編〉宋遼關係史料輯錄》（中央研究院歷史語言研究所 1974 年版），梅原郁編《續資治通鑒長編人名索引》（同朋舍 1978 年版）。

44. 建炎以來繫年要錄二百卷

宋李心傳（1166～1243）撰。心傳字微之，井研（今屬四川樂山市）人。官至禮部侍郎。事蹟具《宋史・儒林傳》。

是書述高宗朝三十六年事蹟，仿《通鑒》之例，編年繫月，與李燾《長編》相續。寧宗時嘗被旨取進。《永樂大典》別載賈似道跋，稱寶祐初曾刻之揚州。而元代修宋、遼、金三史時廣購逸書，其目具見袁桷、蘇天爵二集，並無此名。是當時流傳已絕，故修史諸臣均未之見。至明初，始得其遺本，亦惟《文淵閣書目》〔一〕載有一部二十冊，諸家書目則均不著錄。今明代秘府之本又已散亡。其存於世者惟《永樂大典》所載之本而已。其書以國史、日曆為主，而參之以稗官、野史、家乘、誌狀、案牘、奏議、百司題名，無不臚採異同，以待後來論定。故文雖繁而不病其冗，論雖岐而不病其雜，在宋人諸野史中最足以資考證。

《宋史》本傳稱其「重川蜀而薄東南」，然如宋人以張栻講學之故，無不堅持門戶，為其父張浚左袒。心傳獨於淮西富平之僨事，曲端之枉死，岳飛之見忌，一一據實直書。雖朱子《行狀》亦不據以為信，初未嘗以鄉曲之私稍為迴護。則《宋史》之病是書者，殆有不盡然矣。大抵李燾學司馬光而或不及光，心傳學李燾而無不及燾。其宏博而有典要，非熊克〔二〕、陳均〔三〕諸人所能追步也。

原本所載秦熺、張匯諸論，是非顛倒，是不待再計而刪者，而並存以備參稽，究為瑕纇。至於本注之外載有留正《中興聖政草》、呂中《大事記講義》何俌《高抬貴手》諸書，似為修《永樂大典》者所附入。然今無別本可校，理貴闕疑，姑仍其舊。其中與《宋史》互異者則各為辯證，附注下方。所載金國人名、官名、地名、音譯均多舛誤，謹遵《欽定金史國語解》，詳加訂正，別為考證，附載各卷之末。仍依原第，析為二百卷。

至其書名，《文獻通考》作《繫年要記》，《宋史》本傳作《高宗要錄》，互有不同。今據《永樂大典》所題，與心傳《朝野雜記》自跋及王應麟《玉海》相合，故定為《繫年要錄》，著於錄焉。〔四〕（《四庫全書總目》卷四十七）

【注釋】

〔一〕【文淵閣書目】明楊士奇編。正統六年題本一通，稱「各書自永樂十九年南京取來，一向於左順門北廊收貯，未有完整書目。近奉旨移貯文淵閣東閣，臣等逐一打點清切，編置字號，寫完一本，總名《文淵閣書目》，請用『廣運之寶』鈐識備照，庶無遺失」。蓋本當時閣中存記冊籍，故所載書多不著撰人姓氏。又有冊數而無卷數，惟略記若干部為一櫥，若干櫥為一號而已。此書以千字文排次，自「天」字至「往」字，凡得二十號，五十櫥。今以《永樂大典》對勘，其所收之書，世無傳本者，往往見於此目，亦可知其儲庋之富。士奇等承詔編錄，不能考訂撰次，勒為成書，而徒草率以塞責，較劉向之編《七略》、荀勗之敘《中經》誠為有愧。（《四庫全書總目》卷八十五）

今按，錢大昕《跋文淵閣書目》持論與此相反：「予考卷首載正統六年題本，稱永樂十九年自南京取回書籍，向於左順門北廊收貯。近奉旨移貯於文淵閣東閣。臣等逐一打點清切，編置字號，寫完一本，名曰《文淵閣書目》。請用『廣運之寶』鈐識，永遠備照，庶無遺失。則此目不過內閣之簿帳，初非勒為一書，如《中經簿》《崇文總目》之比。必以轉述之體責之，未免失之苛矣。」（《潛研齋文集》卷二十九）

〔二〕【中興小紀】宋熊克撰。是編排次南渡以後事蹟，首建炎丁未，迄紹興壬午，年經月緯，勒成一書。宋制，凡累朝國史，先修《日紀》。其曰《小紀》，蓋以別於官書也。陳振孫《書錄解題》稱：「克之為書，往往疏略多牴牾，不稱良史。」岳珂《桯史》亦摘其記金海陵南侵，誤以薰風殿之議與武德殿之議並書於紹興二十八年，合而為一。蓋以當時之人記當時之事，耳目既有難周，是非尚未論定，自不及李心傳書纂輯於記載詳備之餘。然其上援朝典，下參私記，綴緝聯貫，具有倫理。其於心傳之書，亦不失先河之導。創始難工，固未可一例論也。(《四庫全書總目》卷四十七)

〔三〕【宋九朝編年備要】宋陳均撰。其書取日曆、實錄及李燾《續通鑒長編》刪繁撮要，勒成一帙，兼採司馬光、徐度、趙汝愚等十數家之書，博考互訂。始太祖至欽宗凡九朝事蹟，欲其篇帙省約，便於尋閱，故苟非大事，則略而不書。林岊序謂：「取司馬氏之綱，而時有修飾。取李氏之目，而頗加節文。」足以括其體例。然實以《通鑒綱目》為式，特據事直書，不加褒貶耳。觀均自序，其宗旨可見也。(《四庫全書總目》卷四十七)

〔四〕【整理與研究】胡坤點校整理《建炎以來繫年要錄》(中華書局 2013 年版)。陳智超《四庫本〈建炎以來繫年要錄〉發覆》(《社會科學研究》1988 年第 3 期)認為，《要錄》經過四庫館臣的竄改，已非本來面目。來可泓撰《〈建炎以來繫年要錄〉述評》(《杭州師院學報》1986 年第 3 期)，王瑞來撰《〈建炎以來繫年要錄〉略論》(《史學月刊》1987 年第 2 期)，聶樂和撰《〈建炎以來繫年要錄〉的編撰和流傳》(《史學史研究》1988 年第 2 期)，孔學撰《〈建炎以來繫年要錄〉取材考》(《史學史研究》1995 年第 2 期)，孫建民撰《取捨之際見精神——略論〈建炎以來繫年要錄〉的取材》(《上海師範大學學報》1996 年第 3 期)。辛更儒《上海圖書館藏清抄本〈建炎以來繫年要錄〉初考》認為，通過對上海圖書館藏清抄本的部分卷帙與中華書局排印本和文淵閣《四庫全書》本相比勘，此本較後二本更接近《永樂大典》原收錄本。(《國際社會科學雜誌》2011 年第 4 期)胡坤《上海圖書館藏清抄本〈建炎以來繫年要錄〉再考》認為，上海圖書館藏清抄本《建炎以來繫年要錄》是四庫館臣私抄本的傳抄本，約在乾隆四十三年至四十六年之間鈔成。抄成後曾入藏禮親王府，其後又經葉名灃、許博明等人收藏，最終輾轉入藏上海圖書館。清抄本成書時間雖早於文淵閣本，部分保留了《永樂大典》中《要錄》的原貌，但是除鈔成較早的幾卷，絕大部分涉及清人避忌和遼金人名之處都遭到了篡改和改譯。同時，清抄本文字錯訛甚多，嚴重的脫漏、錯簡現象亦時有發生，甚至還竄入了來歷不明的文字。因此清抄本並不適合當做整理《建炎以來繫年要錄》的底本，而只可當做參校本或對校本。(《文史》2017 年第 1 期)，胡坤《臺灣藏清抄本〈建炎以來繫年要錄〉版本蠡測》認為，臺灣「國家圖書館」藏清抄本《建炎以來繫年要錄》曾為晚清藏書家周星詒收藏，通過鈐蓋於該本之上的藏書印、紙鋪印記等相關線索，及與遼寧圖書館藏清乾隆四十一年孔繼涵抄本進行文本比對後發現，臺灣「國家圖書館」藏清抄本應係四庫館臣私抄館書的產物，其抄成時間應當早於孔繼涵抄本，甚至極有可能就是館臣程晉芳的私抄本。該本雖很有可能是《建炎以來繫年要錄》目前所見最早的版本，但因其私抄的性質，抄寫倉促，該本存在大量訛漏倒誤，甚至錯簡的現象，導致版本質量不佳。另外，該本雖少部分保留了《永樂大典》中《建炎以來繫年要錄》的原貌，但絕大部分清人避忌和大部分遼金人名之處皆遭四庫館臣篡改和改譯。因此該本並不適合當作整理《建炎以來繫年要錄》的底本，只可當做參校本。(《文史》2018 年第 2 期)

45. 御批通鑒輯覽一百十六卷附明唐桂二王本末三卷

乾隆三十二年（1767）奉敕撰。

是書排輯歷朝事蹟，起自黃帝，迄於明代。編年紀載，綱目相從。目所不該者，則別為分注於其下，而音切訓詁，典故事實，有關考證者，亦詳列焉。蓋內府舊藏明正德中李東陽等所撰《通鑒纂要》〔一〕一書，皇上几暇披尋，以其褒貶失宜，紀載蕪漏，不足以備乙覽，因命重加編訂。發凡起例，咸稟睿裁。每一卷成，即繕稿進御。指示書法，悉準《麟經》。又親灑丹毫，詳加評斷。微言大義，燦若日星。凡特筆昭垂，皆天理人情之極則。不獨詞臣載筆，不能窺見高深，即涑水、紫陽亦莫能仰鑽於萬一。所謂原始要終，推見至隱者，文成數萬，其指數千，不可一一縷陳。而尤於系統表年，著筆削之大旨。予奪進退，悉準至公。故大業冠號，則義等於存陳。至正書年，則旨同於在鄆。知景炎、祥興之不成為宋，而後遁荒棄國者始不能以濫竊虛名。知泰定、天順之相繼為君，而後乘釁奪宗者不得以冒干大統。凡向來懷鉛握槧，聚訟不決者，一經燭照，無不得所折衷。用以斥彼偏私，著為明訓。仰見聖人之心體，如鑒空衡平，聖人之制作，如天施地設，惟循自然之理，而千古定案，遂無復能低昂高下於其間。誠聖訓所謂此非一時之書，而萬世之書也。至明季，北都淪覆，大命已傾，福王竊號江東，僅及一載。皇上如天聖度，謂猶有疆域可憑，特命分注其年，從建炎南渡之例，又唐、桂二王，跡同昰、昺，雖黜其偽號，猶軫念其遺臣，亦詔別考始終，附綴書後，俾不

致湮沒無傳。大載王言，量同天地，尤非臣等所能仰贊一辭矣。〔二〕（《四庫全書總目》卷四十七）

【注釋】

〔一〕【通鑒纂要】凡九十二卷。喬治忠《李東陽歷代通鑒纂要及其在清朝的境遇》認為，正德年間，由大學士李東陽裁定的官修史《歷代通鑒纂要》編纂成書。這是一部質量很高的普及性史書，表達了李東陽的歷史觀和政治態度，體現了針砭時弊、譴責宦官干政和以史事諷諫皇帝的撰著宗旨。此書在清代深受清高宗喜愛，然而《四庫全書》卻不收錄，也未列入《四庫全書總目》，如同不存在此書。原因是清廷捧為至尊地位的《御批歷代通鑒輯覽》，大部分抄錄《歷代通鑒纂要》。館臣對這種隱沒李東陽之書的行為盡力掩飾，顯現了清廷在史學上維護統治者私利至上的實質。（《中國史研究》2014 年第 4 期）

〔二〕【評論】王樹民先生云：「從學術價值方面看，綱目體諸書多為便於初學入門者，而積極作用常為反對的觀點所抵消，如加以改造，使其優點得到適當的發揮和利用，可收事半功倍之效。」（《史部要籍解題》第 210 頁，中華書局 2003 年新 1 版）

【整理與研究】張敬瑜《清高宗〈通鑒輯覽〉「御批」研究》認為，《御批通鑒輯覽》是乾隆年間組織編撰的官方大型綱目體編年通史。大約始修於乾隆二十四年（1759），成書於乾隆三十三年（1768）。全書一百二十卷，由兩部分組成。一部分為正文，所記之事上起伏羲下到明亡。另一部分為乾隆帝的御批，達一千九百餘條，累計二十餘萬字。御批內容覆蓋史事評價、史學思想、治國理念、軍事思想與對外關係等多個方面，且多處集中闡述了關於史學思想、君主論、滅道觀等內容。該書的修撰是在乾隆皇帝的指示和授意下進行的，每成書一卷，乾隆帝便對書中的書法義例及重大事件的是非做出裁定，並對重要的歷史人物或事件撰寫評價。御批語言精練，見解獨特，完美地展現出一代帝王深厚的文化修養和史學造詣。《御批通鑒輯覽》可謂是取歷代治亂興衰之鑒與頂峰皇權下君主思想的集大成之作，它代表了官方權威的指導思想。（天津師範大學 2014 年碩士論文）劉盛《〈御批歷代通鑒輯覽〉對明代弊政的解讀》認為，其編纂目的絕不僅僅為了鑒古，更重要的在於知今，因此書中尤其是批註部分關注的問題，大多與清代現實密切相關。（《明清論叢》2018 年第 1 期）

46. 御定通鑒綱目三編四十卷

乾隆四十年（1775）奉敕撰。

初，大學士張廷玉等奉敕採明一代事蹟，撰《通鑒綱目三編》，以續朱子〔一〕及商輅〔二〕之書。然廷玉等惟以筆削褒貶求書法之謹嚴，於事蹟多所掛漏。又邊外諸部，於人名、地名，多沿襲舊文，無所考正，尤不免於舛訛。夫朱子創例之初，**原以綱仿《春秋》，目仿《左傳》**。《春秋》大義數千，炳若日星。然不詳覈《左傳》之事蹟，於聖人予奪之旨尚終不可明。況史籍編年，僅標梗概於大書，而不個始末於細注，其是非得失，又何自而知？即聖諭所指「福藩田土」一條，其他條之疏略，皆可以例推。至於譯語，原取對音，唐以前書，凡外邦人名、地名見於史冊者，班班可考。惟兩宋屈於強鄰，日就削弱，一時秉筆之人，既不能決勝於邊圉，又不能運籌於帷幄，遂譯以穢語，泄其怨心，實有乖紀載之體。沿及明代，此習未除。如聖諭所指朵顏、青海諸人名。書「圖」為「兔」之類，亦往往而有。鄙倍荒唐，尤不可不亟為釐正。是編仰秉睿裁，於大書體例皆遵《欽定通鑒輯覽》，而細注則詳覈史傳，補遺糾繆，使端委秩然。復各附發明，以闡衮鉞之義，各增質實，以資考證之功。而譯語之誕妄者，亦皆遵《欽定遼金元國語解》，一一改正，以傳信訂訛。較張廷玉等初編之本實倍為精密。聖人制事，以至善為期，義有未安，不以已成之局而憚於改作，此亦可仰窺萬一矣。〔三〕（《四庫全書總目》卷四十七）

【注釋】

〔一〕【資治通鑒綱目】朱子撰。此書以加強為封建統治者所需要的思想統制為主，內容重在簡要。歷代統治者對此書特別賞識，康熙大帝有御批本。

〔二〕【續資治通鑒綱目】明商輅等奉敕撰。

〔三〕【評論】王樹民先生云：「清統治者重視此書之目的在附會歷史事實以鞏固封建政權的統治地位，並加強對於人民歷史知識的控制，但這類史書除為參加科舉考試的人所閱讀和一部分傳教士作為曲解中國歷史的依據以外，在一般學者研究歷史問題時，卻很少被提到。」（《史部要籍解題》第185頁，中華書局1981年第1版）

【整理與研究】秦麗《御撰資治通鑒綱目三編考論》認為，《御撰資治通鑒綱目三編》是清乾隆年間修成的一部編年體明史史書，其凡經兩修，現存初修二十卷本和改修四十卷本兩種。乾隆中後期纂修《四庫全書》及《御批歷代通鑑輯覽》的成書使該書的重修成為必然。改修本與初修本相比，在書法、紀年上大體遵循《御批歷代通鑒輯覽》；在少數民族人名與地名翻譯上則改動較大。這些改動體現了高宗對修史事業的控制及其史學和政治思想。該書為研究清代官方史學的重要著作，具有較高的文獻價值。（《史學史研究》2015年第4期）

47. 考定竹書十三卷

國朝孫之騄〔一〕撰。之騄有《尚書大傳》，已著錄。

是編以沈約所注《竹書紀年》未為詳備，因採摭諸書別為之注。然之騄愛博嗜奇，多所徵引，而不能考正真偽。如帝癸十年地震，引華嚴合論大地有六種震動，所謂遍動、遍起、遍湧、遍震、遍吼、遍擊者為說，殊為蕪雜。又劉知幾《史通·疑古》篇中，排詆舜、禹，以末世莽、操心事推測聖人，至為乖謬，而一概引用，漫無辨正。沈約注出依託，尚能知伊尹自立之誣，太甲殺伊尹之妄。之騄乃旁取異說，以熒耳目，云能補正沈注，未見其然。惟《拾遺》記商均暴天下之類，辨別誣妄。《路史》帝杼遷老王之類，考訂訛謬，間有數處可取耳。至所稱逸文，採摭頗備。然如「晉幽公會魯季孫」一條，今本有之，而注曰無。又如湯十九年至二十四年皆書大旱，蓋作書者依託《墨子》「湯五年旱」之文。此本竟脫去「二十一年大旱」、「鑄金幣」二條，則亦不可盡據也。（《四庫全書總目》卷四十八）

【注釋】

〔一〕【孫之騄】號晴川，仁和（今浙江杭州）人。雍正間官慶元縣教諭。所撰《二申野錄》是一部明朝災異編年史。

48. 通鑒紀事本末四十二卷

宋袁樞〔一〕（1131～1205）撰。樞字機仲，建安（今屬福建建甌市）人。孝宗初試禮部詞賦第一。歷官至工部侍郎，以右文殿修撰知江陵府（今湖北荊州），尋提舉太平興國宮。事蹟具《宋史》本傳。

案：唐劉知幾作《史通》，敘述史例，首列六家，總歸二體。自漢以來，不過紀傳、編年兩法，乘除互用。**然紀傳之法，或一事而復見數篇，賓主莫辨。編年之法，或一事而隔越數卷，首尾難稽。**樞乃自出新意，因司馬光《資治通鑒》，區別門目，以類排纂，每事各詳起訖，自為標題，每篇各編年月，自為首尾。始於「三家之分晉」，終於「周世宗之征淮南」。包括數千年事蹟，經緯明晰，節目詳具，前後始末，一覽了然，遂使紀傳、編年貫通為一，實前古之所未見也。〔二〕

王應麟《玉海》稱：「淳熙三年（1176）十一月，參政龔茂良言，樞所編《紀事》有益見聞。詔嚴州摹印十部，仍先以繕本上之。」《宋史》樞本傳又稱：「孝宗讀而嘉歎，以賜東宮及分賜江上諸帥，曰治道盡在是矣。」朱子亦稱「其書部居門目，始終離合之間，皆曲有微意，於以錯綜溫公之書，乃《國語》之流。」蓋樞所綴集，雖不出《通鑒》原文，而去取翦裁，義例極為精密，非《通鑒》總類諸書割裂扯撏者可比。其後如陳邦瞻、谷應泰等，遞有沿仿，而包括條貫，不漏不冗，則皆出是書下焉。〔三〕（《四庫全書總目》卷四十九）

【注釋】

〔一〕【作者研究】鄭鶴聲撰《宋袁機仲先生樞年譜》（王雲五主編《新編中國名人年譜集成》第十輯，臺灣商務印書館 1980 年版）。

〔二〕【編例】王樹民先生云：「編年體突出了以時間為中心的歷史發展順序，而割裂了史實的完整性，典志體強調了典章制度和同類史實的統一性，而從縱的方面分裂了歷史的完整性；紀傳體雖為綜合性的體裁，於時間、事類、人物等各方面都能顧及，較編年和典志二體所反映的史實為稍近於全面，可是又產生了各部分間的互相重複和脫節的缺點。紀事本末體的主要優點為以事件為中心，標立題目，而後依時間次序為有系統的敘述，內容簡明扼要，可以免去紀傳體的重複矛盾、編年體的破碎和典志體的分裂等弊端。實則紀事本末體之分立事目，僅能抽取全部歷史的某些方面作有系統的敘述，而不是對於整個歷史作全面有系統的敘述，其本身實未能容納較多的史實，雖然克服了紀傳、編年和典志等三種體裁的缺點，從總的保存史料的作用上看，轉為有遜於三種體裁。因此，紀事本末體在舊史書編纂學中的地位，只是增加了一種新的便於初學者的體裁形式，而不能代替舊的有利於廣泛保存史料的各種體裁形式。」（《史部要籍解題》第 190～191 頁，中華書局 1981 年版）

〔三〕【整理與研究】中華書局標點本《通鑒紀事本末》，以宋大字本為底本，以宋小字本參校，凡兩本皆誤，又據《通鑒》校改。（見該書《前言》）這個點校本校勘精良，足資研讀。但書中的楊萬里《敘》仍有脫落。〇王熠納《〈通鑒紀事本末〉敘事研究》認為，《通鑒紀事本末》的敘事特點主要體現在《通鑒紀事本末》如何敘述歷史事件及其選材的特點和小標題的設置三個方面。《通鑒紀事本末》是在《資治通鑒》的基礎上改寫的，在選材方面，《通鑒紀事本末》史料的基礎是《資治通鑒》，但也有自己的特點：它並不是一字不落的抄寫《資治通鑒》，而是經過思考有所改編；《通鑒紀事本末》使用了大量的互見的手法；《通鑒紀事本末》每個小標題的題目都能體現當時社會的核心問題，且是所寫歷史事件的高度概括。（河北大學 2018 年碩士論文）

49. 三朝北盟會編二百五十卷

宋徐夢莘（1126～1207）撰。夢莘字商老，臨江（今屬江西宜春市）人。紹興二十四年（1154）進士。為南安軍教授，改知湘陰縣，官至知賓州，以議鹽法不合罷歸。事蹟具《宋史・儒林傳》。

夢梓嗜學博聞，生平多所著述，史稱其「恬於榮進，每念生靖康之亂，思究見顛末，乃網羅舊聞，薈萃同異，為《三朝北盟會編》。自政和七年（1117）海上之盟迄紹興三十一年（1161），上下四十五年，凡敕制、誥詔、國書、書疏、奏議、記序、碑誌，登載靡遺。帝聞而嘉之，擢直秘省（云云）」。今其書抄本尚存，凡分上、中、下三帙。上為政、宣，二十五卷；中為靖康，七十五卷；下為炎、興，一百五十卷。其起訖年月，與史所言合。所引書一百二種，雜考、私書八十四種，金國諸錄十種，共一百九十六種，而文集之類尚不數焉。史所言者，殊未盡也。凡宋、金通和用兵之事，悉為詮次本末，年經月緯，案日臚載。惟靖康中帙之末有《諸錄雜記》五卷，則以無年月可繫者，別加編次，附之於末。其徵引皆全錄原文，無所去取，亦無所論斷。蓋是非並見，同異互存，以備史家之採擇，故以「會編」為名。然自汴都喪敗，及南渡立國之始，其治亂得失，循文考證，比事推求，已皆可具見其所以然，非徒餖飣瑣碎已也。雖其時說部糅雜，所記金人事蹟，往往傳聞失實，不盡可憑。又當日臣僚札奏，亦多誇張無據之詞。夢莘概錄全文，均未能持擇〔一〕。要其博贍淹通，南宋諸野史中，自李心傳《繫年要錄》以外，未有能過之者，固不以繁蕪病矣。〔二〕

考夢莘成書後，又以前載不盡者五家，續編次於中下二帙，以補其闕。靖康、炎、興各為二十五卷，名曰《北盟集補》。今此本無之，殆當時二本各行，故久而亡佚歟？（《四庫全書總目》卷四十九）

【注釋】

〔一〕【評論】王樹民先生云：「徐氏所取的史料，博而不精，尤其統治者所發布的事狀之類，其中有十分荒謬為人所共知者，徐氏亦照錄之，不加辨析，成為其書比較嚴重的缺點。如關於抵抗女真貴族入侵的民族英雄岳飛之死，為秦檜之徒所捏造的莫須有的罪狀，徐氏均照原詞收錄。」（《史部要籍解題》第171頁，中華書局1981年版）

〔二〕【四庫本的刪改問題】此書有清抄本，張元濟跋云：「惜原書被四庫館臣竄易，凡稍涉指斥金人詞句，幾無一字留遺。前人言四庫書多不可信，得此可以證明。宣統季年，蜀藩許涵度又據吳本雕印，雖悉從庫本，而凡經館臣改削之字，仍一一記明，作為夾註，使人得睹廬山真面，亦可謂有心人矣。」（《張元濟古籍書目序跋彙編》第974頁）許起山《四庫本〈三朝北盟會編〉發覆》認為，清修《四庫全書》對女真人名諱多作新譯，同時刪掉了一些有關女真人風俗習慣等方面的記載，還刻意刪除宋人言語中的一些「侮蔑」之詞，替換成和順的文字。將文淵閣本和文津閣本《會編》進行比對，可以發現文淵閣本較文津閣本刪改更為嚴重。同時，兩閣皆存在錯簡的情況，而文淵閣本錯簡尤甚。將兩閣本與許本比較，文津閣本在某些方面有其獨特的文獻價值。（《歷史文獻研究》2017年第2期）邱靖嘉《清修〈四庫全書〉刪改問題芻議——以校辨〈三朝北盟會編〉為例》認為，清修《四庫全書》對收錄之書多有刪改，包括改譯民族語名和刪削改竄違礙文字兩種情況，其具體情形比較複雜。在民族語名改譯方面，初修《四庫全書》時，除遼、金、元三史等個別書已徹底改譯及部分書交對音官酌情改譯外，其餘諸書皆仍舊文未改。至於違礙文字刪改，館臣起初嚴於明末清初各書，而寬於明末以前書籍。直至乾隆五十二年覆校《四庫全書》，刪改尺度轉嚴，明確要求全面改譯與三史相關的所有文獻，並對所見違礙文字進行徹底刪改。在此研究中，上海圖書館藏《三朝北盟會編》四庫覆校底本體現出重要的文獻價值。（《清史研究》2019年第2期）

50. 宋史紀事本末二十六卷

明陳邦瞻（1557～1623）撰。邦瞻字德遠，高安（今屬江西宜春市）人。萬曆戊戌（1598）進士。官至兵部左侍郎。事蹟具《明史》本傳。

初，禮部侍郎臨朐馮琦欲倣《通鑒紀事本末》例，論次宋事，分類相比，以續袁樞之書，未就而沒。御史南昌劉曰梧得其遺稿，因屬邦瞻增訂成編。大抵本於琦者十之三，出於邦瞻者十之七。自「太祖代周」迄「文謝之死」，凡分一百九目。於一代興廢治亂之跡，梗概略具。袁樞義例，最為賅博，其鎔鑄貫串，亦極精密，邦瞻能墨守不變，故銓敘頗有條理。諸史之中，《宋史》最為蕪穢，不似《資治通鑒》本有脈絡可尋。此書部列區分，使一一就緒。其書雖稍亞於樞，其尋繹之功乃視樞為倍矣。

惟是書中紀事兼及遼、金兩朝，當時南北分疆，未能統一，自當稱「宋遼金三史紀事」，方於體例無乖。乃專用「宋史」標名，殊涉偏見。

至《元史紀事本末》，邦瞻已別有成書。此內如蒙古諸帝之立，蒙古立國之制諸篇，皆專紀元初事實即應析歸《元紀》之中，使其首尾相接。乃以臨安未破，一概列在宋編，尤失於限斷。此外因仍《宋史》之舊，舛偽疏漏，未及訂正者，亦所不免。然於紀載冗雜之內，實有披榛得路之功。**讀《通鑒》者，不可無袁樞之書；讀《宋史》者，亦不可無此一編也。**〔一〕（《四庫全書總目》卷四十九）

【注釋】

〔一〕**【版本】**清代翻刻本甚多，以同治十三年（1874）江西書局本為最通行，以廣雅書局本較好。

【整理與研究】張薇《陳邦瞻〈宋史紀事本末〉研究》（安徽大學碩士論文）認為，《宋史紀事本末》是繼《通鑒紀事本末》之後又一部紀事本末體史學名著，該書不僅僅是以《宋史》為原史料進行鈔錄，而且突破了前人撰寫紀事本末體史料來源單一的侷限，大量採用《宋元資治通鑒》《續資治通鑒長編》等歷史典籍，對宋代重大史事進行評論。全書共設 109 子目，除轉引史家史評外，夾敘夾議，大量史事評論隱含在敘事內，直接發出評論的就有 7 處，並且其標題亦反映其褒貶，如「蔡京擅國」「張邦昌僭逆」「董宋臣丁大全之奸」「賈似道要君」等，這對紀事本末體的發展體例和史評形式的多樣化發展產生了重要的影響。

51. 元史紀事本末四卷

明陳邦瞻（1557～1623）撰。凡列目二十有七。其《律令之定》一條下注一「補」字，則歸安臧懋修所增也。

明修《元史》，僅八月而成書，潦草殊甚。後商輅等撰《續綱目》，不能旁徵博採，於元事亦多不詳。此書採掇不出二書之外，故未能及《宋史紀事》之賅博。又於元、明間事皆以為應入明國史，遂於徐達破大都、順帝駐應昌諸事皆略而不書。夫元初草創之跡，邦瞻既列於宋編，又以燕京不守，元帝北徂，為當入《明史》。是一代興廢之大綱皆沒而不著。揆以史例，未見其然。至至正二十六年（1366），韓林兒之死，乃廖永忠沈之瓜步。洪武中，寧王權〔一〕作《通鑒博論》〔二〕，已明著其事。不過以太祖嘗奉其年號，嫌於項羽、義帝之事，歸其獄於永忠耳。邦瞻更諱之書卒，尤為曲筆。庫庫特穆爾自順帝北遷之後，尚為元盡力，屢用兵以圖興復。故太祖稱王保保真男子，以為勝常遇春。後秦王樉妃即納其女。邦瞻乃以為不知所終，亦不免於失實。特是元代推步之法，科舉學校之制，以及漕運、河渠諸大政，措置極詳。邦瞻於此數端紀載頗為明晰，其他治亂之跡亦尚能撮舉大概，攬其指要，固未嘗不可以資考鏡也。〔三〕（《四庫全書總目》卷四十九）

【注釋】

〔一〕【寧王權】（？～1488），即朱權，號臞仙，明太祖第十七子。著有《太和正音譜》《漢唐秘史》《通鑒博論》等。

〔二〕【通鑒博論】明寧王權撰。此書以洪武二十九年九月表上，蓋奉太祖敕撰者。前二卷論歷代史事大略，後一卷仿史家年表，名之為《天運記》。其上、中二卷所云「外記」者，劉恕、陳桱之書也；「正紀」者，司馬光之書也。（《四庫全書總目》卷八十九）

〔三〕【整理與研究】此書對元代政治、經濟上的一些重要事件均有扼要的記載。傳世有六卷本、四卷本、二十七卷本。今有中華書局標點本。

52. 欽定臺灣紀略七十卷〔一〕

乾隆五十三年（1788）奉敕撰。

臺灣孤懸海外，自古不入版圖，然實閩、粵兩省之屏障。明代為紅毛〔二〕所據，故外無防禦。倭患蔓延後，鄭芝龍〔三〕據之，亦負嵎猖獗，誠重地也。聖祖仁皇帝七德昭宣，削平鯨窟，命靖海侯施琅〔四〕等俘鄭克塽〔五〕，而郡縣其地，設官置戍，屹為海上金城。徒以山箐叢深，百產豐溢，廣東及漳州、泉州之民爭趨其地。雖繁富日增，而奸宄亦因以竄跡。故自朱一桂以後，針蝟斧螳，偶或竊發，然旋亦撲滅。惟林爽文〔六〕、莊大田〔七〕等逆惡鴟張，凶徒蟻附，致稽稿街之誅。仰賴神謨，指揮駕馭，乃渠首就檻，炎海永清。蓋始由官吏之貪黷，司封疆者未察巢穴，而其所以蕩平者，則仰藉皇上坐照幾先，於鮫室鯨波，視如指掌，事事皆預為策，及早設周防。又睿鑒精詳，物無匿狀，申明賞罰，百度肅清。弛者改而奮，怯者改而勇。並凜凜天威，近猶咫尺，而重臣宿將乃得以致力其間，生縛猰貐，以申國憲。威棱所懾，並內臺生番，亙古未通中國者，亦先驅效命，助翦元兇。稽首闕廷，虔修職貢。中外臣民，跽讀《御製紀事詩》二篇，以手加額，謂軒轅之戮蚩尤，猶親在行間；武丁之克鬼方，非路經海外。今皇上運籌九天之上，而坐照萬里之外，亙古聖帝明王，更無倫比。至《江漢》《常武》諸什，僅在近地者，更無足道矣。奏凱之後，廷臣敬輯諭旨批答奏章，分析月日，編排始末，勒成是編，以垂示萬古。臣等迴環跽讀，仰見聖神文武，經緯萬端。雖地止偏隅，而險阻重深。委曲籌畫，實與伊部、回部、金川三大事功烈相等。載筆之下，彌覺歌頌之難罄也。（《四庫全書總目》卷四十九）

【注釋】

〔一〕【書名】文淵閣《四庫全書》作《欽定平定臺灣紀略》。

〔二〕【紅毛】指荷蘭侵略軍。1662 年，鄭成功收復臺灣。

〔三〕【鄭芝龍】（1604～1661），鄭成功之父。曾任明代總兵。順治三年（1646）投降清朝，後為清廷所殺。

〔四〕【施琅】（1621～1696），字尊侯，福建晉江人。1682 年率軍擊敗鄭克塽，統一臺灣。

〔五〕【鄭克塽】（1670～？）鄭成功之孫，鄭經之子。清兵破臺灣，乃降清。

〔六〕清高宗《剿滅臺灣逆賊生擒林爽文紀事語》：平伊犁、定回部、收金川，是三事皆關大政，各有專文勒太學；誅王倫、翦蘇四十三、洗田五，是三事雖屬武功，然以內地，懷慚弗薌其說。至於今之剿滅臺灣逆賊，生擒林爽文，則有不得不詳紀顛末，以示後人者。向之三，予惟深感天恩，蒙厚貺。次之三，予實資眾臣之力，得有所成。若茲臺灣逆賊之煽亂，乃卒然而起，兵出於不得已，而又不料其成功若是之易也。蓋自康熙二十二年平定臺灣之後，歷雍正、迨今乾隆戊申，百餘年之間，率鮮世歲寧靜無事。而其甚者，惟朱一貴及茲林爽文。朱一貴已據府城，僭年號；林爽文雖未據府城，然亦僭年號矣。朱一貴雖據府城，藍廷珍率兵七日復之；不一年，遂平定全郡。林爽文雖未據府城，亦將一年始獲首渠，平定全郡；則以領兵之人有賢否之殊，故曰事在人為，不可不慎也。林爽文始事之際，一總兵率千餘兵滅之而有餘。及其蔓延猖獗，全郡騷動，不得不發勁兵、命重臣，則予《遲速論》所云未能速而失於遲，予之過也。然而果遲乎，則何以成功？蓋遲在任事之外臣，而速在籌策之予心。故始雖遲，而終能成以速。非誇言也，蓋紀其實而已。若黃仕簡、任承恩初遲矣，而予於去年正月，即命李侍堯速往代常青為總督，辦軍儲；常青往代黃仕簡、藍元枚往代任承恩，司剿賊之事。而郡城與仕簡弗致失於賊手，是幸也，是未遲也（黃仕簡、任承恩既至臺灣，南北互相觀望，兩月餘，遂至與賊以暇，日以滋蔓。幸予於正月初旬，值李侍堯入覲，即命往代常青為總督，而命常青代黃仕簡，又隨命藍元枚代任承恩。是以郝壯猷於三月初八日自鳳山棄城敗歸，立即置之於法。常青適於初九日到郡，整頓兵威，屢挫賊鋒，郡城得以無失。使常青不即到，則郡城必失守；士簡或被賊獲，皆未可知。是始雖遲而實未為遲也）。既而常青祗能守郡城，藍元枚忽以病亡，是又遲矣。而天啟予衷，於六月即自甘省召福康安來熱河，授之方略。八月初，即命福康安、海蘭察率百巴圖魯及各省精兵近萬，往救諸羅，是又未遲也（常青雖固守郡城，未能親統大兵在救諸羅。藍元枚正籌會剿，旋以病亡。又幸予於六月內，早令福康安來覲熱河，即命於八月初二日同海蘭察率巴圖魯侍衛章京百餘人馳赴閩省，並預調川、湖、黔、粵精兵近萬人，分路赴閩。惟時諸羅被圍日久，糧餉、火藥，道梗不能運送；若非天啟予衷，及早命重臣統勁旅前往，幾至緩不濟事。是常青等救諸羅雖遲，而予所辦亦未為遲也）。福康安等至大擔門，開舟阻風，風略定而啟行，又風遮至崇武澳不能進，是又遲矣。然而候風之際，後調之兵畢至，風平浪靜，一日千里，齊至鹿仔港，是仍未遲也（福康安到廈門，於十月十一日自大擔門開船，被風打回。十四日得風駛行半日，又以風轉遮至崇武澳停泊，似覺遲滯。然當此候風之際，四川屯練二千、廣西兵三千俱至，而風亦適利，遂於二十八日申時放洋，至二十九日申時兵船齊抵鹿仔港，千里洋面，一帆直達。其餘之兵亦陸續配渡。福康安率此生力之兵，旬日內頓解諸羅之圍；繼克賊巢，生擒逆首。是未渡以前若遲，而計其成功，又未可謂遲也）。夫遲之在人，而天地神明護祐，每以遲而成速，視若危而獲安，有如昔年《開惑論》所云者。予何修而得此於天地神明之錫祉哉？如是而不益深敬畏，勤政愛民，明慎用兵，則予為無良心者矣。予何敢抑又何忍乎？夫用兵豈易言哉！必也凜天命、屏己私，見先幾、懷永圖。方寸之間，日日如在三軍前，而又戒掣肘，念眾勞。

且予老矣，老而精神尚健，不肯圖逸以遺難於子孫，臣庶藉以屢成大勳。此非天地神明之祐乎，亦豈非弗失良心得蒙天監乎？福康安等解圍殲賊以及生擒賊渠諸功績，已見聯句之詩、之序，茲不贅言。獨申予之不得不用武，又深懼用武之意如是，以戒後世占驗家以正月朔旦值剝蝕，為兵戈之象。遠者固莫考，自漢至明屢逢其事；然亦有驗有弗驗（元旦日食，自漢迄明有四十七，其本係政治廢弛及僭竊偽朝無論已。如唐之太宗、宣宗，元旦日食，其年俱寧靜無事。至宋仁宗四十餘年之中，元旦日食者四，最後嘉祐四年亦無事；此其弗驗者也。惟寶元元年元昊及康定元年元昊寇延州，皇祐元年廣源州蠻儂智高寇邕州；又元代世祖至元二十九年元旦日食，是年廣西上思州土官黃聖許結交趾為援，寇陷忠州、江州及華陽諸州縣。此其有驗者也）。若昨丙午，可謂有驗矣。以予論之，千歲日至，可坐而致；剝蝕亦可坐而定也。既定矣，其適逢與不逢，原在依稀惝怳之間；且亦乏計預使之必無也。若使之無，是為詐也；不惟不能避災，或且召災。故史載宋仁宗朝第二次康定元年春正月朔當日食，司天楊惟德請移閏於庚辰歲，則日食在正月之晦。帝曰：「閏所以正天時而授民事，其可曲避乎？」不許。夫日食必當在朔，可知古稱月晦日食者，見移閏曲避之說耳。至於不得已而用兵，惟在見幾而作，先事以圖；遲不失於應機，速不失於不達。惟敬與明，秉公無私，信賞必罰；用兵之道，其庶幾乎！夫行此數端，甚不易矣。知不易而慎用兵，又其本乎！凡軍旅事，必當有方略之書。書成，即以此語冠首篇，亦不更為之序矣。

〔七〕清高宗《福康安奏報生擒莊大田紀事語》：昨生擒林爽文，則剿滅逆賊事，可稱蕆大端；茲生擒莊大田，則肅清臺灣事，方稱臻盡善。二逆狼狽為奸，得一而不得二，餘孽尚存，慮其萌芽；且彼既聞首禍被獲，則所以謀自全而幸逃生，入山固易追、赴海則難捕矣。是以先事周防，屢申飭諭（莊大田在南路，距海甚近，不慮其入山，而慮其入海，則追捕甚難。因屢次降旨，令福康安等慎防其入海之路，思慮所及，隨時預飭）。茲福康安盡心畫策，凡港口可以入海者，無不移舟設卡。因聞莊大田帶同匪眾俱在柴城，初二日欲往蚊率社，經番眾極力抵禦，復行退回。初五日黎明，官軍由風港發兵，越箐穿林，遂有賊匪突出拒敵。我兵迎擊，海蘭察率領巴圖魯侍衛奮勇齊攻，殺賊三百餘、生擒一百餘；追至柴城，賊愈眾多。然恐攻撲過急，莊大田或臨陣被殺、或乘間竄逸，轉不能悉數成擒。福康安分兵數隊，以徐合攻，自山梁佈陣抵海岸。適烏什哈達所率水師，得順風連檣齊至，沿海進圍，水陸合剿，自辰直至午刻，殺賊二千餘。群賊奔潰投水，屍浮海如雁鶩，而獨莊大田伏匿山溝，以致生擒。是豈人力哉？天也。二逆以麼䴥小民，敢興大亂，殺害生靈，無慮數萬。使獲一而逃一，未為全美。斯皆生致闕下，正國法而快人心。反側潛消，循良樂業。福康安、海蘭察等畫謀奮勇，不負任使，固不待言。然非天祐我師，俾獲萬全，豈易致此耶？更查康熙六十年四月，朱一貴於臺灣起事，提督施世驃、總兵藍廷珍於五月由澎湖進兵，至六月收復臺灣府城；計閱七日。於閏六月始擒獲朱一貴，計閱一月餘。至雍正元年四月，而餘黨悉剿盡。自朱一貴起事，至臺灣全郡平定，始末閱兩年。茲林爽文於五十一年十一月起事，其黃仕簡等前後誤事經一年。福康安等於上年十一月，由鹿仔港始進兵。其間解諸羅縣之圍、克斗六門、攻破大里杙賊巢，至本年正月獲林爽文，計閱四十二日。繼獲莊大田，計閱三十二日。自林爽文起事，至臺灣全郡平定，始末共閱一年三月。是較之藍廷珍等，成功更為迅速矣。夫逆賊入內山，生番非我臣僕，性情不同，語言不通，其遵我軍令與否，未可知也。福康安示之以兵威、使知畏，給之以賞項、使知懷。其經畫周密，賢於施世驃、藍廷珍遠甚。又得海蘭察率百巴圖魯攻堅陷銳，遂得前後生獲二囚。且李侍堯悉心董理軍儲，毋誤行陣。使不以李侍堯易常青之總督，則軍儲必誤；不以福康安易常青之將軍，則成功必遲。茲盡美盡善，以成功於三月之間，則上天之所以啟祐藐躬，俾以望八之年而獲三捷之速，則予所以深感昊慈，豈言語之所能形容也哉！自斯以後，所願洗兵韜甲，與民休息，保泰持盈，日慎一日，以待歸政之年，庶不遠矣。雖然，仔肩未卸，必不敢以娛老自怠所為；猶日孜孜，仍初志耳。

53. 明史紀事本末八十卷

國朝谷應泰（1620～1690）撰。應泰字賡虞，豐潤（今屬河北唐山市）人。順治丁亥（1647）進士。官至浙江提學僉事。

其書仿袁樞《通鑒紀事本末》之例，纂次明代典章事蹟。凡八十卷，每卷為一目。當應泰成此書時，《明史》尚未刊定，無所折衷。故紀靖難時事，深信《從亡》《致身》諸錄，以惠帝遜國為實，於滇黔遊跡載之極詳。又不知懿安皇后死節，而稱其青衣蒙頭，步入成國公第，俱不免沿野史傳聞之誤。然其排比纂次，詳略得中，首尾秩然。於一代事實極為淹貫。每篇後各附論斷，皆仿《晉書》之體，以駢偶行文，而遣詞抑揚，隸事親切，尤為曲折詳盡。

考邵廷采《思復堂集・明遺民傳》〔一〕稱：「山陰張岱〔二〕嘗輯明一代遺事為《石匱藏書》，應泰作《紀事本末》，以五百金購請，岱慨然予之。」又稱：「明季稗史雖多，體裁未備，罕見全書。惟談遷〔三〕《編年》、張岱《列傳》兩家具有本末，應泰並採之以成《紀事》。」據此則應泰是編，取材頗備，集眾長以成完本，其用力亦可謂勤矣。〔四〕（《四庫全書總目》卷四十九）

【注釋】

〔一〕【思復堂集】邱廷采撰。廷采字念魯，餘姚（今屬浙江紹興市）人。康熙初諸生。嘗從毛奇齡遊。是集刊於康熙壬辰（1712）。（《四庫全書總目》卷一八三）

〔二〕【張岱】（1597～1679），字宗子，號陶庵。浙江山陰人。

〔三〕【談遷】（1594～1657），字孺木，號棗林。浙江海寧人。著有《國榷》等。

〔四〕【辨偽】王樹民先生云：「邵氏（懿辰）《（四庫簡明目錄）標注》亦引姚際恒云：『此書乃海昌士人談遷所作，後論則杭諸生陸圻所作也。』按古代官僚著書多有幕中人為之操筆者，谷氏之書內容充實，組織亦甚為精密，似非一人以公餘之暇所能勝任，但編纂得當，首尾一致，其中應有谷氏一定的功力，不可便謂為襲取他人之作；以《國榷》與《明史紀事本末》相較，崇禎時期相同者為多，當以崇禎朝無實錄之故，在史料來源方面似有一定關係，但採用同一的史料非同代作。又張岱《與周戩伯書》云：『幸逢谷霖蒼文宗，欲作《明史紀事本末》，廣收十七年邸報，充棟汗牛，弟於其中簸揚淘汰，聊成本紀，並傳崇禎朝名世諸臣，計有數十餘卷，悉送文幾，祈著丹鉛，以終厥役。』則張岱所協助者亦以崇禎朝部分為主，更非出於巨金相購。故種種傳說均無足取，可不予深論。」（《史部要籍解題》第195～196頁，中華書局1981年版）胡益民《張岱卒年及〈明史紀事本末〉作者問題再考辨》認為，自清初溫睿臨至清末陸以湉，《明史紀事本末》係谷應泰「以五百金購（張岱）《石匱書》」而改名成書的說法一直存在，本文從張岱的生平遊歷入手，並將《石匱書》與《本末》細加比勘，認為張岱只是參加寫作者之一，所謂谷書「竊自張書」的說法並不成立。（《復旦學報》2004年第5期）

54. 繹史一百六十卷

國朝馬驌（1621～1673）撰。驌有《左傳事緯》，已著錄。

是編纂錄開闢至秦末之事〔一〕。首為世系圖、年表，不入卷數。次太古十卷，次三代二十卷，次春秋七十卷，次戰國五十卷，次別錄十卷。仿袁樞《紀事本末》之例〔二〕，每一事各立標題，詳其始末。惟樞書排纂年月，鎔鑄成篇。此書則惟篇末論斷，出驌自作。其事蹟皆博引古籍，排比先後，各冠本書之名。其相類之事則隨文附注，或有異同訛舛，以及依託附會者，並於條下疏通辯證。與朱彝尊《日下舊聞》義例相同。

其別錄則一為《天官》，二為《律呂通考》，三為《月令》，四為《洪範五行傳》，五為《地理志》，六為《詩譜》，七為《食貨志》，八為《考工記》，九為《名物訓詁》，十為《古今人表》，蓋以當諸史之表志。其九篇亦薈萃諸書之文，惟《古今人表》則全仍《漢書》之舊，以所括時代與《漢書》不相應，而與此書相應也。雖其疏漏牴牾，間亦不免。而搜羅繁富，詞必有徵，實非羅泌《路史》、胡宏《皇王大紀》〔三〕所可及。且史例六家，古無此式。與袁樞所撰，均可謂卓然特創，自為一家之體者矣。〔四〕（《四庫全書總目》卷四十九）

【注釋】

〔一〕**【評論】**楊向奎先生《馬驌〈宛斯學案〉》云：「其實浩博有之，精詳則未也。《繹史》以其採擇龐雜，未免為治史者所詬病，但以其豐富，真偽雜陳，有識之士，於其中亦有所得。」（《清儒學案新編》第三卷第 6～10 頁）王樹民先生亦云：「每引一文，先標書名於上，其下具錄原文，或於篇後附有評論。取材廣博，編排得法，使分散的古史資料有系統地聚為一書，以此為世人所重視。但先秦史料本為真偽混雜，馬氏未作辨析，甚至『傳疑而文極高古者，亦復弗遺』，成為其書較大的缺陷。」（《中國史學史綱要》第 163 頁）

〔二〕**【評論】**錢泰吉《曝書雜記》卷中：「袁氏惟錄《通鑒》，此則採摭百家。多搜輯於散亡，較袁氏功力為難。」

〔三〕**【皇王大紀】**宋胡宏（1106～1162）撰。較之羅泌《路史》，則切實多矣，未可以一眚掩也。朱彝尊《曝書亭集》有是書跋，稱「近時鄒平馬驌撰《繹史》，體例頗相似。疑其未見是書，正可並存不廢。」今考驌書多引《路史》，而不及《皇王大紀》一字。彝尊以為未見，理或有然。至於此書體用編年，《繹史》則每事標題，而雜引古書之文，排比倫次，略如袁樞紀事本末之法，體例固截然不同。不知彝尊何以謂其相似，殆偶未詳檢驌書歟？（《四庫全書總目》卷四七）

錢大昕云：「《太史公書》述《五帝本紀》始於黃帝。班固《古今人表》《律曆志》依《易・繫詞》，首太昊伏犧氏、炎帝神農氏，又依《左氏傳》，列少昊金天氏於黃帝之後，於是三皇五帝之目，五德代嬗之序，昭然其不可易矣。宋劉恕《通鑒外紀》、司馬光《稽古錄》、蘇轍《古史》皆上溯伏羲。獨胡宏《皇王大紀》以盤古、天皇、地皇、人皇、有巢、燧人為《三皇紀》，伏羲至堯舜為《五帝紀》，夏、商、周為《三王紀》。編年之書，追述上古，始盤古氏，蓋起於此……然陳氏《書錄解題》譏宏誤取『《莊子》寓言，及敘邃古之初，無徵不信』，則當時有識者早議其後矣。羅泌《路史》在胡宏之後，徵引益為奧博。自後儒生多談邃古，而荒唐之詞流為丹青，蓋好奇而不學自弊。」(《十駕齋養新錄》卷十三)

〔四〕【整理與研究】王記錄教授《〈繹史〉的價值和馬驌的史學思想》認為，《繹史》在資料選取、甄別、整理方面有鮮明的特點：一是廣搜博採，援據浩博；二是對不同的史料採取不同的取捨標準；三是疑則傳疑，認真考訂；四是徵引資料，注明出處。在史書體裁上，《繹史》以紀事本末體為中心，同時又熔編年、紀傳、典制、學案諸種體裁於一爐，在歷史編纂學上有重大突破。《繹史》反映出馬驌豐富的史學思想，重變通，察民隱；重視人才在歷史中的作用，強調人事；重視時勢對歷史變化的影響；以樸素唯物的觀點看待上古歷史等。(《淮北煤炭師範學院學報》2008 年第 2 期)

55. 左傳紀事本末五十四卷

國朝高士奇〔一〕(1645～1704) 撰。士奇有《春秋地名考略》，已著錄。

此書因章沖《左傳事類始末》〔二〕而廣之。以列國事蹟，分門件繫。其例有：曰補逸，則雜採諸子史傳與《左氏》相表裏者；曰考異，則與《左氏》異詞，可備參訂者；曰辨誤，則糾其傳聞失實，踳駁不倫者；曰考證，則取其事有依據，可為典要者；又時附以己見，謂之發明。凡周四卷，魯十一卷，齊十卷，晉十一卷，宋三卷，衛四卷，鄭四卷，楚四卷，吳三卷，秦二卷，列國一卷，目各如其卷之數。

大致亦與沖書相類。然沖書以十二公為記，此則以國為記，義例略殊。又沖書門目，太傷繁碎，且於左氏原文頗多裁損，至有裂句摘字，聯合而成者。士奇則大事必書，而略於其細。部居州次，端緒可尋。與沖書相較，雖謂之後來居上可也。(《四庫全書總目》卷四十九)

【注釋】

〔一〕【高士奇】字澹人，錢塘（今浙江杭州）人。

〔二〕【春秋左氏傳事類始末】宋章沖撰。據自序刊於淳熙乙巳（1185），在樞書之後九年，殆踵樞之義例而作。雖篇帙無多，不及樞書之淹博，其有裨學者則一也。惟《通鑒》本屬史家，樞不過理其端緒。《春秋》一書，經則比事屬詞，義多互發。傳文則或先經以始事，或後經以終義，或依經以辨理，或錯經以合異。絲牽繩貫，脈絡潛通。沖但以事類裒集，遂變經義為史裁，於筆削之文，渺不相涉。（《四庫全書總目》卷四十九）

56. 逸周書十卷

舊本題曰《汲冢周書》。考《隋・經籍志》《唐・藝文志》，俱稱此書以晉太康二年（281）得於魏安釐王冢中，則汲冢之說其來已久。然《晉書・武帝紀》及荀勗、束晳傳，載汲郡人不准所得竹書七十五篇，具有篇名，無所謂《周書》。杜預《春秋集解後序》載汲冢諸書，亦不列《周書》之目，是《周書》不出汲冢也。考《漢書・藝文志》，先有《周書》七十一篇〔一〕。今本比班固所紀惟少一篇。陳振孫《書錄解題》稱凡七十篇，敘一篇在其末。京口（今江蘇鎮江）刊本，始以序散入諸篇，則篇數仍七十有一，與《漢志》合。司馬遷紀武王克商事，亦與此書相應。許慎作《說文》，引《周書》「大翰若翬雉」，又引《周書》「貒有爪而不敢以撅」。馬融注《論語》引《周書・月令》，鄭玄注《周禮》引《周書・王會》，注《儀禮》引《周書・北唐以閭》，皆在汲冢前，知為漢代相傳之舊。郭璞注《爾雅》稱《逸周書》，李善《文選注》所引亦稱《逸周書》，知晉至唐初舊本尚不題「汲冢」。其相沿稱「汲冢」者，殆以梁任昉得竹簡漆書，不能辨識，以示劉顯，顯識為孔子刪書之餘。其時《南史》未出，流傳不審，遂誤合汲冢、竹簡為一事，而修《隋志》者誤採之耶？

鄭元祐作《大戴禮後序》稱：「《文王官人》篇與《汲冢周書・官人解》相出入，《汲冢書》出於晉太康中，未審何由相似（云云）。」殊失之不考。《文獻通考》所引李燾跋及劉克莊《後村詩話》〔二〕，皆以為漢時本有此書，其後稍隱，賴汲冢竹簡出，乃得復顯。是又心知其非，而巧為調停之說。惟舊本載嘉定十五年（1222）丁黼跋，反覆考證，確以為不出汲冢，斯定論矣。其書載有太子晉事，則當成於靈王以後。所云文王受命稱王，武王、周公私計東伐，俘馘殷遺，暴殄原獸，輦括寶玉，動至億萬，三發下車，懸紂首太白，又用之南郊，皆古人必無之事。陳振孫以為戰國後人所為，似非無見。然《左傳》引《周志》「勇則害上，不登於明堂」，又引《書》「慎始而敬終，終乃不困」，又引《書》「居安思危」，又稱「周作《九刑》」，其文皆在今書中，則春秋時已有之。特戰國以後又輾轉附益，故其言駁雜耳。究厥本始，終為三代之遺文〔三〕，不可廢也。

近代所行之本，皆闕《程寤》《秦陰》《九政》《九開》《劉法》《文開》《保開》《八繁》《箕子》《耆德》《月令》十一篇，餘亦文多佚脫。今考《史記·楚世家》引《周書》「欲起無先」，《主父偃傳》引《周書》「安危在出令，存亡在所用」，《貨殖傳》引《周書》「農不出則乏其食，工不出則乏其事，商不出則三寶絕，虞不出則財匱少」，《漢書》引《周書》「無為創首，將受其咎」，又引《周書》「天予不取，反受其咎」，《唐六典》引《周書》「湯放桀，大會諸侯，取天子之璽，置天子之座」，今本皆無之。蓋皆所佚十一篇之文也。觀李燾所跋已有「脫爛難讀」之語，則宋本已然矣。〔四〕(《四庫全書總目》卷五十)

【注釋】

〔一〕【班固自注】「周史記。」顏師古引劉向云:「蓋孔子所說百篇之餘也。」劉向之說未必可信。《逸周書》原名《周書》，而世人以此加「逸」字於書前，以區別於《尚書》中的《周書》篇。

〔二〕【後村詩話】宋劉克莊撰。所載宋代諸詩，其集不傳於今者十之五六，亦皆賴是書以存，可稱善本。至於既詆《玉臺新詠》為淫哇，而又詳錄其續集；既稱歐陽修厭薄楊、劉，又稱其推重楊、劉，尤自相矛盾。然要其大旨，則精覈者多，固迥在南宋諸家詩話上也。(《四庫全書總目》卷一九五)

今按，郭紹虞比較劉克莊與嚴羽之異同，極為精彩，詳見《宋詩話考》第 109～115 頁。

〔三〕【證真】《逸周書》在流傳中問題甚多，因而殘缺嚴重，真偽混雜，成為比較難讀的一部古書。但其中仍有不少重要的古史資料，如《克殷》《世俘》二篇記武王伐紂的勝利，詳細而具體……又《商誓》《度邑》《芮良夫》等篇，文皆古奧，有類《尚書》之訓誥。《官人》篇見於《大戴禮記》，《職方》篇見於《周禮·夏官》，《周月》《時訓》等篇為有關曆法者……先秦古籍多引《周書》者，猶或可見於今本《逸周書》中……可知《逸周書》雖多遭錯亂，猶多保

存古史資料，亦為古代記言史書提供了部分的例證。（王樹民《中國史學史綱要》第21頁）

〔四〕【整理與研究】朱右曾撰《逸周書集訓校釋》，劉師培撰《周書略說》。黃懷信等撰《逸周書匯校集釋》（上海古籍出版社2007年增訂版）、《逸周書校補注譯》（西北大學出版社1996年版），羅家湘撰《逸周書研究》（上海古籍出版社2006年版），王連龍撰《逸周書研究》（社會科學文獻出版社2010年版），趙奉蓉撰《逸周書文學研究》（中國社會科學出版社2013年版），唐元發撰《逸周書詞彙研究》（浙江大學出版社2015年版），宋志英、晁岳佩合編《逸周書研究文獻輯刊》（國家圖書館出版社2015年版）。

57. 東觀漢記二十四卷〔一〕

案：《東觀漢記》，《隋書·經籍志》稱長水校尉劉珍等撰。今考之范書，珍未嘗為長水校尉。且此書創始在明帝時，不可題珍等居首。

案：范書《班固傳》云：「明帝始詔班固與睢陽令陳宗、長陵令尹敏、司隸從事孟異共成《世祖本紀》。固又撰功臣、平林、新市、公孫述事，作列傳、載紀二十八篇。」此《漢記》之初創也。

劉知幾《史通·古今正史篇》云：「安帝詔史官謁者僕射劉珍、諫議大夫李尤雜作紀、表、名臣、節士、儒林、外戚諸傳，起建武，訖永初。」范書《劉珍傳》，亦稱鄧太后詔珍與劉騊駼作《建武以來名臣傳》。此《漢記》之初續也。

《史通》又云：「珍尤繼卒，覆命侍中伏無忌與諫議大夫黃景作《諸王王子功臣恩澤侯表》與《單于西羌傳》《地理志》。元嘉元年（151），復令大中大夫邊韶、大軍營司馬崔寔、議郎朱穆、曹壽，雜作孝穆崇二皇及順烈皇后傳。又增《外戚傳》入安思等後，《儒林傳》入崔篆諸人。寔、壽又與議郎延篤雜作《百官表》、順帝功臣孫程、郭願、鄭眾、蔡倫等傳，凡百十有四篇，號曰《漢記》。」范書《伏湛傳》亦云：「元嘉中，桓帝詔伏無忌與黃景、崔寔等共撰《漢記》。」《延篤傳》亦稱篤與朱穆、邊韶共著作東觀，此《漢記》之再續也。

蓋至是而史體粗備，乃肇有《漢記》之名。《史通》又云：「熹平中，光祿大夫馬日磾、議郎蔡邕、楊彪盧植著作東觀，接續紀傳之可成者。而邕別有《朝會》《車服》二志，後坐事徙朔方，上書求還，續成十志。董卓作亂，舊文散逸。及在許都，楊彪頗存注紀。」案：范書《蔡邕傳》，邕在東觀，與盧植韓說等撰補《後漢記》，所作《靈紀》及十意，又補諸列傳四十二篇。因李傕之亂，多不存。《盧植傳》亦稱熹平中，植與邕、說並在東觀，補《續漢記》。又劉昭補注司馬書，引袁崧《書》云：「劉洪與蔡邕共述《律曆紀》」。又引謝承《書》云：「胡廣博綜舊儀，蔡邕因以為志」。又引謝沈《書》云：「蔡邕引中興以來所修者為《祭祀志》」。章懷太子范書《注》稱邕上書云：「臣科條諸志，所欲刪定者一，所當接續者四，前志所無，臣欲著者五」。此《漢記》之三續也。

其稱東觀者，《後漢書注》引《雒陽宮殿名》云：「南宮有東觀」。范書《竇章傳》云：「永初中，學者稱東觀為老氏藏室，道家蓬萊山」。蓋東漢初，著述在蘭臺。至章、和以後，圖籍盛於東觀，修史者皆在是焉，故以名書。

《隋志》稱書凡一百四十三卷，而新、舊《唐書志》則云一百二十六卷，又錄一卷。蓋唐時已有闕佚。《隋志》又稱是書起光武，訖靈帝。今考列傳之文，間紀及獻帝時事，蓋楊彪所補也。晉時以此書與《史記》《漢書》為三史，人多習之。故六朝及初唐人隸事釋書，類多徵引。自唐章懷太子集諸儒注范《書》，盛行於代，此書遂微。北宋時尚有殘本四十三卷。趙希弁《讀書附志》、邵博《聞見後錄》並稱其書乃高麗所獻，蓋已罕得。南宋《中興書目》則止存鄧禹、吳漢、賈復、耿弇、寇恂、馮異、祭遵、景丹、蓋延九傳，共八卷。有蜀中刊本流傳，而錯誤不可讀。上蔡任涝始以秘閣本讎校，羅願為序行之，刻版於江夏。又陳振孫《書錄解題》稱其所見本，卷第凡十二，而闕第七第八二卷。卷數雖似稍多，而覈其列傳之數，亦止九篇，則固無異於《書目》所載也。自元以來此書已佚。《永樂大典》於鄧、吳、賈、耿諸韻中並無《漢記》一語，則所謂九篇者明初即已不存矣。本朝姚之駰撰《後漢書補逸》，曾搜集遺文，析為八卷。然所採只據劉昭《續漢書十志補注》《後漢書注》、虞世南《北堂書鈔》、歐陽詢《藝文類聚》、徐堅《初學記》五書，又往往掇拾不盡，掛漏殊多。

今謹據姚本舊文，以《永樂大典》各韻所載，參考諸書，補其闕逸，所增者幾十之六〔二〕。其書久無刻版，傳寫多訛。姚本隨文抄錄，謬戾百出。且《漢記》目錄雖佚，而紀、表、志、傳、載記諸體例，《史通》及各書所載，梗概尚一一可尋。姚本不加考證，隨意標題，割裂顛倒，不可殫數。今悉加釐正，分為帝紀三卷，年表一卷，志一卷，列傳十七卷。載記一卷。其篇第無可考者，別為佚文一卷，而以《漢記》與范《書》異同附錄於末。雖殘圭斷璧，零落不完，而古澤斑斕，罔非瑰寶。書中所載，如章帝之詔增修群祀，杜林之議郊祀，東平王蒼之議廟舞，並一朝大典，而范《書》均不詳載其文。他如張順預起義之謀，王常贊昆陽之策，楊政之嚴正，趙勤之潔清，亦復概從闕如，殊為疏略。惟賴茲殘笈，讀史者尚有所稽，則其有資考證，良非淺鮮，尤不可不亟為表章矣。〔三〕（《四庫全書總目》卷五十）

【注釋】

〔一〕**【評論】**《東觀漢記》為東漢一代史料總匯，其體例有本紀、表、志、列傳、載記等，略具後世統治者設立史館以修國史的性質，但作者皆為臨時指派著名學者充任，學識充足，工作也比較認真，故其書有較高的史料價值。（王樹民《中國史學史綱要》第 67 頁）

〔二〕**【考證】**余嘉錫《四庫提要辯證》卷五別史類：「案《總目》於此書之下雖注為《永樂大典》本，其實館臣重輯時，係以姚之駰本為主，參之以《大典》所載，然後旁考唐、宋諸類書，自《北堂書鈔》至《太平御覽》以補之。觀提要此節，語意自明。若更讀本書校語及佚文，與夫《四庫全書考證》，尤可得其梗概。後人動稱殿本《東觀漢記》輯自《永樂大典》者，皆未細讀本書之過也。《大典》所載，蓋亦宋末或元、明人所輯，初非採自元書。否則南宋秘閣已止存列傳九篇，安得如許之殘編斷句乎？姚本沿明人陋習，一概不著出處，館臣從而傚之，亦不舉所出之書，遂使讀者莫知所自來及其可信與否。夷考其實，即諸類書所引，亦復掇拾未盡。」

〔三〕**【整理與研究】**吳樹平撰《東觀漢記校注》（中州古籍出版社 1987 年版）。

58. 古史六十五卷

宋蘇轍〔一〕（1039～1112）撰。轍有《詩傳》，已著錄。

轍以司馬遷《史記》多不得聖人之意，乃因遷之舊，上自伏羲、神農，下訖秦始皇，為本紀七，世家十六，列傳三十七。自謂追錄聖賢之遺意，以明示來世。至於得失成敗之際，亦備論其故。以今考之，如於《三皇紀》增入道家者流，謂黃帝以無為為宗，其書與老子相出入。於《老子傳》附以佛家之說，謂釋氏視老子體道愈遠，而立於世之表。於《孟子傳》謂，孟子學於子思，得其說而漸失之。反稱譽田駢、慎到之徒。又謂其為佛家所謂鈍根聲聞者。班固論遷之失，首在先黃、老而後「六經」。轍所更定，烏在其能正遷耶？

《朱子語錄》曰：「伯恭子約宗太史公之學，某嘗與之痛辨。子由《古史》言：『**馬遷淺陋而不學，疏略而輕信。**』此二句最中馬遷之失，伯恭極惡之。《古史序》云：『古之帝王，其必為善，如火之必熱，水之必寒。其不為不善，如騶虞之不殺，竊脂之不穀。』此語最好。某嘗問伯恭，此豈馬遷之所及？然子由此語雖好，卻又有病處。如云『帝王之道以無為為宗』之類，他只說得個頭勢大，然下面工夫又皆空疏（云云）。」蓋與呂祖謙議論相激，故平日作《雜學辨》以攻轍，此時反為之左袒。然其混合儒、墨之失，亦終不能為之掩也。

平心而論，史至於司馬遷，猶詩至於李、杜，書至於鍾、王，畫至於顧、陸，非可以一支一節比擬其長短者也。轍乃欲點定其書，殆不免於輕妄。至其糾正補綴，如《史記》載堯妻舜之後，瞽瞍尚欲殺舜，轍則本《尚書》謂妻舜在瞽瞍允若之後；《史記》載伊尹以負鼎說湯，造父御周穆王見西王母事，轍則刪之；《史記》不載禱雨桑林事，轍則增之；宋世家，《史記》贊宋襄公泓之戰為禮讓，轍則貶之；辨《管子》之書為戰國諸子所附益；於《晏子傳》增入晏子處崔杼之變，知陳氏之篡與諷諫數事；於宰我則辨其無從叛之事；於子貢則辨其無亂齊之事；又據《左氏傳》為柳下惠、曹子臧、吳季札、范文子、叔向、子產等傳，以補《史記》所未及；《魯連傳》附以虞卿，《刺客傳》不載曹沫。其去取之間，亦頗為不苟。存與遷書相參考，固亦無不可矣。

書中間有附注，以葉大慶《考古質疑》考之，蓋其子遜之所作。舊本不載其名，今附著焉。（《四庫全書總目》卷五十）

【注釋】

〔一〕**【作者研究】**曾棗莊撰《蘇轍年譜》（陝西人民出版社 1986 年版）。

〔二〕**【整理與研究】**桑海風撰《蘇轍古史版刻考述》（《宋代文化研究》2000 年卷）。李哲《蘇轍古史初探》認為，蘇轍撰述此書的緣起在於對《史記》的不滿，有探索歷史成敗興衰之故和保存歷史文獻的需要。此書卷帙浩繁，有六十卷之多，著力於上古史研究，總結出「勢」「禮義」與「德」對歷史的影響，其所增六篇列傳皆賢臣明君，貫穿其中之義更是反映出宋代重義輕利的時代特徵。《古史》的史學地位也多為後世所認同，朱熹於其中之「理」表示讚賞，但對其援佛、老入儒的學說持批評態度，這也引起了後世對此的關注。（《史學理論與史學史學刊》2016 年第 1 期）

59. 通志二百卷

宋鄭樵〔一〕（1104～1162）撰。樵有《爾雅注》，已著錄。

通史之例，肇於司馬遷。故劉知幾《史通》述二體，則以《史記》《漢書》共為一體。述六家，則以《史記》《漢書》別為兩家。以一述一代之事，一總歷代之事也。**其例綜括千古，歸一家言。非學問足以該通，文章足以鎔鑄，則難以成書。**梁武帝作《通史》六百二十卷，不久即已散佚。故後有作者，率莫敢措意於斯。樵負其淹博，乃網羅舊籍，參以新意，撰為是編。凡帝紀十八卷、皇后列傳二卷、年譜四卷、略五十一卷、列傳一百二十五卷。其紀傳刪錄諸史，稍有移掇，大抵因仍舊目，為例不純。其年譜仿《史記》諸表之例，惟間以大封拜、大政事錯書其中，或繁或漏，亦復多歧，均非其注意所在。

其平生之精力，全帙之菁華，惟在《二十略》而已：一曰氏族，二曰六書，三曰七音，四曰天文，五曰地理，六曰都邑，七曰禮，八曰謚，九曰器服，十曰樂，十一曰職官，十二曰選舉，十三曰刑法，十四曰食貨，十五曰藝文，十六曰校讎，十七曰圖譜，十八曰金石，十九曰災祥，二十曰草木昆蟲。

其氏族、六書、七音、都邑、草木昆蟲五略為舊史之所無。案《史通・書志篇》曰：「可以為志者，其道有三：一曰都邑志，二曰氏族志，三曰方物志。」〔二〕樵增氏族、都邑、草木昆蟲三略，蓋竊據是文。**至於六書、七音，乃小學之支流，非史家之本義。**矜奇炫博，泛濫及之，此於例為無所取矣。餘十五略雖皆舊史所有，然謚與器服，乃禮之子目，校讎、圖譜、金石，乃藝文之子目，析為別類，不亦冗且碎乎？

且《氏族略》多掛漏，《六書略》多穿鑿，《天文略》只載丹元子《步天歌》，《地理略》則全抄杜佑《通典・州郡總序》一篇，前雖先列水道數行，僅雜取《漢書・地理志》及《水經注》數十則，即《禹貢》山川亦未能一一詳載。《謚略》則別立數門，而沈約、扈琛諸家之謚法悉刪不錄，即《唐會要》所載杲字諸謚，亦並漏之。《器服略》器則所載尊彝爵觶之制，制既不詳，又與《金石略》復出，服則全抄杜佑《通典》之《嘉禮》。其禮、樂、職官、食貨、選舉、刑法六略亦但刪錄《通典》，無所辯證。至《職官略》中，以《通典》注所引之典故，悉改為案語大書，更為草率矣。

《藝文略》則分門太繁。又韓愈《論語解》，論語類前後兩出。張弧《素履子》，儒家、道家兩出。劉安《淮南子》，道家、雜家兩出。荊浩《筆法記》〔三〕，乃論畫之語，而列於法書類。《吳興人物志》《河西人物志》乃傳記之流，而列於名家類。段成式之《玉格》，乃《酉陽雜俎》之一篇，而列於寶器類，尤為荒謬。

《金石略》則鐘鼎碑碣，核以《博古》《考古》二圖，《集古》《金石》二錄，脫略至十之七八。《災祥略》則悉抄諸史《五行志》。《草木昆蟲略》則並《詩經》《爾雅》之注疏亦未能詳覈。

蓋宋人以義理相高，於考證之學，罕能留意。樵恃其該洽，睥睨一世，諒無人起而難之。故高視闊步，不復詳檢。遂不能一一精密，致後人多所譏彈也。特其採摭既已浩博，議論亦多警闢。雖純駁互見，而瑕不掩瑜，究非遊談無根者可及。至今資為考鏡，與杜佑、馬端臨書並稱「三通」，亦有以焉。〔四〕(《四庫全書總目》卷五十)

【注釋】

〔一〕【作者研究】吳懷祺教授撰《鄭樵年譜稿》(附錄於《鄭樵文集》，書目文獻出版社 1992 年版)。徐友富教授撰《鄭樵評傳》(南京大學出版社 1998 年版)，附錄《鄭樵簡譜》《鄭樵著作考》。黃玉石撰《鄭樵傳》(中國青年出版社 1998 年版)。

〔二〕【史源】《史通》卷三《書志》:「蓋可以為志者，其道有三焉：一曰都邑志，二曰氏族志，三曰方物志。」

〔三〕【荊浩】字浩然，自號洪穀子，五代後梁山西沁水人。工山水畫，與董源、關仝、巨然並為四大家。著有《筆法記》一卷，提出氣、韻、思、景、筆、墨「六要」之說，對後世頗多影響。

〔四〕【整理與研究】清章學誠《文史通義》中《釋通》《申鄭》《答客問》等篇，皆是為鄭樵辯護的力作。現代學者顧頡剛、張舜徽等人也頗推崇鄭樵之學，裘錫圭對其中的《六書略》也給予了肯定。錢亞新撰《鄭樵校讎略研究》(商務印書館 1948 年版)，周餘姣撰《鄭樵與章學誠的校讎學研究》(齊魯書社 2015 年版)。今按，今後應該對鄭樵其人其書進行更為廣泛深入地研究，同時展開比較研究。

60. 東都事略一百三十卷

宋王偁〔一〕撰。偁字季平，眉州(今四川眉山)人。父賞，紹興中為實錄修撰。偁承其家學，旁搜九朝事蹟，採輯成編。洪邁修《四朝國史》，奏進其書，以承議郎知龍州，特授直秘閣。

其書為本紀十二、世家五、列傳一百五，附錄八。敘事約而該，議論亦皆持平。如康保裔不列於忠義，張方平〔二〕、王拱辰不諱其瑕疵，皆具史識。熙寧之啟釁，元符之紹述，尤三致意焉。《朱勔傳》後附載僧祖秀《艮嶽記》，蓋仿《三國志·諸葛亮傳》後附載文集目錄及陳壽進表之例。雖非史法，亦足資考證。而南宋諸人，乃多不滿其書。蓋偁閉門著述，不入講學之宗派，黨同伐異，勢所必然，未可據為定論也。

近時汪琬復謂，元修《宋史》，實據此書為稿本〔三〕。以今考之，惟《文藝傳》為《宋史》所資取，故所載北宋為多，南宋文人寥寥無幾。其餘事蹟異同，如符彥卿二女為周室後，而《宋史》闕其一。劉美本姓龔，冒附於外戚，《事略》直書其事。《宋史》採其家傳，轉為之諱。趙普先閱章奏，田錫〔四〕極論其非，而《宋史》誤以為群臣章奏，必先白錫。楊守一以涓人補右班殿直，遷翰林副使，而《宋史》誤作翰林學士。新法初行，坐倉糴米，吳申等言其不便，《宋史》誤以為司馬光之言。至地名、諡法，《宋史》尤多舛謬。元人修史，蓋未嘗考證此書。琬之言未得其實也。

其中如張齊賢以雍熙三年（986）忤旨出外，而誤作自請行邊；以副使王履《楚辭》誤屬之李若水〔五〕；又不載王履於《忠義傳》，雖不免間有牴牾。然宋人私史，卓然可傳者，唯偁與李燾、李心傳之書而三，固宜為考《宋史》者所寶貴矣。〔六〕（《四庫全書總目》卷五十）

【注釋】

〔一〕**【考證】**王偁應為王稱，見於宋眉山程舍人刻本，自明代始誤作王偁。詳見余嘉錫之《四庫提要辯證》。

〔二〕**【張方平】**（1007～1091），字安道，自號樂全居士，河南商邱人。有《樂全集》傳世。

〔三〕**【史源】**汪琬《堯峰文抄》卷二十五《校正東都事略前序》。

〔四〕**【田錫】**（940～1003），字表聖，京兆（今陝西西安）人。有《咸平集》傳世。

〔五〕**【李若水】**（1093～1127），字清卿，諡忠愍，洺州曲周（今屬河北）人。著有《忠愍集》。

〔六〕**【流傳】**壬子九月二十一日，訪顧抱沖，觀宋本《東都事略》。卷首有錢牧齋長跋，歷敘其欲修《宋史》不果之意。此書即《敏求記》中所稱絕難得者，抱沖以白金四十購自顧氏，可稱幸矣！（《鈕匪石日記》第5頁）**【整理與研究】**舒仁輝撰《東都事略與宋史比較研究》（商務印書館2007年版）。

61. 路史四十七卷

宋羅泌撰。泌字長源，廬陵（今江西吉安）人。

是書成於乾道庚寅（1170）。凡《前紀》九卷，述初三皇至陰康無懷之事。《後紀》十四卷，述太昊至夏履癸之事。《國名紀》八卷，述上古至三代諸國姓氏地理，下逮兩漢之末。《發揮》六卷、《餘論》十卷，皆辨難考證之文。其《國名紀》第八卷，載《封建後論》一篇、《究言》一篇、《必正札子》一篇、《國姓衍慶紀原》一篇，蓋以類相附。惟歸愚子《大衍數》一篇、《大衍說》一篇、《四象說》一篇，與封建渺無所涉。考《發揮》第一卷之首有《論太極》一篇，《明易彖象》一篇、《易之名》一篇，與《大衍》等三篇為類。疑本《發揮》之文，校刊者以卷帙相連，誤竄入《國名紀》也。

泌自序謂皇甫謐之《世紀》、譙周之《史考》、張愔之《系譜》、馬總之《通曆》〔一〕、諸葛耽之《帝錄》、姚恭年之《曆帝紀》、小司馬之《補史》、劉恕之《通鑑外紀》，其學淺狹，不足取信。蘇轍《古史》第發明索隱之舊，未為全書，因著是編。

《餘論》之首釋名書之義，引《爾雅》訓路為大，所謂「路史」，蓋曰大史也。句下注文題其子蘋所撰。覈其詞義，與泌書詳略相補，似出一手。殆自注而嫁名於子與？皇古之事，本為茫昧。泌多採緯書，已不足據。至於《太平經》〔二〕《洞神經》《丹壺記》之類，皆道家依託之言，乃一一據為典要，殊不免龐雜之譏。《發揮》《餘論》皆深斥佛教，而說《易》數篇，乃義取道家。其「青陽遺珠」一條，論大惑有九，以貪仙為材者之惑，訣物為不材之惑，尤為偏駁。然引據浩博，文采瑰麗。劉勰《文心雕龍．正緯篇》目：「羲、農、軒、皞之源，山瀆、鍾律之要，白魚、赤鳥之符，黃金、紫玉之瑞，事豐奇偉，詞富膏腴。無益經典，而有助文章。」是以後來詞人，採摭英華。泌之是書，殆於此類。至其《國名紀》《發揮》《餘論》，考證辨難，語多精覈，亦頗有祛惑持正之論〔三〕，固未可盡以好異斥矣。〔四〕（《四庫全書總目》卷五十）

【注釋】

〔一〕**【通曆】**唐馬總撰。略記遠古至隋朝之興亡，為唐人編年體通史僅存之作。有葉德輝夢篆樓刊本。

〔二〕**【太平經】**是後漢時期原始道教的經典，流行於民間，屬民間道教的性質，其理論思維基本上代表民間道教類型的特色。王明有《太平經合校》（中華書局 1960 年版）。

〔三〕【評論】長源乃道家之流，主復古者，其書當作子家觀，可與王安石、蘇軾、張耒相角逐。論者顧以與蘇轍、劉恕、胡宏、鄭樵相較，則宜乎其無取矣。（詳《劉咸炘學術論集．子學編》第394～402頁）

〔四〕【整理與研究】朱仙林《羅泌〈路史〉文獻學及神話學研究》認為，《路史》是一部保存有大量神話傳說內容的著作，它以其全面豐富的資料涵蓋和數量巨大的佚文保存，為廣大學者所重視。首先從文獻學角度對《路史》進行全面考察，其次在文獻研究的基礎上挖掘《路史》所蘊含的神話學價值。（東北師範大學2012年博士論文）陳嘉琪撰《南宋羅泌〈路史〉上古傳說研究》（中國社會科學出版社2017年版）。

62. 藏書六十八卷

明李贄〔一〕（1527～1602）撰。贄有《九正易因》〔二〕，已著錄。

是編上起戰國，下迄於元，各採摭事蹟，編為紀傳。紀傳之中，又各立名目。前有自序曰：「前三代吾無論矣，後三代漢、唐、宋是也。中間千百餘年，而獨無是非者，豈其人無是非哉？咸以孔子之是非為是非，固未嘗有是非耳。然則予之是非人也，又安能已。」又曰：「《藏書》者何？言此書但可自怡，不可示人，故名曰《藏書》也。而無奈一二好事朋友，索覽不已，予又安能以已耶？但戒曰『覽則一任諸君覽，但無以孔夫子之定本行賞罰也則善矣（云云）。』」

贄書皆狂悖乖謬，非聖無法。惟此書排擊孔子，別立褒貶，凡千古相傳之善惡，無不顛倒易位，尤為罪不容誅。其書可毀，其名亦不足以污簡牘。特以贄大言欺世，同時若焦竑〔三〕諸人，幾推之以為聖人。至今鄉曲陋，儒震其虛名，猶有尊信不疑者。如置之不論，恐好異者轉矜創獲，貽害人心故特存其目，以深暴其罪焉。（《四庫全書總目》卷五十）

【注釋】

〔一〕【作者研究】容肇祖撰《李卓吾評傳》（商務印書館1936年版），福建人民出版社1976年出版《李贄研究資料》。林其賢撰《李卓吾事蹟繫年》（文津出版社1988年版），陳曼平撰《李贄研究》（黑龍江人民出版社1989年版），林海權撰《李贄年譜考略》（福建人民出版社1992年版）。左東嶺教授撰《李贄與晚明文學思想》（天津人民出版社1992年版），鄢烈山、朱健國合撰《中國第一思想犯：李贄傳》（中國工人出版社1993年版），鄢烈山、朱健國合撰

《李贄傳》（時事出版社 2000 年版），許建平教授撰《李贄思想演變史》（人民出版社 2005 年版）、《李卓吾傳》（東方出版社 2004 年版）及《李贄著述編年考》（未見），許蘇民教授撰《李贄評傳》（南京大學出版社 2006 年版），傅秋濤撰《李卓吾傳》（湖南人民出版社 2007 年版），鄢烈山撰《威鳳悲歌：狂人李贄傳》（廣東人民出版社 2012 年版），高志忠《殉道勇士——李贄傳》（作家出版社 2018 年版）。

〔二〕【版本】《續修四庫全書》影印《九正易因》（遼寧省圖書館藏清初毛氏汲古閣刻本）。

〔三〕【焦竑】字弱侯，號澹園，應天旗手衛籍，山東日照人。王琅撰《焦竑年譜》，李劍雄撰《焦竑評傳》（南京大學出版社 2002 年版）。

63. 國語二十一卷

吳韋昭（約 204～273）注。昭字宏嗣，雲陽（今江蘇丹陽）人。官至中書僕射。《三國志》作「韋曜」，裴松之《注》謂為司馬昭諱也。《國語》出自何人〔一〕，說者不一，然終以漢人所說為近古。

所記之事與《左傳》俱迄智伯之亡，時代亦復相合。中有與《左傳》未符者，猶《新序》《說苑》同出劉向，而時復牴牾。蓋古人著書，各據所見之舊文，疑以存疑，不似後人輕改也。

《漢志》作二十一篇，其諸家所注，《隋志》虞翻、唐固本皆二十一卷，王肅本二十二卷，賈逵本二十卷，互有增減，蓋偶然分併，非有異同。惟昭所注本，《隋志》作二十二卷，《唐志》作二十卷，而此本首尾完具，實二十一卷，諸家所傳南北宋版，無不相同。知《隋志》誤一字，《唐志》脫一字也。〔二〕

前有昭自序，稱兼採鄭眾、賈逵、虞翻、唐固之注。今考所引鄭說，虞說寥寥數條，惟賈、唐二家援據駁正為多。序又稱凡所發正三百七事。今考注文之中，昭自立義者，《周語》凡「服數」一條、「國子」一條、「虢文公」一條、「常棣」一條、「鄭武莊」一條、「仲任」一條、「叔妘」一條、「鄭伯南也」一條、「請隧」一條、「瀆姓」一條、「楚子入陳」一條、「晉成公」一條、「共工」一條、「大錢」一條、「無射」一條；《魯語》「朝聘」一條、「刻桷」一條、「命祀」一條、「郊禘」一條、「祖文宗武」一條、「官僚」一條；《齊語》凡「二十一鄉」一條、「士鄉」十五一條、「良人」一條、「使海於有蔽」一條、「八百乘」一條、「反胙」一條、「大路龍旗」一條；《晉語》凡「伯氏」一條、「不懼不得」一條、「聚居異情」一條、「貞之無報」一條、「轅田」一條、「二十五宗」一條、「少典」一條、「十月」一條、「嬴氏」一條、「觀狀」一條、「三德」一條、「上軍」一條、「蒲城伯」一條、「三軍」一條、「錞于」一條、「呂錡佐上軍」一條、「新軍」一條、「韓無忌」一條、「女樂」一條、「張老」一條；《鄭語》凡「十數」一條、「億事」一條、「秦景襄」一條；《楚語》「聲子」一條、「懿戒」一條、「武丁作書」一條、「屏攝」一條；《吳語》「官帥」一條、「錞于」一條、「自剄」一條、「王總百執事」一條、「兄弟之國」一條、「來告」一條、「向簷」一條；《越語》「乘車」一條、「宰」一條、「德虐」一條、「解骨」一條、「重祿」一條，不過六十七事，合以所正訛字、衍文、錯簡，亦不足三百七事之數。其傳寫有誤，以六十為三百歟？《崇文總目》作三百十事，又七字轉訛也。錢曾《讀書敏求記》謂「《周語》『昔我先世后稷』句，天聖本『先』下有『王』字。『左右免冑而下』句，天聖本『下』下有『拜』字」。今本皆脫去。然所引注曰云云，與此本絕不相同，又不知何說也？此本為衍聖公孔傳鐸所刊。如《魯語》「公父文伯飲酒」一章，注中「此堵父詞」四字，當在「將使鱉長」句下，而誤入「遂出」二字下。小小舛訛，亦所不免。然較諸坊本則頗為精善。

自鄭眾《解詁》以下，諸書並亡，《國語》注存於今者，惟昭為最古。黃震《日抄》嘗稱其簡潔，而先儒舊訓亦往往散見其中。如朱子注《論語》「無所取材」，毛奇齡詆其訓「材」為「裁」，不見經傳，改從鄭康成「桴材」之說。而不知《鄭語》「計億事，材兆物」句，昭注曰：「計，算也；材，裁也。」已有此訓。然則奇齡失之眉睫間矣。此亦見其多資考證也。〔三〕

案：《國語》二十一篇，《漢志》雖載《春秋》後，然無《春秋外傳》之名也。《漢書·律曆志》始稱《春秋外傳》。王充《論衡》云：「《國語》，《左氏》之外傳也。左氏傳經，詞語尚略，故復選錄《國語》之詞以實之。」劉熙《釋名》亦云：「《國語》亦曰《外傳》。《春秋》以魯為內，以諸國為外，外國所傳之事也。」考《國語》上包周穆王，下暨魯悼公，與《春秋》時代首尾皆不相應，其事亦多與《春秋》無關，繫之《春秋》，殊為不類。〔四〕

至書中明有《魯語》，而劉熙以為外國所傳，尤為舛迕。附之於經〔五〕，於義未允。《史通·六家》，《國語》居一，實古左史之遺。今改隸之雜史類焉。〔六〕（《四庫全書總目》卷五十一）

【注釋】

〔一〕【作者】王樹民先生云：「《國語》為彙編之書，非出一時一人之手，這從本書的形式和內容方面，都可以得到充分的證明。」(《史部要籍解題》第 14 頁，中華書局 1981 年版）譚家健《〈國語〉成書時代和作者考辨》(《河北師範學院學報》1985 年第 2 期)、王文才《〈國語〉作者小考》(《青海師範大學學報》1990 年第 2 期）也持相近看法。

〔二〕【版本】《國語》以天聖明道本為最善，其次則推明嘉靖時金李覆宋本；南宋監本反不為世重。（潘景鄭《著硯樓讀書記》第 81 頁）

〔三〕【評論】董增齡《國語正義序》認為：「宏嗣生於江南撓攘之秋，抱闕守殘，視東漢諸儒，已非其時矣。其所解固援經義，而與許、鄭諸君有未翕合者，依文順釋，義有難安。況墨守一家之說，殊非實事求是之心。」

〔四〕【《國語》非《春秋外傳》】《國語》的編定者，司馬遷有明確的記載，他說：「左邱失明，厥有《國語》。」後世因《國語》之內容大部分同於《左傳》，而自漢代以後，皆謂《左傳》作者為左邱明，甚至混稱《國語》為《春秋外傳》，這些錯誤觀念必須予以清除。首先二書成書的性質不同，《國語》出於編纂，《左傳》則成於撰述；其次左邱與左邱明時代不同，自非一人。（王樹民《中國史學史綱要》第 22 頁）今按，左邱為戰國中期之人，而左邱明與孔子時代相近。譚獻《復堂日記》云：「《國語》別行，不當謂之外傳，必出左氏之前，故為《春秋》採獲，或左氏得百國寶書，提要為此書，文字不出一手。」但劉咸炘持反對意見，詳見《劉咸炘學術論集・子學編》第 387～388 頁。

〔五〕【附之於經】《國語》未曾被列入經部，但段玉裁主張「二十一經」說，其中就有《國語》，王念孫《經義述聞》卷二十、二十一皆討論《國語》。《光明日報》2007 年 7 月 26 日國學版發表文章，討論《國語》為何不列入經部。

〔六〕【整理與研究】清洪亮吉撰《國語韋昭注疏》。清汪遠孫於《國語》用力甚深，輯賈逵、虞翻、唐固之說，撰《三君注輯存》四卷，又著《國語韋注發正》二十一卷、《國語考異》四卷，合稱《國語校注本三種》(道光二十六年振綺堂本)。清董增齡撰《國語正義》二十一卷。近人徐元誥著《國語集解》二十一卷，中華書局 1930 年以仿宋大字鉛印，2002 年又出版王樹民、沈長雲點校本，清代學者整理《國語》之成就大體皆已收入，為本書注本中最詳備者。

衛聚賢《〈國語〉的研究》(《古史研究》第一集，上海新月書店 1928 年版)認為《國語》比《左傳》晚。孫海波《國語真偽考》(《燕京學報》1934 年第16 期)認為《史記》沒有採用《國語》的材料。

64. 戰國策注三十三卷

舊本題漢高誘注。今考其書，實宋姚宏校本也。

《文獻通考》引《崇文總目》曰:「《戰國策》篇卷亡闕，第二至第十，第三十一至第三十三闕。又有後漢高誘《注》本二十卷，今闕第一、第五、第十一至二十，止存八卷。」曾鞏校定序曰:「此書有高誘注者二十一篇，或曰三十二篇。《崇文總目》存者八篇，今存者十篇。」〔一〕**此為毛晉汲古閣影宋抄本**。雖三十三卷皆題曰高誘注，而有誘注者僅二卷至四卷、六卷至十卷，與《崇文總目》八篇數合，又最末三十二、三十三兩卷合前八卷，與曾鞏序十篇數合。而其餘二十三卷則但有考異而無注。其有注者多冠以「續」字，其偶遺「續」字者，如《趙策一》郤疵注、雒陽注皆引唐林寶《元和姓纂》;《趙策二》甌越注引魏孔衍《春秋後語》;《魏策三》芒卯注引《淮南子注》。衍與寶在誘後，而《淮南子注》即誘所自作，其非誘注，可無庸置辨。蓋鞏校書之時，官本所少之十二篇，誘書適有其十，惟闕第五、第三十一；誘書所闕，則官書悉有之，亦惟闕第五、第三十一。意必以誘書足官書，而又於他家書內摭二卷補之，此官書、誘書合為一本之由。然鞏不言校誘注，則所取惟正文也。

迨姚宏重校之時，乃並所存誘注入之，故其自序稱「不題校人並題續注者，皆余所益」，知為先載誘注，故以續為別。且凡有誘注復加校正者，並於夾行之中又為夾行，與無注之卷不同，知校正之時注已與正文並列矣。卷端曾鞏、李格、王覺、孫樸諸序跋，皆前列標題，各題其字，而宏序獨空一行列於末，前無標題，序中所言體例又一一與書合，其為宏校本無疑。其卷卷題高誘名者，殆傳寫所增以贋古書耳。

書中校正稱曾者，曾鞏本也；稱錢者，錢藻本也；稱劉者，劉敞本也；稱集者，集賢院本也；無姓名者，即宏序所謂不題校人為所加入者也。其點勘頗為精密，吳師道作《戰國策鮑注補正》，亦稱為善本。是元時猶知注出於宏，不知毛氏宋本何以全題高誘？考周密《癸辛雜識》稱賈似道嘗刊是書〔二〕，豈其門客廖瑩中等皆媟褻下流，昧於檢校，一時誤題，毛氏適從其本影抄歟？

近時揚州所刊即從此本錄出〔三〕，而仍題誘名，殊為沿誤。今於原有注之卷題高誘注，姚宏校正續注、原注已佚之卷則惟題姚宏校正續注，而不列誘名，庶幾各存其真。

宏字令聲，一曰伯聲，剡川人。嘗為刪定官。以伉直忤秦檜，瘐死大理獄中。蓋亦志節之士，不但其書足重也。

案：《漢藝文志》，《戰國策》與《史記》為一類，歷代史志因之。晁公武《讀書志》始改入子部縱橫家，《文獻通考》因之。案：班固稱司馬遷作《史記》，據《左氏》《國語》，採《世本》《戰國策》，述《楚漢春秋》，接其後事，迄於天漢。則《戰國策》當為史類，更無疑義。且子之為名，本以稱人，因以稱其所著，必為一家之言，乃當此目。《戰國策》乃劉向裒合諸記並為一編，作者既非一人，又均不得其主名〔四〕，所謂子者安指乎？公武改隸子部，是以記事之書為立言之書，以雜編之書為一家之書，殊為未允。今仍歸之史部中。〔五〕（《四庫全書總目》卷五十一）

【注釋】

〔一〕【史源】《元豐類稿》卷十一《戰國策目錄序》。

〔二〕【史源】周密《癸辛雜識》後集「賈廖刊書」條。

〔三〕【版本】「近時揚州所刊」者，即乾隆中盧見曾重刊本。紀昀與盧見曾為親家，因在查處盧見曾時漏言而充軍新疆，此處以地代人，似有隱衷。王欣夫云：「乃不悉照原本，遇字句可疑處，反以鮑注羼入，讀者憾焉。」（《蛾術軒篋存善本書錄》第 1652 頁）

〔四〕【作者】清牟庭相《戰國策考》初次提出《戰國策》是蒯通所作。此觀點被羅根澤、金德建等人加以發揮，而齊思和《戰國策著作時代考》則持反對意見。今按，《戰國策》形式上為記言之書，而所記者則以戰國時期遊士的說辭書信等為主。西漢劉向始將這些同性質而不同來源的著作裒合為一編，定名為《戰國策》。

〔五〕【整理與研究】諸祖耿撰《戰國策集注匯考》（江蘇古籍出版社 1985 年版），何建章教授撰《戰國策注釋》（中華書局 1990 年版）。繆文遠撰《戰國策考辨》（中華書局 1984 年版，此書考辨甚精）、《戰國策新校注》（巴蜀書社 1987 年版），鄭傑文教授撰有《戰國策文新論》（山東人民出版社 1998 年版），何晉撰《戰國策研究》（北京大學出版社 2001 年版），裴登峰撰《戰國策研究》（甘肅人民出版社 2003 年版、社會科學文獻出版社 2012 年版），熊憲光撰

《戰國策研究》(重慶出版社 2005 年版),宋志英編《戰國策研究文獻輯刊》(國家圖書館出版社 2010 年版),范祥雍撰《戰國策箋證》(上海古籍出版社 2010 年版),李波、李蘊豔、姚英合編《戰國策索引》(商務印書館 2013 年版),楊徵祥撰《戰國策語用研究》(萬卷樓 2013 年版),柯鎮昌撰《戰國策文繫年注析》(廣西師範大學出版社 2014 年版)。

65. 貞觀政要十卷

唐吳兢(670~749)撰。兢,汴州濬儀(今河南開封)人。以魏元忠〔一〕薦直史館,累官太子左庶子,貶荊州(今屬湖北)司馬,歷洪、舒二州刺史,入為恒王傅。天寶初,年八十卒。事蹟具《唐書》本傳。

《宋中興書目》稱,兢於《太宗實錄》外,採其與群臣問答之語,作為此書,用備觀戒,總四十篇。《新唐書》著錄十卷,均與今本合。考《舊唐書·曹確傳》載:「確奏臣覽《貞觀故事》,太宗初定官品(云云)。」其文與此書《擇官篇》第一條相同。而《唐志》所錄,別無《貞觀故事》,豈即此書之別名歟?其書在當時嘗經表進,而不著年月。惟兢自序所稱侍中安陽公者乃源乾曜,中書令河東公者乃張嘉貞〔二〕。考《玄宗本紀》,乾曜為侍中,嘉貞為中書令,皆在開元八年(720)。則兢成此書又在八年以後矣。〔三〕

書中所記太宗事蹟,以《唐書》《通鑒》參考,亦頗見牴牾。如新、舊《唐書》載太宗作《威鳳賦》賜長孫無忌,而此作賜房玄齡。《通鑒》載張蘊古以救李好德被誅,而此謂其與囚戲博,漏泄帝旨,事狀迥異。又《通鑒》載皇甫德參上書賜絹二十四匹,拜監察御史,而此但作賜帛二十段。又《通鑒》載宗室諸王降封,由封德彝之奏;貞觀初放宮人,由李百藥之奏,而此則謂出於太宗獨斷,俱小有異同。

史稱兢敘事簡核,號良史,而晚節稍疏牾〔四〕。此書蓋出其耄年之筆,故不能盡免滲漏。然太宗為一代令辟,其良法善政,嘉言嬍行,臚具是編,洵足以資法鑒〔五〕。前代經筵進講,每多及之。故《中興書目》稱歷代寶傳,至今無闕。伏讀皇上《御製樂善堂集》,開卷首篇,即邀褒詠,千年舊籍,榮荷表章,則是書之有裨治道,亦概可見矣。

書中之注為元至順四年(1333)臨川戈直所作。又採唐柳芳,晉劉昫,宋宋祁、孫甫、歐陽修、曾鞏、司馬光、孫洙、范祖禹、馬存、朱黼、張九成、胡寅、呂祖謙、唐仲友、葉適、林之奇、真德秀、陳惇修、尹起莘、程奇及呂氏《通鑒精義》二十二家之說附之，名曰《集論》。吳澄、郭思貞皆為之序。直字伯敬，即澄之門人也。〔六〕（《四庫全書總目》卷五十一）

【注釋】

〔一〕【魏元忠】（？～707），唐宋州宋城（今河南商邱）人。封齊國公。

〔二〕【張嘉貞】（666～729），唐蒲州（今屬山西）人。開元中任中書令。因為山西人，故得稱河東公。

〔三〕【版本】今存國內外寫本 20 餘種，刻本十餘種。劉咸炘云：「世行皆戈直本，日本有數古寫本，較戈本多十七章，少二十二章，而戈本次序有改易，其源流異同見楊氏（守敬）《日本訪書志》中。」（《劉咸炘學術論集・子學編》第 389 頁）

〔四〕【良史】《新唐書》卷一百三十二。

〔五〕【評論】劉咸炘云：「〔唐〕太宗治跡焜耀史冊，有媲美成康之譽，而是書又雅絜嚴整，創立分篇之法，為《尚書》之支流，《聖政記》之嚆矢，學者皆寶重之，幾若二典而後有《貞觀政要》，三謨而後有《鄭公諫錄》。以吾觀之，蓋稍過矣。是書所記，兼言與行，太宗之蒙譽在納諫與治效，核諸事實，則納諫多屬虛文，而治效不無誇飾，不必備考，即就《通鑒》所載言之……可知太宗之善政多虛美矣。由是觀之，是書寧可為信史耶？太宗之治非無可取，而其人實多言而少行，好名而鮮實。宋太宗嘗言：『朕覽唐史，見太宗所為，蓋好虛名者也。每為一事，必預張聲勢，然後行之，貴傳簡策，此豈自然乎？』此有見矣。」（《劉咸炘學術論集・子學編》第 389～390 頁）

〔六〕【整理與研究】1978 年上海古籍出版社出版點校本，2000 年嶽麓書社出版王貴點校本。肖群忠撰《君德倫——貞觀政要研究》（甘肅人民出版社 1995 年版），謝保成撰《貞觀政要集校》（中華書局 2004 年版），楊琪撰《貞觀政要治道研究》（巴蜀書社 2011 年版），葉丹撰《貞觀政要官德思想研究》（中南大學出版社 2018 年版）。

66. 東觀奏記三卷

唐裴庭裕撰。庭裕一作廷裕，字膺餘。聞喜（今屬山西運城市）人。官右補闕。其名見《新書・宰相世系表》，所謂裴氏東眷者也。王定保《〔唐〕摭言》稱其乾寧中在內廷，文書敏捷，號「下水船」〔一〕。其事蹟則無可考焉。

其書專記宣宗一朝之事。前有自序，稱上自壽邸即位二年，監修國史丞相晉國公杜讓能，奏撰碩學之士十五人，分修《三聖實錄》。以吏部侍郎柳玭、右補闕裴庭裕、左拾遺孫泰、駕部員外郎李允、太常博士鄭光庭，專修《宣宗實錄》。自宣宗至今垂四十載，中原大亂，日曆、起居注不存一字。謹採耳目聞睹，撰成三卷，奏記於晉國公，藏之於閣，以備討論。蓋其在史局時所上監修稿本也。序末不署成書年月，考杜讓能以龍紀元年（889）三月兼門下侍郎，十二月為司徒，景福元年（892）守太尉，二年貶死。昭宗之二年，即大順元年（890）。此序云奏記於監國史晉國公，則當在大順、景福之間。其云自宣宗至是垂四十年，蓋由大中以來約計之辭。若以宣宗末年計至光化初年，始為四十載，則杜讓能之死已久，無從奏記矣。

書中記事頗具首尾〔二〕，司馬光作《通鑒》多採其說，而亦不盡信之。蓋聞見所及，記近事者多確，恩怨未盡，記近事者亦多誣。自古而然，不但此書矣。〔三〕（《四庫全書總目》卷五十一）

【注釋】

〔一〕【史源】五代王定保《唐摭言》卷十三「敏捷」類。

〔二〕【考證】四庫本頗有闕文。

〔三〕【整理與研究】中華書局出版田延柱點校本（《歷代史料筆記叢刊》本）。覃鑫撰《裴庭裕及其〈東觀奏記〉研究》（西北大學 2018 年碩士論文）。

67. 錢唐遺事十卷

元劉一清撰。一清，臨安（今屬浙江杭州）人。始末無可考。

其書雖以「錢唐」為名，而實紀南宋一代之事。高、孝、光、寧四朝所載頗略，理、度以後敘錄最詳。大抵雜採宋人說部而成，故頗與《鶴林玉露》《齊東野語》《古杭雜記》諸書互相出入。雖時有詳略同異，亦往往錄其原文。如一卷「十里荷花」〔一〕一條、二卷「辛幼安詞」〔二〕一條、「韓平原」一條、「大字成犬」一條，皆採自《鶴林玉露》。既不著其書名，其中所載「余謂」、「愚聞」及「余亦作一篇」云云，皆因羅大經之自稱，不加刊削，遂使相隔七八十年，語如目睹，殊類於不去葛龔。又書中稱「北兵」，稱「北朝憲宗皇帝」，稱帝㬎曰「嗣君」，稱謝后曰「太皇太后」，似屬宋人之詞；而復稱元曰「大元」、稱元兵曰「大兵」、曰「大元國兵」，稱元世宗曰「皇帝」，乃全作元人之語。蓋雜採舊文，合為一帙，故內外之詞不能畫一，亦皆失於改正。然於宋末軍國大政以及賢奸進退條分縷析，多有正史所不及者。蓋革代之際，目擊僨敗，較傳聞者為悉。故書中大旨，刺賈似道居多。第九卷全錄嚴光大所紀「德祐丙子祈請使行程」，第十卷全載南宋科目條格故事，而是書終焉。殆以宋之養士如此周詳，而諸臣自祈請以外，一籌莫效，寓刺士大夫歟？孔齊《至正直記》所列元朝典文可為史館之用者，一清是書居其一。

世無刊本〔三〕，傳寫頗稀。陶宗儀《說郛》僅載數條。此乃舊抄足本，前後無序跋，惟卷端題識數行：「惜高宗不都建康，而都於杭。士大夫湖山歌舞，視天下事於度外，卒至納土賣國。」不署名氏，詳其詞意，殆亦宋之遺民也。（《四庫全書總目》卷五十一）

【注釋】

〔一〕【史源】《錢塘遺事》卷一「十里荷花」條。

〔二〕【史源】《錢塘遺事》卷二「辛幼安詞」條。

〔三〕【版本】1985 年上海古籍出版社據謝國楨所藏嘉慶洞庭掃葉山房席氏校訂本影印出版。

68. 戰國策去毒二卷

國朝陸隴其（1630～1692）編。隴其有《古文尚書考》，已著錄。

此書前有自記，謂：「《戰國策》一書，其文章之奇，足以悅人耳目。而其機變之巧，足以壞人心術。如厚味之中有大毒焉。故今舉文士所共讀者，指示其得失，庶幾嚌其味而不中其毒也，故以『去毒』名。」〔一〕

其持論甚正。然百家諸子，各自為書，原不能盡繩以儒理。既以縱橫為術，又安怪其但言縱橫？況自漢以來，孔、孟之道大明，如《戰國策》之類，不過史家或考其事蹟，詞人或取其文章，是以至今猶存。原無人奉為典型，懸以立教。與**釋氏之近理亂真，異學之援儒入墨**，必須辨別者，截然不同。是固不必懲羹而吹虀也。（《四庫全書總目》卷五十二）

【注釋】

〔一〕【陸隴其自跋】《戰國策》一書，大抵皆縱橫家言也，其文章之奇，足以悅人耳目，而其機變之巧，足以壞人心術，子弟識見未定而讀之，其不為之漸染者鮮矣。當時惟孟子一人，卓然於波流之中，直以為是妾婦之道，而大丈夫之所不為，蓋其視秦、儀輩，不啻如厚味之中有大毒焉。惟恐學者陷溺其中而不能出也。今之讀《戰國策》者多，亦曾以孟子之道權衡之乎？余懼其毒之中於人也，故取今文士所共讀者，指示其得失，使學者知其所以異於孟子者，庶幾嚌其味而不中其毒也。（《三魚堂文集》卷四）

今按，是書始於康熙十二年（1673），為陸氏得意之作，他至死不忘為《戰國策》「去毒」。「嘗語彭無山名鵬曰：『此書所評頗屬愜意，以其實有關於世道也。』後易簀前，猶向族尊方俶謂《國策》有毒，能害人心術，去其毒方可讀其文。」（《陸隴其年譜》第234頁）

69. 唐大詔令集一百三十卷

宋宋敏求（1019～1079）編。敏求字次道，趙州平棘（今河北趙縣）人。參知政事綬之子。進士及第（1039）。官至史館修撰、龍圖閣直學士。事蹟具《宋史》本傳。

敏求嘗預修《唐書》，又私撰唐武宗（814～846，公元840～846年在位）以下《實錄》一百四十八卷。於唐代史事，最為諳悉。此集乃本其父綬手輯之本，重加緒正，為三十類。熙寧三年（1070）自為之序稱：「繕寫成編，會忤權解職。顧翰墨無所事，第取唐詔令目其集而弆藏之（云云）。」蓋其以封還李定詞頭由知制誥罷奉朝請時也。

其書世無刊本，輾轉抄傳，訛誤頗甚。中闕卷第十四至二十四、八十七至九十八，凡二十三卷。參校諸本皆同，其脫佚蓋已久矣。〔一〕

唐有天下三百年，號令文章，粲然明備。敏求父子復為裒輯編類，使一代高文典冊，眉列掌示，頗足以資考據。其中不盡可解者，如裴度《門下侍郎彰義軍節度使宣慰等使制》，據《舊唐書》，其文乃令狐楚所草。制出後，度請改制內「翦其類」為「革其志」，改「更張琴瑟」為「近輟樞衡」，改「煩我臺席」為「授以成算」，憲宗從之，楚亦因此罷內職，是當時宣布者即度奏改之辭。今此集所載，尚仍楚原文，不從改本，未詳何故。又寶曆元年冊尊號赦書，據《敬宗本紀》，時李紳〔二〕貶官，李逢吉〔三〕等不欲紳量移，乃於赦書節文內但言左降官已經量移者量移近處，不言未量移者宜與量移。翰林學士上疏論列，帝命追赦書添改之。今此集所載，只及赦罪一條，而無左降官量移之文，疑亦有所佚脫。又《舊唐書》所載詔旨最多，今取以相較，其大半已入此集，而亦有遺落未載者。如紀號則改元天祐詔；除授則尹思貞御史大夫、李光弼〔四〕兵馬副元帥諸制；追贈則張說贈太師，楊綰、顏真卿、李絳贈司徒，郭曖〔五〕贈太傅，鄭朗贈司空，田布贈僕射諸詔；優禮則杜佑、蕭俯致仕諸詔；獎勸則勞解琬、獎李朝隱〔六〕、褒美令狐彰、獎伊西北庭二鎮諸詔；謫降則王毛仲、韓皋、呂渭、張又新、李續之、熊望貶官諸詔；誅竄則決殺長孫昕，流裴景仙、裴茂諸敕，皆關朝廷舉措之大者，而此集並闕而不登。以敏求博洽，不應疏於搜採，或即在散佚之中，亦未可定也。然唐朝實錄，今既無存，其詔誥命令之得以考見者，實藉有是書，亦可稱典故之淵海矣。〔七〕（《四庫全書總目》卷五十五）

【注釋】

〔一〕【研究課題】錢大昕《跋唐大詔令》云：「史傳中重複踳訛若此者甚多，顧安所得唐人文字而悉為疏通證明之耶？其書凡百有卅卷，闕第十四至廿四、第八十七至九十八。《四庫書目》所缺正同，世間蓋無足本矣。」（《潛研堂文集》卷二十八）今按，竹汀所出《唐大詔令疏證》一題甚好。

〔二〕【李紳】（？～846），字公垂，江蘇無錫人。長於詩歌，多為人傳誦。與李德裕友善。宰相李逢吉引進牛僧孺，貶斥李黨，李紳因而也被貶官。

〔三〕【李逢吉】（758～835），字虛舟，唐隴西人。為人陰險詭譎，嫉妒裴度，以陰謀罷免裴度、元稹，代為相。【裴度】（765～839），字中立，唐河東聞喜人。數入相，審時度勢，抵制權臣，挫折強藩，名震華夷。

〔四〕【李光弼】（708～764），唐營州柳城人。乾元二年（759）為天下兵馬副元帥。與郭子儀齊名，但屢遭宦官陷害。

〔五〕【郭曖】（753～800），郭子儀第六子。

〔六〕【李朝隱】（665～734），字光國，唐陝西三原人。為政清廉，豪強斂跡。

〔七〕【典故之淵海】彭元瑞《知聖道齋讀書跋》卷一「唐大詔令」條：「昔人每譏《新唐書》諸志太略，猶幸《六典》《會要》《元和郡縣志》《唐律疏義》諸書尚存。此書與《文苑英華》所收，亦可見當時典章制度，補《新書》所未及，不徒以其文也。」今按，《唐大詔令集》是有關唐代政治的直接史料。清儒彭元瑞已初步認識其中的史料價值。又按，李希泌撰《唐大詔令集補編》（上海古籍出版社 2003 年版）。

70. 歷代名臣奏議三百五十卷

明永樂十四年（1416）黃淮、楊士奇等奉敕編〔一〕。

自商周以迄宋元，分六十四門，名目未免太繁，區分往往失當。又如文王、周公、太公、孔子、管仲、晏嬰、鮑叔、慶鄭、宮之奇、師曠、麥邱邑人諸言，皆一時答問之語，悉目之為奏議，則《尚書》揚言何一不可採入？亦殊踳駁失倫。然自漢以後，收羅大備。凡歷代典制沿革之由，政治得失之故，實可與《通鑒》、「三通」互相考證〔二〕。

當時書成，刊印僅數百本，頒諸學宮，而藏板禁中，世頗希有〔三〕。崇禎間，太倉張溥始刻一節錄之本。其序自言生長三十年，未嘗一見其書，最後乃得太原藏本，為刪節重刊，卷目均依其舊，所不同者此本有慎刑一門，張本無之，張本有漕運一門，此本無之，不知為溥所改移，為傳本互異？然溥所去取，頗乏鑒裁，至唐、宋以後之文盡遭割裂，幾於續鳧斷鶴，全失其真。此本為永樂時頒行，原書猶稱完善，雖義例蕪雜，而採摭賅備，固亦古今奏議之淵海也。（《四庫全書總目》卷五十五）

【注釋】

〔一〕《絳雲樓書目》陳景雲注云：「此書乃皇太子奉敕令儒臣編類者，及成書進覽刊布，既無御製序文，又不列修書諸臣職名。蓋是時太子方監國南京，正危疑之際也。」

〔二〕王樹民先生云：「並非過譽之語。尤以南宋後期與元代之奏議，史書多失載，而可見之於此書……這些奏章雖然是從統治者的立場上說話，為統治者出謀劃策，卻暴露了許多事實真相，這衲資料在一般史書中是比較少見的。」（《史部要籍解題》第268～270頁）

〔三〕王重民先生認為：「劉若愚《內板經書紀略》云：『《歷代名臣奏議》百五十本，九千七百二十葉。』是原版啟、禎間猶存，清代公私藏書家猶多著錄，亦不得謂為『希有』。」（《中國善本書提要補編》第42頁）

〔四〕【整理與研究】顧吉辰撰《略論《歷代名臣奏議》的歷史價值》（《學術月刊》1992年第7期）。

71. 盡言集十三卷

宋劉安世（1048～1125）撰。安世字器之，大名（今屬河北）人。少師事司馬光，哲宗初，以光薦，除秘書省正字。又以呂公著薦，除右正言（1088）。遷左諫議大夫。紹聖初，落職知南安軍，又貶新州別駕，英州安置。徽宗立，移衡州，尋以濮州團練副使，鼎州居住，後復直龍圖閣，卒。事蹟具《宋史》本傳。

安世有集二十卷，今未見傳本。此集皆其奏札，不知何人所編。前有隆慶辛未（1571）石星、張應福序〔一〕，皆云「得抄本於西亭王孫家」。西亭者，朱睦㮮也。星序稱是集凡三卷，而此本實十三卷，與序不合。然證以《永樂大典》所載，一一相符，殆校讎偶疏，三字上脫「十」字也。〔二〕

史稱安世忠孝正直似司馬光，而剛勁則過之，故彈擊權貴，盡言不諱，當時有「殿上虎」之稱。集中所論諸事，史不具載，頗足以考見時政。其中稍有遺議者，如吳處厚之劾蔡確，本出羅織，而安世申處厚之說，章凡一十二上，務欲置確於死地，殊不免意見之偏。然由其嫉惡太嚴，至於已甚，故徒知確為僉邪，而不察處厚非善類。見無禮於君者，遂如鷹鸇之逐，實非故相排擠之比。觀歐陽棐為蘇軾所善，程子為蘇軾所仇，而安世論棐差遣不當，章凡九上，並程子詆為「五鬼」〔三〕，絕無所區別於其間。是亦其孤立無黨之一證，不足以為疵瑕也。

惟是氣質用事，詞或過激。故王偁《東都事略》論之曰：「為君子，不能深思遠慮，優游浸漬，以消小人之勢，而痛心疾首，務以口舌爭之，事激勢變，遂成朋黨。」〔四〕是為平允之論。至朱子作《名臣言行錄》，於王安石、呂惠卿皆有所採錄，獨以安世嘗劾程子之故，遂不載其一字〔五〕，則似乎有意抑之矣。**要其於朝廷得失，知無不言，言無不盡，嚴氣正性，凜凜如生。其精神自足以千古，固非人力所能磨滅也。**〔六〕（《四庫全書總目》卷五十五）

【注釋】

〔一〕**【二序】**均載四庫本《盡言集》卷首。

〔二〕**【版本】**此書有《四部叢刊》本。張元濟《明翻宋本〈盡言集〉跋》云：「至淳熙鏤板，梁安世跋始著為十三卷。越四百年，至明隆慶，刊本不傳。廬山張公得舊抄本，覆刻行世。石星序乃謂集凡三卷，殆誤奪『十』字也。」（《張元濟古籍書目序跋彙編》第892頁）

〔三〕**【五鬼】**李燾《續資治通鑒長編》卷四百十一。

〔四〕**【史源】**劉安世，字器之，大名人也。臣偁曰：君子、小人不兩立。君子必惡小人，而小人必忌君子，此朋黨之論所以興也。蓋君子不幸而為小人所間，不能深思遠慮，優游浸漬，以消小人之勢，而痛心疾首，務以口舌爭之，事激勢變，遂成朋黨之禍。方元祐之際，朝多君子，如安世忠直有餘矣，特疾惡太甚，以激小人之怨。及章惇得志，而流毒搢紳，貽患國家。朋黨之禍，遍於四海，賢人君子，流放竄逐，無有遺類。烏虖！天下不幸，小人竊君之權，使生民受敝，社稷有可憂之漸，則為君子者宜求其所以勝小人之術，而無務於力爭，啟其狠戾不肖之心，以重天下之不幸，庶幾其有濟也。（《東都事略》卷九十四）

〔五〕【考證】余嘉錫云：「閣本後集劉安世在卷十二，凡二十二條，宋本則多三十七條，記其嘉言懿行甚詳，安得謂不登一字？」（《四庫提要辯證》第 280～283 頁）

〔六〕【評論】張元濟跋云：「余讀其《論差除多執政親戚》一疏，一則曰：『援引親屬，並據高勢，根連蒂固，更相朋比，絕孤寒之進路，增膏粱之驕氣。』再則曰：『執心偏黨，所用匪人，排斥孤寒，專引親戚。』嗚呼！何其言之懇切而沉痛歟？」（《張元濟古籍書目序跋彙編》第 892 頁）

【整理與研究】占旭東《盡言集研究》考定了《盡言集》的編纂者（劉安世父子）和成編年代（北宋宣和六年即 1124 年左右）；對《盡言集》的流傳和版本系統進行了詳盡的爬梳和考訂；糾正了明隆慶刻本（今流行本《四部叢刊》續編本即影印該本）的「覆宋刊本」說；利用他較法對該本進行了初步校正，勘誤一百三十三處；通過深入考察相關史料，發現《盡言集》未收重要奏議兩章，並對此作出詮釋；通過研讀《盡言集》文本及相關史料，對劉安世的政治活動實質作出了新的分析；網絡史料，甄別真偽，以編年體例編排了劉安世的主要生平事蹟。（華東師範大學 2006 年碩士論文）

72. 孔子編年五卷

舊本題宋胡舜陟（1083～1143）撰。考書首有紹興八年（1138）舜陟序〔一〕，乃自靜江罷歸之日，命其子仔所撰，非舜陟自作也。舜陟字汝明，績溪人。大觀三年（1109）進士，靖康間官侍御史。南渡初知廬州，有禦寇功，更歷數鎮，最後為廣西經略使。欲為秦檜父建祠，高登〔二〕不可，因劾登以媚檜。會以他事忤檜意，亦逮治死於獄。事蹟具《宋史》本傳。仔字元任，後流寓吳興，嘗輯詩話行於世，即所謂《苕溪漁隱》者是也。

是書輯錄孔子言行，以《論語》《春秋三傳》《禮記》《家語》《史記》諸家所載，按歲編排，體例亦如年譜。其不曰「年譜」，而曰「編年」，尊聖人也。

自周、秦之間，讖緯雜出，一切詭異神怪之說，率託諸孔子，大抵誕謾不足信。仔獨依據經傳，考尋事實，大旨以《論語》為主，而附以他書，其採掇頗為審慎。

惟諸書紀錄聖言，不能盡載其歲月。仔既限以編年，不免時有牽合。如《左氏・襄公二十一年》鄭人遊鄉校，傳仲尼聞是語也云云，杜預《注》謂仲尼於是年實是十歲，長而後聞之。知孔子為此言，不當在是年也。仔乃繫其事於其十歲之下，殊為疏舛。又《禮記・儒行篇》對魯哀公云云，則繫之六十八歲。《哀公問篇》大禮何如云云，則又繫之七十二歲，不知何所據而云然。此類尤失於穿鑿，然由宋迄元、明，集聖蹟者，其書日多，亦猥雜日甚。仔所論次，猶為近古，故錄冠傳記之首，以見濫觴所自焉。（《四庫全書總目》卷五十七）

【注釋】

〔一〕**【胡舜陟序】**見庫本卷首。今按，此書起魯襄公二十二年（前551），迄魯哀公十六年（前497）。

〔二〕**【高登】**（？～1148），字彥先，號東溪，福建漳浦人。著有《東溪集》。

73. 晏子春秋八卷

舊本題齊晏嬰撰。晁公武《讀書志》：「嬰相景公，此書著其行事及諫諍之言。」〔一〕《崇文總目》謂後人採嬰行事為之，非嬰所撰〔二〕。然則是書所記乃唐人《魏徵諫錄》《李絳論事集》之流，特失其編次者之姓名耳。題為嬰者，依託也〔三〕。

其中如王士禎《池北偶談》所摘齊景公圉人一事，鄙倍荒唐，殆同戲劇〔四〕，則妄人又有所竄入，非原本矣。劉向、班固俱列之儒家中。惟柳宗元以為墨子之徒有齊人者為之，其旨多尚兼愛，非厚葬久喪者，又往往言墨子聞其道而稱之〔五〕。薛季宣《浪語集》又以為《孔叢子・詰墨》諸條今皆見《晏子》書中，則嬰之學實出於墨〔六〕。蓋嬰雖略在墨翟前，而史角止魯，實在惠公之時，見《呂氏春秋・仲春記・當染篇》，故嬰能先宗其說也。

其書自《史記・管晏列傳》已稱為《晏子春秋》，故劉知幾《史通》稱晏子、虞卿、呂氏、陸賈，其書篇第本無年月，而亦謂之《春秋》。然《漢志》惟作《晏子》，《隋志》乃名《春秋》，蓋二名兼行也。

《漢志》《隋志》皆作八篇，至陳氏、晁氏書目乃皆作十二卷，蓋篇帙已多有更改矣。此為明李氏綿眇閣本〔七〕。內篇分諫上、諫下、問上、問下、雜上、雜下六篇，外篇分上、下二篇，與《漢志》八篇之數相合。若世所傳烏程閔氏刻本，以一事而內篇、外篇復見，所記大同小異者，悉移而夾註內篇下，殊為變亂無緒。今故仍從此本著錄，庶幾猶略近古焉。〔八〕

案：《晏子》一書，由後人摭其軼事為之。雖無傳記之名，實傳記之祖也〔九〕。舊列子部〔十〕，今移入於此。〔十一〕（《四庫全書總目》卷五十七）

【注釋】

〔一〕**【史源】**《郡齋讀書志》卷十一。

〔二〕**【史源】**《崇文總目》：「晏子八篇，今亡。此書蓋後人採嬰行事為之，以為嬰撰則非也。」

〔三〕**【辨偽】**劉咸炘云：「是書非偽，孫氏（星衍）考論甚詳，其曰：『書成在戰國之世，凡稱子書，多非自著，無足怪者。』極為確當。而管同則曰：『太史傳贊云其書世多有，故不論，論其軼事，必其書所無乃謂之軼，而史公所載二事今書皆有，則史公所見非今本。』……晏子時本無著書之事，全書皆出後人，皆非晏子筆，不獨《問篇》以下，特《諫》上下乃齊人傳說晏子事，《問篇》以下則又集者廣採他書及他家傳說而成者耳。《七略》錄此書不稱春秋而入儒家，後世相沿，皆入子部，《四庫提要》始定為《魏徵諫錄》《李絳論事集》之流，列入傳記。」（《劉咸炘學術論集・子學編》第 351～352 頁）今按，1973 年銀雀山漢墓出土了《晏子春秋》的殘簡，與今本大致吻合，其為先秦古籍已無疑義。

〔四〕**【史源】**王士禛《池北偶談》卷二十一「秦宣太后晏子語」條：「《國策》楚圍雍氏，韓令尚靳求救於秦宣太后，謂尚子曰：『妾事先王日，先王以髀加妾之身，妾固不支也；盡置其身於妾之上，而妾弗重也，何也？以其少有利焉。』此等淫褻語，出於婦人之口，入於使者之耳，載於國史之筆，皆大奇。」

〔五〕**【柳宗元《辯晏子春秋》】**司馬遷讀《晏子春秋》，高之，而莫知其所以為書。或曰晏子為之，而人接焉，或曰晏子之後為之，皆非也。吾疑其墨子之徒有齊人者為之。墨好儉，晏子以儉名於世，故墨子之徒尊著其事，以增高為己術者。且其旨多尚同、兼愛、非樂、節用、非厚葬久喪者，是皆出墨子。又非孔子，好言鬼事，非儒、明鬼，又出墨子。其言問棗及古冶子等，尤怪誕。又往往言墨子聞其道而稱之，此甚顯白者。自劉向、歆、班彪、固父子，皆錄之儒家中。甚矣，數子之不詳也！蓋非齊人不能具其事，非墨子之徒，則其言不若是。後之錄諸子書者，宜列之墨家。非晏子為墨也，為是書者，墨之道也。

〔六〕【薛季宣《晏子春秋辯》】聖人之道，不掠美，以為能，不瞽世，以為明，善者從之，非者去之，要在乎據中庸之道，以折衷於物，而不以已見為必得，此其所以大而無方也。柳子厚《辯晏子春秋》以為，墨者齊人尊著晏子之事，以增高為己術者，其言信典且當矣。雖聖人有不易走見，而喜其辯，謂其所自見誠有大過人者。晚得《孔叢子》讀之，至於《詰墨》，怪其於《墨子》無見，皆《晏子春秋》語也。迺知子厚之辨有自而起。嗚呼！若子厚者，可謂掠美瞽世也與？使《孔叢》出於其前，子厚不應無見。如在其後出，則大業書錄具存，抉剔異書，扳從己出，謂他人弗見取像攫金之子，不可謂知子厚妙文辭者，尚亦為此剽竊之患，厥有由來矣。孔子曰：「知之為知之，不知為不知也。」然則君子誠其所知，闕其所不知，而後為真知，奚錯必妄。（《浪語集》卷二十七）

〔七〕【版本】錢泰吉《曝書雜記》卷下：「《四庫》所錄《晏子春秋》，用明李氏綿眇閣刻本。謂視烏程閔氏本之移易變亂，猶略近古，則亦未得善本也。孫淵如觀察謂萬曆乙酉沈啟南校梓本尚為完善，因據以作《音義》，刻入畢氏《經訓堂叢書》。盧抱經《群書拾補》即用其本。後觀察得元刻八卷，影抄以為山尊學士六十壽，山尊遂屬顧千里校梓。」

〔八〕【版本】宋本既不復睹，百年前藏書著錄，惟元刻九行十八字之八卷本為最善。（潘景鄭《著硯樓讀書記》第 126 頁「明本晏子春秋」條）

〔九〕【文體性質】孟周《評晏子春秋集釋》、譚家健《晏子春秋略論》等文的看法與提要基本相同。吳則虞《試論晏子春秋》、高亨《晏子春秋的寫作時代》、董治安《說晏子春秋》認為《晏子春秋》接近歷史小說，孫綠怡《晏子春秋的文學價值》則認為是我國最早的人物傳說故事集。

〔十〕【舊列子部】潘景鄭《明本晏子春秋》云：「墨（子）好儉，晏子以儉名於世，故尊其事以增高為己術者。宋儒猶沿其說，如晁公武之《讀書志》，馬端臨《通考》，均改列墨家，其書益混淆不為世重。」（《著硯樓讀書記》第 126 頁）

〔十一〕【整理與研究】吳則虞撰《晏子春秋集釋》（中華書局 1962 年版），王更生撰《晏子春秋研究》（西南出版社 1967 年版），姚振武撰《晏子春秋詞類研究》（河南大學出版社 2005 年版），劉文斌撰《晏子春秋研究史》（人民文學出版社 2015 年版）。

74. 朱子年譜四卷考異四卷附錄二卷

國朝王懋竑（1668～1674）撰。懋竑字予中，寶應（今屬江蘇揚州市）人。康熙戊戌（1718）進士。授安慶府教授。雍正癸卯（1723）特召，入直內廷，改翰林院編修。

初，李方子作《朱子年譜》三卷，其本不傳。明洪武甲戌（1394），朱子裔孫境別刊一本，汪仲魯為之序，已非方子之舊。正德丙寅（1506），婺源戴銑又刊《朱子實紀》十二卷，惟主於鋪張褒贈，以誇講學之榮，殊不足道。至嘉靖壬子（1552），建陽李默重編《年譜》五卷，自序謂猥冗虛謬不合載者，悉以法削之，視舊本存者十七。然默之學源出姚江，陰主朱、陸始異終同之說，多所竄亂，彌失其真。國朝康熙庚辰（1700），有婺源洪氏續本，又有建寧朱氏新本，及武進鄒氏正訛本，或詳或略，均未為精確。

懋竑於朱子遺書研思最久，因取李本、洪本互相參考，根據《語錄》《文集》訂補舛漏，勒為四卷。又備列其去取之故，仿朱子校正《韓集》之例，為《考異》四卷。並採掇論學要語為《附錄》二卷，綴之於末。

其大旨在辨別為學次序，以攻姚江《晚年定論》〔一〕之說。故於學問特詳，於政事頗略。如淳熙元年（1174）劾奏知台州（今屬浙江）唐仲友事，後人頗有異論，乃置之不言。又如編類小學，既據《文集》定為劉子澄，而編類綱目，乃不著出趙師淵。《楚辭集注》本為趙汝愚放逐而作，乃不著其名。至於生平著述，皆一一縷述年月，獨於《陰符經考異》〔二〕《參同契考異》〔三〕兩事不載其名，亦似有意諱之。〔四〕然於朱子平生求端致力之方，考異審同之辨，元元本本，條理分明。無程曈、陳建之浮囂，而金溪、紫陽之門徑開卷了然。是於年譜體例，雖未盡合，以作朱子之學譜，則勝諸家所輯多矣。〔五〕（《四庫全書總目》卷五十七）

【注釋】

〔一〕【姚江《晚年定論》】即王守仁所作《朱子晚年定論》。

〔二〕【陰符經考異】宋朱子撰。《陰符經》出於唐李筌。晁公武《讀書志》引黃庭堅跋，定為筌所偽託。《朱子語錄》亦以為然。然以其時有精語，非深於道者不能作。(《四庫全書總目》卷一四六)

按《郡齋讀書志》卷十一:《七賢注陰符經》一卷，《李筌注陰符經》一卷。右唐少室山布衣李筌注，云:「《陰符經》者，黃帝之書。或曰受之廣成子，或曰受之玄女，或曰黃帝與風后、玉女論陰陽六甲，退而自著其事。陰者暗也，符者合也。天機暗合於事機，故曰『陰符』。」皇朝黃庭堅魯直嘗跋其後云:「《陰符》出於李筌。熟讀其文，知非黃帝書也。蓋欲其文奇古，反詭譎不經，蓋揉雜兵家語，又妄說太公、范蠡、鬼谷、張良、諸葛亮訓注，尤可笑。惜不經柳子厚一掊擊也。」

〔三〕【周易參同契考異】宋朱子撰。考《朱子語錄》論《參同契》諸條，頗為詳盡。蓋遭逢世難，不得已而託諸神仙，殆與韓愈謫潮州時邀大顛同遊之意相類。故黃瑞節附錄謂其師弟子有脫屣世外之意，深得其情。(《四庫全書總目》卷一四六)

〔四〕【魏了翁序】韓子謂:「孟子之功，不在禹下。」余謂:「朱子之功，不在孟子下。」

司馬按，《四庫全書總目》貶斥朱子，在引用魏了翁序時刪去上述語句，似有意諱之。

〔五〕【整理與研究】束景南撰《朱熹年譜長編》(華東師範大學出版社 2001 年版)。

75. 宋紹興十八年同年小錄一卷

宋王佐〔一〕(1126～1191)榜進士題名錄也。考劉一清《錢塘遺事》，宋時廷試放榜唱名後，謁先聖先師，赴聞喜宴，列敘名氏、鄉貫、三代之類具書之，謂之「同年小錄」。

是科為紹興戊辰(1148)，南渡後第七科也，所取凡三百三十人，又特奏名四百五十七人，其四百五十六人原本佚闕，錄內僅存一人。首載前一年御筆手詔，次載策問及執事官姓名，又次載進士榜名，末乃載諸進士字號、鄉貫、三代。後又有附錄，記董德以下三十二人之事，而狀元王佐等三人對策之語，亦載其略，皆附會和議甚力不知何人所記？疑宋、元間相率而成，非出一人之手也。

宋代同年小錄，今率不傳，惟寶祐四年（1256）榜以文天祥、陸秀夫、謝枋得三人為世所重，如日星河嶽，亙古長留，足以搘拄綱常，振興風教。而是榜以朱子名在五甲第九十，講學之家亦自相傳錄，得以至今。

明弘治中，會稽王鑒之重刻於紫陽書院，改名曰《朱子同年錄》。夫進士題名，統以狀頭，曰「某人榜進士」，國制也；標以年號，曰「某年登科小錄」，亦國制也。故以朱子傳是書可也，以朱子冠是書而黜特選之大魁，進綴名之末甲，則不可。以朱子重是書可也，以朱子名是書，而削帝王之年號，題儒者之尊稱，則尤不可。鑒之所稱，蓋徒知標榜門戶，而未思其有害於名教。今仍以原名著錄，存其真焉。（《四庫全書總目》卷五十七）

【注釋】

〔一〕【王佐】（1126～1191），字宣子，山陰（今浙江紹興）人。紹興十八年（1148）狀元。

76. 伊洛淵源錄十四卷

宋朱子（1130～1200）撰。

書成於乾道癸巳（1173），記周子以下程子交遊門弟子言行。其身列程門而言行無所表見，甚若邢恕之反相擠害者，亦具錄其名氏以備考。其後《宋史》道學、儒林諸傳多據此為之。蓋宋人談道學宗派，自此書始；而宋人分道學門戶，亦自此書始。厥後聲氣攀援，轉相依附。其君子各執意見，或釀為水火之爭，其小人假借因緣，或無所不至。

葉紹翁《四朝聞見錄》曰：「程源為伊川嫡孫，無聊殊甚，嘗鬻米於臨安新門之草橋。後有教之以干當路者，著為《道學正統圖》。自考亭以下，剿入當事姓名，遂特授初品，因除二令。又以輪對改合入官，遷寺監丞。」〔一〕是直以伊雒為市矣。周密《齊東野語》《癸辛雜識》所記末派諸人之變幻，又何足怪乎？然朱子著書之意，則固以前言往行矜式後人，未嘗逆料及是。儒以《詩》《禮》發冢，非《詩》《禮》之罪也。或因是並議此書，是又以噎而廢食矣。〔二〕（《四庫全書總目》卷五十七）

【注釋】

〔一〕【史源】葉紹翁《四朝聞見錄》卷二「洛學」條。

〔二〕【整理與研究】戴揚本校點整理本收入《儒藏精華編》152 史部傳記類總錄之屬（北京大學出版社 2016 年版）。「伊洛」指伊川和洛水，北宋程頤曾居於嵩縣西北，地臨伊川；二程、邵雍等又都長期在洛水之北的洛陽居住、講學。朱熹把周敦頤、二程、張載、邵雍及其弟子的行狀、墓誌銘、遺事等傳記資料排成理學譜系，並以二程為中心，溯源探流，所以稱「伊洛淵源錄」。《伊洛淵源錄》確立了理學的道統，宣揚二程接續孟子之傳，把周敦頤尊為二程的老師，規定了理學道統譜系。此後，明代謝鐸編有《伊洛淵源續錄》，宋端儀、薛應旂編有《考亭淵源錄》，一直到清代李清馥編纂的《閩中理學淵源考》，都延續了《伊洛淵源錄》的編排體例、思想主旨。《伊洛淵源錄》的南宋刻本早已無從獲見，現存最早者為元至正刻本，而此書得以規範流傳則得益於明清幾次重刻。本次校點以元至正九年刻本為底本，以明成化本為主要校本。

77. 名臣言行錄前集十卷後集十四卷續集八卷別集二十六卷外集十七卷〔一〕

《前集》《後集》，並朱子撰。《續集》《別集》《外集》，李幼武所補編。幼武字士英，廬陵（今江西吉安）人。據其《續集》序文，蓋理宗時所作。其始末則未詳。觀其《外集》所錄皆道學宗派，則亦講學家矣。

趙希弁《讀書附志》載此書七十二卷，今合五集計之，實七十五卷，始傳刻者誤以五為二歟？朱子自序謂讀近代文集及紀傳之書，多有裨於世教，於是掇取其要，聚為此書〔二〕。乃編中所錄，如趙普之陰險，王安石之堅僻，呂惠卿之奸詐，與韓、范諸人並列，莫詳其旨。明楊以任序謂是書各臚其實，亦《春秋》勸懲之旨，非必專以取法。又解名臣之義，以為名以藏偽，有敗有不敗者。其置詞頗巧。然劉安世氣節凜然，爭光日月，《盡言集》《元城語錄》今日尚傳，當日不容不見，乃不登一字，則終非後人所能喻。

考呂祖謙《東萊集》有《與汪尚書書》曰：「近建寧刻一書，名《五朝名臣言行錄》，案：祖謙所見乃《前集》，故但稱「五朝」。云是朱元晦所編。其間當考訂處頗多。近亦往問元晦，未報。不知曾過目否？」《晦庵集》中亦有《與祖謙書》曰：「《名臣言行錄》一書，亦當時草草為之。其間自知尚多謬誤，編次亦無法，初不成文字。因看得為訂正，示及為幸（云云）。」則是書瑕瑜互見，朱子原不自諱。講學家一字一句，尊若《春秋》，恐轉非朱子之意矣。及葉盛《水東日記》曰：「今印行《宋名臣言行錄前集》《後集》《續集》《別集》《外集》，有景定辛酉（1261）濬儀趙崇硂引，云其外孫李幼武所輯。且云朱子所編止八朝之前，士英所編則南渡中興之後四朝諸名臣也。今觀《後集》一卷有李綱，二卷有呂頤浩，三卷有張浚，皆另在卷前，不在目錄中。又闕殘脫版甚多，頗疑其非朱子手筆，為後人所增損必多，蓋朱子纂輯本意，非為廣聞見，期有補於世教，而深以虛浮怪誕之說為非。今其呂夷簡非正人，而記翦髭賜藥之詳；余襄公正人，而有杖臀懷金之恥；蘇子瞻蘇木私鹽等事，亦無甚關係，若此者，蓋不一也。李居安所謂翦截纂要，豈是之謂歟？嘗見章副使繪有此書巾箱小本，又聞叔簡尚寶家有宋末廬陵鍾堯俞所編《言行類編舉要》十六卷前後集。尚俟借觀，以祛所惑（云云）。」〔三〕。則盛於此書亦頗有所疑。

顧就其所錄觀之，宋一代之嘉言懿行，略具於斯，旁資檢閱，固亦無所不可矣。幼武所補，大抵亦步亦趨，無甚出入。其所去取，不足以為重輕。以原本附驥而行，今亦姑並存之，備考核焉。〔四〕（《四庫全書總目》卷五十七）

【注釋】

〔一〕**【書名】**庫書題作《宋名臣言行錄》。

〔二〕**【前集自序】**予讀近代文集及記事之書，觀其所載國朝名臣言行之跡，多有補於世教者。然以其散出而無統也，既莫究其始終表裏之會，而又汨於虛浮怪誕之說，予常病之。於是掇取其要，聚為此書，以便記覽。尚恨書籍不備，多所遺闕。嗣有所得，當續書之。

〔三〕**【史源】**葉盛《水東日記》卷十六。

〔四〕**【整理與研究】**佐伯富編《宋名臣言行錄輯釋索引》（1959年自印本）。朱熹的《八朝名臣言行錄》從南宋中期乾道八年（1172）問世開始，第二年就受到呂祖謙的責難，從此聚訟紛紜，而且爭議的重心漸漸從取材、考訂轉移到「名臣」的涵義、《名臣言行錄》的編撰宗旨以及朱熹的編法是否妥當等方面，中間再加上詳略兩種版本的分別，一樁歷史學術公案變得複雜多彩。李偉國《朱熹〈名臣言行錄〉八百年歷史公案》對這樁公案作了梳理，認為朱熹的編撰宗旨和實踐並無矛盾，只是後人的理解各有不同，而有些人的理解發生了嚴重偏差。（《學術月刊》2002年第12期）

78. 名臣碑傳琬琰集一百七卷〔一〕

宋杜大圭編。大圭，眉州（今四川眉山）人。其仕履不可考，自署稱進士。而序作於紹熙甲寅（1194），則光宗時人矣。

墓碑最盛於東漢，別傳則盛於漢、魏之間。張晏注《史記》，據墓碑知伏生名勝。司馬貞作《史記索隱》，據班固泗上亭長碑知昭靈夫人姓溫。裴松之注《三國志》，亦多引別傳。其遺文佚事，往往補正史所不及，故講史學者恒資考證焉。由唐及宋，撰述彌繁。雖其間韓愈載筆，不乏諛言，李龏摛詞，亦多誣說，而其議論之同異，遷轉之次序，拜罷之歲月，則較史家為得真。故李燾作《續通鑒長篇》，李心傳作《繫年要錄》，往往採用，蓋以此也。

顧石本不盡拓摹，文集又皆散見，互考為難。大圭乃搜合諸篇，共為三集。上集凡二十七卷，中集凡五十五卷，下集凡二十五卷〔二〕，起自建隆、乾德，訖於建炎、紹興〔三〕。大約隨得隨編，不甚拘時代體制。要其梗概，則上**集神道碑，中集誌銘、行狀，下集別傳為多。多採諸家別集，而亦間及於實錄、國史。一代巨公之始末，亦約略具是矣**。〔四〕中如丁謂、王欽若、呂惠卿、章惇、曾布之類，皆當時所謂姦邪，而並得預於名臣，其去取殊為未當。然朱子《名臣言行錄》、趙汝愚《名臣奏議》亦濫及於丁謂、王安石、呂惠卿諸人。**蓋時代既近，恩怨猶存，其所甄別，自不及後世之公**。此亦事理之恒，賢者有所不免，固不能獨為大圭責矣。（《四庫全書總目》卷五十七）

【注釋】

〔一〕**【書名】**庫書題作《名臣碑傳琬琰之集》。

〔二〕**【考證】**《名臣碑傳琬琰之集》上卷十一全卷原闕。

〔三〕**【解釋】**建隆、乾德為宋太祖年號，建炎、紹興為宋高宗年號。

〔四〕**【評論】**潘景鄭《明覆宋本名臣碑傳琬琰集》云：「一代名臣言行，未可盡傳於史，有碑傳以補其遺佚，後人有所考證，探賾索微，端賴於斯。歷覽漢、魏以降，代有述作，薈萃之業，大抵側重詞句，選別精英，其為傳錄之事，又多割裂斷碎，出以己見，事簡而理疏，猶不如史傳之得體，以此傳人，其可得乎？世稱碑傳載筆類多諛辭誣說，淆惑後人。予謂審別行誼，在所抉擇，人云亦云，原非為學之方，譬如山海所藏，未必盡皆珍錯，求之者各盡其所欲耳。斯書網羅放失，足為《宋史》之羽翼，徵文備獻，非典型而何！」（《著硯樓讀書記》第153～154頁）羅炳良《杜大珪〈名臣碑傳琬琰集〉的編纂特點與史學價值》認為，《名臣碑傳琬琰集》是南宋學者杜大珪編纂的一部碑傳資料彙編，不僅在中國古代歷史文獻學上佔有重要地位，而且其編纂特點和史學價值對中國古代史學發展也具有重要意義。過去的研究者大多從史料學的角度肯定其考史成就，而指謫其編纂體例。今天應該在前人認識的基礎上，深入闡發此書的編纂特點和史學價值。(《天津社會科學》2010年第5期)蘇賢《杜大珪〈名臣碑傳琬琰集〉整理與研究》認為,《名臣碑傳琬琰集》著錄了兩宋諸多名臣的志傳資料,這些資料大部分又見於現今流傳下來的宋人文集、史書及金石資料中,然尚有67篇僅存於此書,成為研究傳主生平事蹟、考證史事、研究宋代歷史與史學狀況的重要文獻材料。(華東師範大學2015年碩士論文)

79. 慶元黨禁一卷

不著撰人名氏。《宋史·藝文志》亦不著錄,惟見《永樂大典》中,題曰「滄州樵叟撰」,蓋與《紹興正論》〔一〕均出一人之手〔二〕。

序稱淳祐乙巳〔三〕(1245),則作於宋理宗十八年(1245)也。考黨禁起於寧宗慶元二年(1196)八月,馳於嘉泰二年(1202)二月。是書之作,蓋距弛禁時又四十四年矣。宋代忠邪雜進,黨禍相仍,國論喧呶,已一見於元祐之籍。迨南渡後,和議已成,外憂暫弭,君臣上下,熙熙然燕雀處堂。諸儒不鑒前車,又尋覆轍,求名既急,持論彌高,聲氣交通,賢奸混糅。浮薄詭激之徒,相率攀援,釀成門戶,遂使小人乘其暇隙,又興黨獄以中之。蘭艾同焚,國勢馴至於不振。《春秋》責備賢者,不能以敗亡之罪,獨諉諸韓侂胄也。且光、寧授受之際,趙汝愚等謀及宵人,復處之不得其道,致激成禍變,於謀國尤疏。恭讀御題詩章,於揖盜開門,再三致意,垂訓深切,實為千古定評。講學之家不能復以浮詞他說解矣。書中所錄偽黨共五十九人,如楊萬里嘗以黨禁罷官,而顧未入籍,其去取之故,亦頗難解。蓋萬里之薦朱子,實出至公,與依草附木,攀援門戶者迥異,故講學之家,終不引之為氣類。觀所作《誠齋易傳》,陳櫟、胡一桂皆曲相排抑,不使入道學之派。知此書之削除萬里,意亦如斯,未可遽執為定論也。至如薛叔似晚歲改節,依附權奸,皇甫斌猥瑣梯榮,僨軍辱國。侂胄既敗之後,又復列名韓黨,與張岩、許及之諸人並遭貶謫。陰陽反覆,不可端倪,而其姓名亦並見此書中,豈非趨附者繁,梟鸞並集之一證哉?總之,儒者明體達用,當務潛修,致遠通方,當求實濟,徒博衛道之名,聚徒講學,未有不水火交爭流毒及於宗社者。東漢不鑒戰國之橫議,南北部分而東漢亡;北宋不鑒東漢之黨錮,洛、蜀黨分而北宋亡;南宋不鑒元祐之敗,道學派盛而南宋亡;明不鑒慶元之失,東林勢盛而明又亡。皆務彼虛名,受其實禍。決裂潰覆之後,執門戶之見者猶從而巧為之詞,非公論也。張端義《貴耳集》曰：「朝廷大患，最怕攻黨。伊川見道之明，不能免焉？淳熙則曰道學，慶元則曰偽學。深思由來，皆非國家之福。」〔四〕斯言諒矣！謹恭錄御題冠此書之端，用昭萬年之炯戒。並詳著古來黨禍之由，俾來者無惑焉。〔五〕（《四庫全書總目》卷五十七）

【注釋】

〔一〕【紹興正論】舊本題湘山樵夫撰。不著名氏。《書錄解題》載《紹興正論》二卷，注曰序稱瀟湘野人，不著名氏。錄文武官不附和議及忤秦檜得罪者。（《四庫全書總目》卷六一）

〔二〕【考證】李裕民已考其不確，詳見其《四庫提要訂誤》第 82 頁。今按，「滄州樵叟」與「湘山樵夫」不同。滄州，今河北滄縣。

〔三〕【慶元黨禁序】古者左右前後，罔非正人，所以嚴其選，於近習者慮至深也。後世論親賢士，遠小人，必宮中府中，俱為一體，而作奸犯科，付之有司，所以嚴其法於近習者，慮益遠矣。慶元大臣得君之初，收召群賢，一新庶政，方將措天下於太平之盛，而宮府之間，近習竊柄。一罅弗窒，萬事瓦裂，國家幾於危壞而不可救，是則立紀綱，嚴界限，防微杜漸，在君相可一日不加之意哉！

〔四〕【史源】張端義《貴耳集》卷上。

〔五〕【整理與研究】《慶元黨禁述論》認為，慶元黨禁是南宋統治階級中的韓侂冑集團與趙汝愚集團爭權奪利而引起的一場打擊理學發展的政治風波，在南宋政治與學術史上具有很大的影響。慶元黨禁的發生不是偶然的，而是兩宋歷次反對理學潮流的總爆發。（《渭南師專學報》1992 年第 4 期）張義德撰《如何評價慶元黨禁》（《中國文化研究》1997 年第 4 期）。

80. 唐才子傳八卷

元辛文房撰。文房字良史，西域人。其始末不見於史傳。惟陸友仁《研北雜志》稱其能詩，與王執謙齊名〔一〕。蘇天爵《元文類》中載其《蘇小小歌》一篇耳〔二〕。

是書原本凡十卷，總三百九十七人，下至妓女、女道士之類，亦皆載入。其見於新、舊《唐書》者僅百人，餘皆從傳記說部各書採輯。其體例因詩繫人，故有唐名人，非卓有詩名者不錄。即所載之人，亦多詳其逸事及著作之傳否，而於功業行誼則只撮其梗概，蓋以論文為主，不以記事為主也。大抵於初盛稍略，中晚以後漸詳。至李建勳、孫魴、沈彬、江為、廖圖、熊皦、孟賓于、孟貫、陳摶之倫〔三〕，均有專傳，則下包五代矣。

考楊士奇《東里集》有是書跋〔四〕，是明初尚有完帙，故《永樂大典》目錄於傳字韻內載其全書。今傳字一韻適佚，世間遂無傳本，然幸其各韻之內。尚雜引其文。今隨條摭拾，裒輯編次，共得二百四十三人，又附傳者四十四人，共二百八十七人。謹依次訂正，釐為八卷。案楊士奇跋稱是書凡行事不關大體，不足為勸誡者不錄，又稱雜以臆說，不盡可據。今考編中，如《許渾傳》稱其夢遊崑崙〔五〕，《李群玉傳》稱其夢見神女〔六〕，雜採孟棨《本事詩》、范攄《雲溪友議》荒唐之說，無當史裁。又如儲光羲〔七〕污祿山偽命，而稱其養浩然之氣，尤乖大義。他如謂駱賓王與宋之問唱和靈隱寺中，謂《中興間氣集》為高適所選〔八〕，謂李商隱曾為廣州都督，謂唐人學杜甫者惟唐彥謙一人，乖舛不一而足。蓋文房抄掇繁富，或未暇檢詳，故謬誤牴牾，往往雜見。然較計有功《唐詩紀事》，敘述差有條理，文筆亦秀潤可觀。傳後間綴以論，多掎摭詩家利病，亦足以津逮藝林，於學詩者考訂之助，固不為無補焉。〔九〕（《四庫全書總目》卷五十八）

【注釋】

〔一〕【史源】陸友仁《研北雜志》卷下。

〔二〕【史源】蘇天爵《元文類》卷四《蘇小小歌》。

〔三〕【李建勳】（？～952），字致堯，賜號中山公。有《李丞相詩》二卷。孟賓于，字國儀，自號群玉峰叟。五代連州人。陳摶（？～989），字圖南，自號扶搖子。五代、宋初亳州人。後周時隱歸華山。入宋，太祖待之甚厚。著有《無極圖》《先天圖》《指玄篇》等。孫魴、沈彬、江為、廖圖、熊皦、孟貫等人事蹟待考。

〔四〕【書唐才子傳後】《唐才子傳》……其見於《唐書》者共百人。蓋行事不關大體、不足為勸誡者不錄，作史之體也。而讀其詩，欲知其人，於辛所錄宜有取。然唐以詩取士，三百年間，以詩名者當不止於辛之所錄，如郭元振、張九齡、李邕之徒顯於時矣，而猶遺之，況在下者乎？而辛所錄者，又間雜以臆說，觀者當擇之。（楊士奇《東里文集》卷十）

〔五〕【史源】《唐才子傳》卷五。

〔六〕【史源】《唐才子傳》卷六。

〔七〕【儲光羲】（約 707～約 760，或約 706～約 762），唐潤州延陵人。安史之亂時，在長安受偽職。亂平，貶嶺南。詩多五言古體，淡樸自然。有《儲光羲集》傳世。

〔八〕【中興間氣集】唐高仲武編。1958 年收入中華書局《唐人選唐詩（十種）》一書。

〔九〕【整理與研究】傅璇琮主編《唐才子傳校箋》（中華書局 1990 年版），陳尚君、陶敏撰《唐才子傳校箋補正》（中華書局 1995 年版），周本淳撰《唐才子傳校正》（江蘇古籍出版社 1987 年版），孫映逵撰《唐才子傳校注》（中國社會科學出版社 1991 年版、2018 年版），關鵬飛譯注《唐才子傳》（中華書局 2020 年版）。潘雲、李磊《唐代的「才子」地理——以〈唐才子傳〉為中心的分析》認為，唐才子的概念出自元人辛文房所撰《唐才子傳》一書。該書以唐代 400 餘位文化精英為對象，梳理出有唐一代文脈之起伏。該文以《唐才子傳》為中心，聚焦唐才子群體，在考證其靜態及動態地理分布情況的基礎上，挖掘出唐才子群體與地域文化之間的互動關係，從而揭示出唐代南北文化格局的特點，勾勒出有唐一代文學風貌的形成路徑。（《華中國學》2018 年第 2 期）

81. 元朝名臣事略十五卷

元蘇天爵（1294～1352）撰。天爵字伯修，真定（今河北正定）人。由國子學生試第一，釋褐，授從仕郎、蘇州判官，終浙江行省參知政事。事蹟具《元史》本傳。

此書記元代名臣事實，始穆呼哩（原作木華黎，今改正），終劉因，凡四十七人。大抵據諸家文集所載墓碑、墓誌、行狀，家傳為多，其雜書可徵信者亦採掇焉。一一注其所出，以示有徵。蓋仿朱子《名臣言行錄》例，而始末較詳；又兼仿杜大圭《名臣碑傳琬琰集》例，但有所棄取，不盡錄全篇耳。後蘇霖〔一〕作《有官高抬貴手》〔二〕，於當代事蹟皆採是書，《元史》列傳亦皆與是書相出入〔三〕，足知其不失為信史矣。〔四〕（《四庫全書總目》卷五十八）

【注釋】

〔一〕【蘇霖】字子啟，江蘇鎮江人。

〔二〕【有官高抬貴手】元蘇霖撰。是編採前人服官事蹟，匯為一書。凡分四十類，皆以四字標題，如輔相君王、贊翼皇儲之類，頗涉於俗……論斷尤罕所發明，殊無可採也。（《四庫全書總目》卷一三一）

〔三〕【《元史》列傳亦皆與是書相出入】錢大昕《跋元名臣事略》:「特明初修史諸臣於《實錄》之外,惟奉蘇氏《名臣事略》為護身符,其餘更不採訪,遂使世家汗馬之勳多就湮沒爾。」(《潛研齋文集》卷二十八)

〔四〕【整理與研究】中華書局影印元元統三年(1335)建安余氏勤有堂本。劉永海《論元朝名臣事略的編纂義例》就其材料來源與取捨、編纂體例與方法等問題加以梳理。(《圖書館理論與實踐》2013年第3期)周清澍《元朝名臣事略史源探討》認為,《元朝名臣事略》是元末蘇天爵私修的本朝名臣傳記,傳文輯錄自行狀、家傳、碑文、墓誌及時人文集等第一手資料,部分已佚篇章僅存於此書。由於蘇天爵對輯文作者皆諱本名,而以字號、里貫、官稱、謚號代替,為此本文逐一考訂引文的作者是誰、在當時文壇的地位、有何著作、與傳主的關係等,並追溯引文的存佚情況,存者現存何書、何地(石刻、方志),原文篇名及與《事略》引文的異同等,有助於研究者充分認識本書的史料價值,以便於參考和利用。(《元史及民族與邊疆研究集刊》2015年第1期)

82. 明儒學案六十二卷

國朝黃宗羲(1610~1695)撰。宗羲有《易學象數論》,已著錄。

初,周汝登作《聖學宗傳》〔一〕,孫鍾元又作《理學宗傳》〔二〕。宗羲以其書未粹,且多所闕遺,因搜採明一代講學諸人文集、語錄,辨別宗派,輯為此書。凡《河東學案》二卷,列薛瑄(1389~1464)以下十五人;《三原學案》一卷,列王恕以下六人;《崇仁學案》四卷,列吳與弼以下十人;《白沙學案》二卷,列陳獻章(1428~1500)以下十二人;《姚江學案》一卷,列王守仁(1472~1528)一人,附錄二人,《浙中相傳學案》五卷,列徐愛以下十八人;《江右相傳學案》九卷,列鄒守益以下二十七人,附錄六人;《南中相傳學案》三卷,列黃省曾以下十一人;《楚中學案》一卷,列蔣信等二人;《北方相傳學案》一卷,列穆孔暉以下七人;《閩越相傳學案》一卷,列薛侃等二人;《止修學案》一卷,列李材一人;《泰州學案》五卷,列王艮以下十八人;《甘泉學案》六卷,列湛若水〔三〕以下十一人;《諸儒學案》上四卷,列方孝孺(1357~1402)以下十五人;《諸儒學案》中七卷,列羅欽順(1465~1547)以下十人;《諸儒學案》下五卷,列李中以下十八人;《東林學案》四卷,列顧憲成以下十七人;《蕺山學案》一卷,列劉宗周(1578~1645)一人;而以《師說》一首冠之。

卷端所列自方孝孺以下十七人，大抵朱、陸分門以後，至明而朱之傳流為河東，陸之傳流為姚江。其餘或出或入，總往來於二派之間。宗羲生於姚江，欲抑王尊薛則不甘，欲抑薛尊王則不敢，故於薛之徒陽為引重而陰致微詞，於王之徒外示擊排，而中存調護。夫二家之學，各有得失。及其末流之弊，議論多而是非起，是非起而朋黨立，恩仇轇轕，毀譽糾紛。正、嘉以還，賢者不免。

宗羲此書，猶勝國門戶之餘風，非專為講學設也。然於諸儒源流分合之故，敘述頗詳，猶可考見其得失，知明季黨禍所由來，是亦千古之炯鑒矣。〔四〕卷端仇兆鰲序及賈潤所評〔五〕，皆持論得平，不阿所好，並錄存之，以備考鏡焉。〔六〕(《四庫全書總目》卷五十八)

【注釋】

〔一〕【聖學宗傳】明周汝登（1547～1629）編。此書雖收錄諸家之說，但從編撰者主觀的學術立場出發，斷章取義，以一人之宗旨代替各家之宗旨。

〔二〕【理學宗傳】孫鍾元，諱奇逢，北方學者多宗之，稱為夏峰先生。此書乃其學之大指。今按，此書雜收並蓄，選材不加甄別，批註不得要領，使人無從看清學術思想發展的淵源脈絡。另外，此書所錄皆為道學家之行為，而非思想。

〔三〕【湛若水】(1466～1560)，字元易，號甘泉，廣東增城人。著有《湛甘泉先生文集》。

〔四〕【陸隴其論《明儒學案》】謂其書序述有明一代之儒，可謂有功。而議論偏僻，蓋以蕺山一家之言，而斷諸儒之異同，自然如此。(《陸隴其年譜》第 260 頁)

〔五〕【史源】四庫本未見。

〔六〕【評論】《明儒學案》是一部有系統的學術思想史與哲學史著作，以王陽明學派為主要研究對象。黃宗羲在該書《凡例》中提出了兩條指導思想：「大凡學有宗旨，是其人之得力處，亦是學者入門處。」「學問之道，以各人自用得著為真。此編所列，有一偏之見，有相反之論。學者於其不同處，正宜著眼理會，所謂一本而萬殊也。以水濟水，豈是學問！」今按，吳懷祺《〈明儒學案〉，一部開風氣的學術史著作》認為，《明儒學案》是一部學案體裁的學術史著作。在黃宗羲的所有著作中，這部書是他的代表性作品之一。《明儒學案》全書 62 卷，列 17 個學案，透過宋明理學發展的流變，總結明代的理學，展現出理學發展的趨向。黃宗羲的學術思想和治學精神在這部著作中得到體現。

《明儒學案》體現的治學精神，對古代學術的發展具有開風氣的意義。（《史學史研究》1994 年第 4 期）

【整理與研究】朱鴻林撰《明儒學案研究及論學雜著》（生活·讀書·新知三聯書店 2016 年版），趙文會撰《明儒學案研究》（黑龍江人民出版社 2018 年版）。

83. 東林列傳二十四卷

國朝陳鼎〔一〕（1650～？）撰。鼎字定九，江陰（今屬江蘇無錫市）人。

明萬曆間，無錫顧憲成與高攀龍重修宋楊時東林書院，與同志講學其中。聲氣蔓延，趨附者幾遍天下，互相標榜，自立門戶，流品亦遂糅雜。迨魏忠賢亂政之初，諸人力與搘拄，未始非謀國之忠。而同類之中，賢奸先混，使小人得伺隙而中之。於是黨禍大興，一時誅斥殆盡，籍其名頒示天下。至崇禎初，權閹既殛，公論始明，而餘孽尚存。競思翻案，議論益糾紛不定。其間奸黠之徒，見東林復盛，競假藉以張其鋒。水火交爭，彼此報復。君子博虛名以釀實禍，小人託公論以快私仇。卒至國是日非，迄明亡而後已。

是編所載一百八十餘人，蓋即東林黨人榜及沈漼、溫體仁等《雷平》《蠅蚋》諸錄所著名者也。以節義炳著者，匯載於前，餘亦分傳並列，臚敘事蹟頗詳。其中碩士端人，固所不乏，而依草附木者，實繁有徒。厥後樹幟分朋，干撓時政，禍患卒隱中於國家。足知聚徒講學其流弊無所不至。雖創始諸人，未必逆料及此。而推原禍本，一二君子不能不任其咎也。此書仿龔頤正《元祐黨籍傳》之例，於諸人之姓名、履貫無不本末燦然，俾讀者論世知人，得以辨別賢奸，而深思其薰蕕雜廁之所以然。前事不忘，後事之師，其亦千古炯鑒矣。〔二〕（《四庫全書總目》卷五十八）

【注釋】

〔一〕【作者研究】陳鼎撰《東林列傳》二十四卷，《留溪外傳》十八卷，《滇黔土司婚禮記》一卷，《竹譜》一卷，《荔支譜》一卷。

〔二〕【整理與研究】《東林列傳》是研究明末東林黨人的重要資料，具有較高的文獻參考價值。闞琉聲《試析陳鼎〈東林列傳〉的編纂形式》認為，從宏觀構架上看，陳鼎採取先發軔諸賢及顧高、次殉節人士、後其他的布局模式，在具體的人物傳記安排上，單傳、附傳、合傳等靈活運用，在行文手法上，追敘、補敘、插敘等多種敘述技巧並用，其中突出殉節君子和「以類相從」是《東林列傳》編纂上的突出特徵。（《湖北社會科學》2014 年第 8 期）

84. 儒林宗派十六卷

國朝萬斯同（1638～1702）撰。斯同有《廟製圖考》，已著錄。〔一〕

是編紀孔子以下迄於明末諸儒，授受源流，各以時代為次。其上無師承，後無弟子者，別附著之。自《伊雒淵源錄》出，《宋史》遂以道學、儒林分二傳。非惟文章之士，記誦之才，不得列之於儒。即自漢以來傳先聖之遺經者，亦幾幾乎不得列於儒。講學者遞相標榜，務自尊大。明以來談道統〔二〕者，揚己凌人，互相排軋，卒釀門戶之禍，流毒無窮。斯同目擊其弊，因著此書。

所載斷自孔子以下，杜僭王之失，以正綱常。凡漢後唐前傳經之儒一一具列。除排擠之私，以消朋黨，其持論獨為平允。惟其附錄一門，旁及老、莊、申、韓之流，未免矯枉過直。又唐啖助之學傳之趙匡、陸淳，宋孫復之學傳於石介，皆卓然自立一家。宋代說經，實濫觴於二子，乃列之散儒之中，不入宗派，亦有所未安。

至於朱、陸二派，在元則金、吳分承，在明則薛、王異尚。四百年中，出此入彼，淵源有自，脈絡不誣。亦未可以朝代不同，不為明其宗系。如斯之類，雖皆未免少疏，然較之學統、學案諸書，則可謂湔除錮習，無畛域之見矣。世所傳本僅十二卷，此本出自歷城周氏〔三〕，較多四卷，蓋其末年完備之定本云。〔四〕（《四庫全書總目》卷五十八）

【注釋】

〔一〕**【萬斯同】**字季野，號石園，門人私諡曰「貞文」，浙江鄞縣人。事蹟具《清史稿》卷四八四。楊向奎《清儒學案新編》第一卷有萬斯同《石園學案》。

〔二〕**【道統】**錢大昕云：「『道統』二字，始見於李元綱《聖門事業圖》。其第一圖曰《傳道正統》，以明道、伊川承孟子。其書成於乾道壬辰，與朱文公同時。」（《十駕齋養新錄》卷十八「道統」條）

〔三〕**【此本出自歷城周氏】**即四庫館臣周永年家藏本。

〔四〕**【整理與研究】**李勤合校點《學統》收入《儒藏精華編》第160冊史部傳記類總類之屬（北京大學出版社2016年版），以乾隆萬氏辨志堂本為底本，校本則用影印文津閣《四庫全書》、宣統三年《張氏適園叢書》本。

85. 閩中理學淵源考九十二卷

國朝李清馥（1703～？）撰。清馥字根侯，安溪（今屬福建泉州市）人。大學士光地之孫。以光地蔭，授兵部員外郎，官至廣平府知府。

是編本曰《閩中師友淵源考》，故序文、凡例尚稱舊名。此本題《理學淵源考》，蓋後來所改。序作於草創之時，成編以後，復有增入也。

宋儒講學，盛於二程，其門人游、楊、呂、謝號為高足。而楊時一派，由羅從彥〔一〕、李侗而及朱子，輾轉授受，多在閩中，故清馥所述斷自楊時。而分別支流，下迄明末。凡某派傳幾人，某人又分為某派，四五百年之中，尋端竟委，若昭穆譜牒，秩然有序。其中家學相承，以及友而不師者，亦皆並列，以明其學所自來，其例每人各為小傳，傳末各注所據之書，並以語錄、文集有關論學之語摘錄於後，考據頗為詳覈。

其例於敗名隳節，貽玷門牆者，則削除不載。間有純駁互見者，則棄短錄長，如《廖剛傳》中刪其初附和議一事，《胡寅傳》中但敘不持生母服，為右正言章廈所劾，而不詳載其由，是則門戶之見猶未盡融。白璧微瑕，分別觀之可也。〔二〕（《四庫全書總目》卷五十八）

【注釋】

〔一〕【羅從彥】（1072～1135），字仲素，學者稱豫章先生，福建南屏人。與楊時、李侗並稱「南劍三先生」。著有《豫章集》《遵堯錄》等。

〔二〕【整理與研究】徐公喜、管正平、周明華點校《閩中理學淵源考》（鳳凰出版社 2011 年版），何乃川等點校《閩中理學淵源考》（商務印書館 2018 年版）。張顯慧《李清馥〈閩中理學淵源考〉研究》（暨南大學 2010 年碩士論文）認為，《閩中理學淵源考》是清人李清馥編撰的一部記載閩中地區自宋至明理學人物的傳記類史書。該書起自宋楊時，下迄明末陳喜，以程朱學派為宗，兼述閩中各家世學派，詳細記載了閩中地區各理學學派的師承及其學術宗旨。作為一部地方學術史，與其他學派史的專著不同，它主要以地域為劃分標準。李清馥為李光地之孫，幼稟庭訓，其思想深受李光地影響。《閩中理學淵源考》一書充分體現了李氏祖孫二人「篤師承，謹訓詁」「衍翼宗派，崇守家法」的思想史價值觀。是書旁徵博引、內容翔實、考證嚴密，具有重要的史料價值，是研究閩學及理學學術史重要的資料。

86. 聖賢圖贊無卷數

此書摹仁和縣學石刻，而不著刊書人姓名。首冠以明宣德二年（1427）巡按浙江監察御史海虞吳訥〔一〕序，謂像為李龍眠筆。高宗於紹興十四年（1144）即岳飛第作太學，三月臨幸，首製先聖贊，後自顏回而下亦撰詞，二十六年十二月刻石於學。又稱舊有秦檜記，磨而去之，則是石刻之題識，非木本之跋語，故顏、曾二子後皆有高攀龍贊，知為近時人刻也。

考《玉海》：「紹興十四年三月十一日己巳，幸太學，覽唐明皇帝及太宗、真宗御製贊文，令有司取從祀諸贊悉錄以進。二十四日乙亥，御製《御書宣聖贊》，令揭于大成殿，刻石，頒諸路州學。二十五年，又製《七十二賢贊》，親札刻石頒降焉。二十六年十二月戊午，廷臣請頒諸州郡學校，從之。」〔二〕據此，則高宗所撰《宣聖贊》刊石在紹興十四年（1144），《七十二賢贊》刊石在紹興二十五年（1155）。訥序謂先聖及七十二賢贊，俱於三十六年（1166）十二月刊石，殊誤。所列七十二子，較《史記》及《唐六典》所載七十七人，少十人，增五人，與《宋史・禮志》所載八十二人，則少十人，與唐、宋典制皆異。考《玉海》卷一百十三又云：高宗《七十二子贊》，去《史記》公良孺公夏首、公肩定、顏祖、鄔單、句井疆、罕父黑、申黨、原亢、顏何、公西輿如十一人，增申棖、蘧伯玉、陳亢、林放、琴牢、申堂續六人，遂為七十二人，與此書人數正合。然《玉海》謂所去十一人，內有申黨，而此書仍列申黨。《玉海》稱增申堂續，而此書於申黨之外乃增申棖，互相剌謬。又如顏子封復聖公，曾子封宗聖公，皆始於元至順中。紹興中作贊，安得標此？又考唐開元二十七年（739）贈顏子兗公，閔子以下至卜商九人皆侯，曾參以降六十七人皆伯，宋祥符二年（1009），贈閔子以下至卜商九人皆公曾參以下七十二人皆侯。今書標爵，皆襲開元。高宗作贊，亦不應近廢祥符而遠從唐制，疑非宋之原石。且李公麟北宋人，安得至紹興中作圖？其圖畫諸賢，多執書卷既非古簡策之制，而樊須名須，即作一多髯像；梁鱣字叔魚，即作手持一魚像，尤如戲劇，其妄決矣。（《四庫全書總目》卷五十九）

【注釋】

〔一〕【吳訥】《常熟志》謂有明一代人物，以吳訥為第一。傳稱其非聖之書不觀，非關於世教不言，所著有《小學集解》《北溪字義》等書。

〔二〕【史源】王應麟《玉海》卷三十一「紹興宣聖贊・七十二賢贊」條。

87. 道命錄十卷

宋李心傳（1166～1243）編。心傳有《丙子學易編》，已著錄。

是書載程子朱子進退始末，備錄其褒贈、貶謫、薦舉、彈劾之文。《宋史》心傳本傳作五卷，此本十卷，與本傳不合。考卷首元至順癸酉（1333）新安程榮秀序稱：「宋秀巖先生李公《道命錄》五卷，刻梓在江州（今江西九江），毀於兵。榮秀嘗得而讀之，疑其為初稿，尚欲刪定而未成者，齋居之假，僭因原本略加釐定，匯次為十卷如左（云云）。」然則此為榮秀所編，非心傳之舊稿矣。

《永樂大典》載有心傳原本，然所記惟程子事，與此本前六卷相同者過半。此本所有而《永樂大典》不載者凡二十八條，《永樂大典》所有而此本不載者凡八條。第七卷以下《永樂大典》全無之，則榮秀大有所增刪，並所記朱子諸條亦疑為榮秀所附益，則所謂略加釐正者，特諱不自居於改竄耳，非其實也。

其大旨不出門戶之見，其命名蓋以孔子比程、朱，然於道命之義，亦未得其解。《御製詩序》及《識語》已闢之至悉，茲不具論焉〔一〕。〔二〕（《四庫全書總目》卷五十九）

【注釋】

〔一〕【史源】參見拙著《四庫全書總目研究》第 82～84 頁。

〔二〕【整理與研究】朱軍校點《道命錄》（上海古籍出版社 2017 年版）。陝西師範大學袁良勇博士校點整理本收入《儒藏精華編》152 史部傳記類總錄之屬（北京大學出版社 2016 年版）。按，《道命錄》原為五卷。李心傳卒後，《道命錄》最早由朱申於南宋淳祐十一年刊印。入元，程榮秀又刪改並增補部分內容，刻為《道命錄》十卷。十卷本今有北京大學圖書館藏清影元抄本、國家圖書館藏明刻本及清《知不足齋叢書》本等。《永樂大典》卷八一六四存有《道命錄》五卷本，當更多保留了《道命錄》的本來面貌。程榮秀認為李心傳原本為初稿，「尚欲刪定而未成者」，故對原文有所刪改，主要是刪除了原文中詳細的年月日記載。但十卷本不僅續增了數卷內容，對原有內容亦有增補，所增內容具有較高史料價值，有助於完整、全面地瞭解兩宋道學興衰過程，故本次整理主要依據十卷本展開。底本採用北京大學圖書館藏清影元抄本，校本為國家圖書館藏明刻本，參校《知不足齋叢書》本。與《永樂大典》重合的內容，亦參校《永樂大典》本。因《永樂大典》本反映了五卷本面貌，可與十卷本互為補充，故作為附錄附於書後。

88. 伊洛淵源續錄六卷

明謝鐸〔一〕（1435～1510）撰。鐸有《赤城論諫錄》，已著錄。

是書所錄凡二十一人，蓋繼朱子《伊洛淵源錄》而作，以朱子為宗主。始於羅從彥、李侗，朱子之學所自來也；佐以張栻、呂祖謙，朱子友也；自黃榦而下，終於何基、王柏，皆傳朱子之學者也。然所載張栻等七人，則全錄《宋史．道學傳》；呂祖謙等七人，則全錄《宋史．儒林傳》；李侗等六人，略採行狀、誌銘、遺事。其輔廣一人，則但載姓名里居，僅數十字而止，尤為疏略。案：廣即世所稱慶源輔氏，《明一統志》載其始末甚詳，鐸偶未考耳。

《明史》鐸本傳，載其為南京國子監祭酒時，上言六事，其三曰正祀典，乃請進宋儒楊時而退吳澄，為禮部尚書傅瀚所持，僅進時而澄祀如故。夫澄之學雖曰未醇，然較受蔡京之薦者則有間矣。鐸欲以易澄，蓋以道南一脈之故，而曲諱其出處也。然則是錄之作，其亦不出門戶之見矣。（《四庫全書總目》卷六十一）

【注釋】

〔一〕【謝鐸】字鳴治，浙江天台人。事蹟具《明史》本傳。

89. 考亭淵源錄二十四卷〔一〕

明宋端儀（1446～1501）撰，薛應旂（1500～1575）重修。端儀字孔時，莆田（今屬福建）人。成化辛丑（1481）進士。官至廣東提學僉事。事蹟具《明史》本傳。應旂有《四書人物考》，已著錄。

此編仿《伊洛淵源錄》之例。首列延平李侗、籍溪胡憲、屏山劉子翬〔二〕、白水劉勉之四人，以溯師承之所自。次載朱子始末，次及同時友人至南軒張栻以下七人，次則備列考亭門人。自勉齋黃榦以下二百九十三人，其二十三卷則門人之無記述文字者，但列其名，凡八十八人。末卷則考亭叛徒趙師雍、傅伯壽、胡紘等三人，亦用《伊洛淵源錄》載邢恕例也。

史稱端儀慨建文朝忠臣湮沒，乃搜輯遺書，為《革除錄》。建文忠臣之有錄，自端儀始。然其書今未見，即此書原本亦未見，世所行者惟應旂重修之本。應旂作《宋元通鑒》，於道學宗派，多所紀錄，此書蓋猶是意。然應旂初學於王守仁，講陸氏之學。晚乃研窮洛、閩之旨，兼取朱子，故其書目錄後有云：「兩先生實所以相成，非所以相反。」遂以陸九淵兄弟三人列《考亭源淵錄》中，名實未免乖舛也。〔三〕（《四庫全書總目》卷六十一）

【注釋】

〔一〕【評論】《陸隴其年譜》云：「《考亭源淵錄》內有郭友仁述朱子半日讀書半日靜坐之說。先生謂郭是從禪學入門者，所述恐未確，用功如何可這樣限定？及載劉淳叟欲做虛靜工夫，朱子與言李延平教人靜坐之不然，可見郭所述未確。」（第265頁）

〔二〕【劉子翬】（1101～1147），字彥沖，號屏山，福建崇安人。著有《屏山集》。朱松死，以子熹為託。

〔三〕【整理與研究】北京大學彭榮博士校點整理本收入《儒藏精華編》152史部傳記類總錄之屬（北京大學出版社2016年版），以《四庫全書存目叢書》所收錄的隆慶本《考亭淵源錄》為底本，以《宋史》《朱子語類》等相關書籍加以校訂。

90. 新安學系錄十六卷

明程曈（1480～1560）撰。曈號峨山，休寧（今屬安徽黃山市）人。

是書以朱子為新安人，而引據歐陽修《冀國公神道碑》謂程子遠派亦出新安，故輯新安諸儒出於二家之傳者，編為此書。自宋至明凡百有一人，皆徵引舊文以示有據。〔一〕

夫聖賢之學，天下所公也。必限以方隅，拘以宗派，是門戶之私矣。至程子一生，無一字及新安，而遙遙華胄，忽爾見援。以例推之，則朱出於邾〔二〕，姓源可證。今嶧山〔三〕之士不又引朱子為鄉黨乎？此真為誇飾風土而作，不為**闡明學脈**而作也。《江南通志》列曈於《儒林傳》中，稱所著《新安學系》，與朱子合者存，背者去，足盡是書之大旨矣。〔四〕（《四庫全書總目》卷六十一）

【注釋】

〔一〕【程曈《新安學系錄序》】孟子沒而聖人之學不傳，千有餘歲。至我兩夫子始得之於遺經，倡以示人，辟異端之非，振俗學之陋，而孔孟之道復明。又四傳至我紫陽夫子，復溯其流，窮其源，折衷群言，集厥大成，而周、程之學益著。

〔二〕【邾】姓。出自高陽氏，周封曹挾於邾，因以為氏。邾既失國，子孫去邑為朱氏。

〔三〕【嶧山】山名。即鄒山，又名鄒嶧山、邾嶧山。在山東省鄒縣東南。《史記·夏本紀》:「嶧陽孤桐。」張守節《正義》引《括地志》:「嶧山在兗州鄒縣南二十二里。秦始皇曾登此山刻石記功。」

〔四〕【整理與研究】王國良、張健點校《新安學系錄》(黃山書社 2006 年版)。張健《程曈及其〈新安學系錄〉》認為，程曈是明朝正德、嘉靖年間新安理學承先啟後的重要代表人物，一生致力於弘揚朱子之學，所著《新安學系錄》不僅是第一部新安理學的學案性著作，也是一部維護朱子學的力作，對新安學派的經營有重大貢獻。該書收錄 105 位知名新安學者的傳記資料以及言行、遺事，對徽州人物的研究和徽州文獻的保存均有重要意義。(《安徽師範大學學報》2000 年第 3 期)

91. 畜德錄一卷

明陳沂〔一〕(1469～1538)撰。沂有《維楨錄》，已著錄。

此書皆紀宣德、正統間名臣言行，人各一二條。末有嘉靖壬辰(1592)自跋稱:「以所聞於外祖金靜虛、太常夏崇文及吳文定、李文正者，著之於篇。雖有不倫，而取善之道不以人廢(云云)。」考所載如于謙、魏驥、徐晞、王翺、姚夔、岳正、韓雍、周忱、劉大夏、屠墉、章懋、儲巏、何瑭、朱希周等，皆一時名人；他如蹇義、解縉、夏原吉〔二〕、楊榮〔三〕、金幼孜，身事兩朝，已為其次。至王越以權術用事，益為物論所不滿。所云不倫者，殆即指數人而言歟？

趙汝愚編《名臣奏議》，丁謂、秦檜並以章疏見收。朱子編《名臣言行錄》，王安石、呂惠卿亦得以姓名同列，蓋定千秋之品，則隻字不可誣，取一節之長，則片善亦可錄。並瑕瑜不掩，具有前規。然奏議為論事之文，苟所論關國計之得失，擊民生之利病，言之當理，行之有裨，自未可以出自僉壬，遂削不錄。至於採前言往行，矜式後人，自當仰溯名賢，用垂規矩，固未可委曲遷就，使有所濫廁於其間矣。(《四庫全書總目》卷六十一)

【注釋】

〔一〕【陳沂】字魯南，號小坡，其先鄞人，徙家南京。《明史·文苑傳》附見《顧璘傳》中。

〔二〕【夏原吉】(1366～1430)，字維喆，謚忠靖。著有《夏忠靖集》。

〔三〕【楊榮】(1371～1440)，字勉仁，福建建安人。著有《楊文敏集》。

92. 洛學編四卷

國朝湯斌（1627～1687）撰。斌字孔伯，號潛庵，睢州（今屬河南）人。順治己丑（1649）進士。官至工部尚書，諡文正。〔一〕

是書述中州學派，分為二編。首列漢杜子春、鄭興、鄭眾、服虔，唐韓愈，宋穆修，謂之前編。次列二程子以下十三人、附錄二人，元許衡以下三人，附錄一人，明薛瑄以下二十人、附錄七人，謂之正編。各評其學問行誼，蓋雖以宋儒為主，而不廢漢、唐儒者之所長。

後耿介作《中州道學編》〔二〕，乃舉唐以前人悉刪之，則純乎門戶之私。所見又與斌異矣。〔三〕（《四庫全書總目》卷六十三）

【注釋】

〔一〕【作者研究】楊向奎先生《清儒學案新編》第一卷有《湯斌潛庵學案》。清王廷燦編《潛庵先生年譜》（《湯子遺書》本）。今按，此譜最為疏略，須改作。

〔二〕【中州道學編】國朝耿介編。是編專載中州道學，自宋二程子至國朝陳愹等五十七人，人各有傳，傳後或附語錄及所著書。然道學、儒林，自《宋史》分傳以後，格不相入久矣。介於漢儒、宋儒門戶，判如冰炭，韓愈諸人乃所特黜，非其偶漏。奕簪不自為一書，而附之介書之後，非其志也。（《四庫全書總目》卷六十三）

〔三〕【整理與研究】此書編成於康熙十二年，康熙五十一年湯斌門人崇明知縣王廷燦刻行之。乾隆初，斌曾孫定祥復據其本重加校勘付梓，是為乾隆刊本。黃錦君校點《洛學編》收入《儒藏精華編》第93冊史部儒林史傳類（北京大學出版社2016年版）。○王記錄等《洛學編探析》認為，《洛學編》是理學名臣湯斌在清初學術轉型的大背景下編纂的一部學術史著作。康熙五年，湯斌奉其師孫奇逢之命編纂《洛學編》，康熙十二年成書。有清一代，該書被多次刊刻，流傳甚廣。從內容和編纂體例上看，《洛學編》較為系統地再現了自漢至明末洛學的發展授受源流，以人繫史，簡潔明瞭。《洛學編》受孫奇逢《理學宗傳》和馮從吾《關學編》的影響，有明確的編纂原則，在選取人物時，不收錄「治行不檢」「祖尚老莊」的中州學人；所收人物，均以是否與洛學密切聯繫為標準；強調「為論學而作」，所取多為學術事蹟，且與史書相表裏。從史料來源看，《洛學編》不僅取自正史、地方史志，而且參考了孫奇逢的《理學宗傳》《中州人物考》等著作。《洛學編》體現了湯斌的學術見解，一是熔漢唐經學家與宋明理學家於一爐，「經道合一」；二是重視程朱，兼顧陸王，調和程朱陸王，主張「朱王合一，返歸本旨」。（《歷史文獻研究》2013 年卷）

93. 雒閩源流錄十九卷

國朝張夏〔一〕撰。夏有《楊文靖年譜補遺》，已著錄。

是書取有明一代講學之儒，分別其門戶，成於康熙壬戌（1682）。大旨闡雒、閩之緒而力闢新會、餘姚之說。自一卷至十三卷列為雒、閩之學者，正宗十六人，羽翼三十九人，儒林一百九十二人，並合傳、附傳者共二百五十餘人；十四卷為新會之學，十五卷為餘姚之學，所列羽翼八人，儒林三十九人，而正宗則闕。十八、十九二卷謂之補編，所列僅儒林五十八人，並羽翼之名亦不予之矣。

自明以來，講學者釀為朋黨，百計相傾。王守仁作《朱子晚年定論》，程敏政作《道一編》，欲援朱子以附陸氏，論者譏其舞文。張烈作《王學質疑》，熊賜履作《閒道錄》，又詆斥陸、王，幾不使居於人類，論者亦譏其好勝〔二〕。雖各以衛道為名，而本意所在，天下得而窺之也。

夏此書以程、朱子派為主，而於陸氏之派亦節取所長，以示不存門戶之見，用意較為深密。**然卷首稱明太祖以理學開國，諛頌幾四五百言，以為直接堯、舜、禹、湯、文、武之統，殊非篤論，亦非事實**。〔三〕其凡例稱人品自人品，學術自學術，如趙南星、楊漣、繆昌期、李應升諸人，可謂之忠臣，不可列之於儒林，立說尤僻，豈程、朱之傳惟教人作語錄乎？（《四庫全書總目》卷六十三）

【注釋】

〔一〕**【張夏】**字秋韶，江蘇無錫人。生卒年不詳。

〔二〕**【論者】**似指陸隴其。《三魚堂文集》卷五《答秦定叟書》：「又謂陽明之學，真能為己而非挾好勝之心者。夫陽明大言無忌，至以孔子為九千鎰，朱子為楊、墨，此而非好勝也，不知如何而後為好勝耶？」

潘天成《鐵廬集》卷三亦云：或問：「朱、陸往還發明聖學，朱子嘗云：『南渡以來，真實理會做工夫者，惟吾與子靜兩人。』不知何以紛紛異同，至今不決？」先生曰：「此兩家門人各挾好勝之心，以爭門戶耳。與二先生無與也。今朱、陸之書具在，細心體認，自然明白，不可作矮人觀場，隨人喜怒。」

〔三〕【模擬】以子之矛，攻子之盾。我們可以模擬其口氣說：「康熙、乾隆以為直接堯、舜、禹、湯、文、武之統，殊非篤論，亦非事實。」因為康熙、乾隆以異族入主中原，比明太祖在道統上更加缺少合法性。《四庫全書總目》此處大可玩味。

94. 學統五十六卷

國朝熊賜履（1635～1709）撰。賜履字敬修，孝感人。康熙戊戌（1718）進士。官至大學士。〔一〕

是書以孔子、顏子、曾子、子思、孟子、周子、二程子、朱子九人為正統，以閔子以下至明羅欽順二十三人為翼統，以冉伯牛以下至明高攀龍一百七十八人為附統，以荀卿以下至王守仁七人為雜統，以老、莊、楊、墨、告子及二氏之流為異統。夫尚論古人，辨其行事之醇疵，立言之得失，俾後人知所法戒足矣，必錙錙銖銖，較其品第而甲乙之，未免與班固《古今人表》同一悠謬。況薛瑄、胡居仁、羅欽順俱尊之稱字、稱先生，而伯牛、子路諸賢，乃皆卑之而書名，軒輊之間不知何所確據？又荀況、揚雄、王通、蘇軾均以雜統而稱子，陸九淵、陳獻章、王守仁又以雜統而書字，褒貶之間，亦自亂其例也。（《四庫全書總目》卷六十三）

【注釋】

〔一〕【作者研究】清孔繼涵撰《熊文端公年譜》（清乾隆間刻本）。

〔二〕【整理與研究】劉韶軍校點《學統》收入《儒藏精華編》第160冊史部傳記類總類之屬（北京大學出版社2016年版），以民國十二年靈峰精舍本為底本，以康熙二十七年五十六卷本、康熙二十五年五十三卷本為校本。

95. 道統錄二卷附錄一卷

國朝張伯行（1652～1725）撰。伯行字孝先，儀封（今屬河南）人。康熙乙丑（1685）進士。官至禮部尚書，諡清恪。〔一〕

是書自序，謂曩於故書肆中購得《道統傳》一帙，乃仇熙所著，因更為增輯。上卷載伏羲、神農、黃帝、堯、舜、禹、湯、文、武、周公、孔子及顏、曾、思、孟，下卷載周、程、張、朱，其附錄中則載皋、陶、稷、契、益、伊尹、萊朱、傅說、太公、召公、散宜生及楊時、羅從彥、李侗、謝良佐、尹焞，人各一傳，述其言行，而以總論冠於卷端。（《四庫全書總目》卷六十三）

【注釋】

〔一〕【作者研究】清張師栻、張師載編《張清恪公年譜》(清乾隆四年刻本)。其生年從來新夏先生說。來先生認為，是譜「純為述祖德而作，不足供史料之採擇」。因此，有必要加以增補或改作。

96. 伊洛淵源續錄二十卷

國朝張伯行(1651～1725)撰。

是編因明謝驛《伊洛淵源續錄》採輯未備，薛應旂《考亭淵源錄》去取未嚴，因重為考訂，以補正二家之闕失。然書甫出，而譚旭《謀道續錄》〔一〕又反覆千百言，糾其漏胡寅、真德秀矣。**講學如聚訟，亶其然乎？有朱子之學識，而後可定程子門人之得失。**此中進退，恐非後學所易言也。〔二〕(《四庫全書總目》卷六十三)

【注釋】

〔一〕【謀道續錄】國朝譚旭撰。是書末有其門人呂步青跋，稱旭先有《謀道錄》，故此稱《續錄》。其學恪守程、朱，持論甚正，而不免於好辨。每爭競於一字一句之間，其細已甚。又朋友以書相質，詳為批閱是也。所見不合，兩存以待論定亦可也。乃往往注其人已改，而仍載其原本之疵謬，以見駁正之功。此近於暴己之長，形人之短矣。(《四庫全書總目》卷九八)

〔二〕【整理與研究】甘祥滿校點整理本收入《儒藏精華編》161 史部傳記類總錄之屬(北京大學出版社 2019 年版)，以《四庫全書存目叢書》影印上海圖書館藏清康熙五十年正誼堂刻本為底本，文字漫漶者以正誼堂抄本描正，以《宋史》《朱子語類》《晦庵集》本等典籍做他校。

97. 關學編五卷

國朝王心敬〔一〕(1656～1738)撰。心敬有《豐川易說》，已著錄。

初明馮從吾作《關學編》，心敬病其未備，乃採摭諸書，補其闕略，以成此書。從吾原編，始於孔門弟子秦祖，終於明代王之士。心敬所續輯者，於秦祖之前增伏羲、泰伯、仲雍、文王、武王、周公六人，於漢增董仲舒、楊震二人，明代則增從吾至單允昌凡六人，又附以周傳誦、黨還醇、白希采、劉波、王侶諸人，國朝惟李容一人，則心敬之師也。明世關西講學，其初皆本於薛瑄，王恕又別立一宗，學者稱為三原支派。大抵墨守主敬窮理之說，而崇尚氣節，不為空談。黃宗羲所謂風土之厚，而加之以學問者。從吾所紀，梗概已具。心敬所廣，推本羲皇以下諸帝王，未免溯源太遠。又董仲舒本廣川人，心敬以其卒葬皆在關中，因引入之，亦未免郡縣志書牽合附會之習也。〔二〕（《四庫全書總目》卷六十三）

【注釋】

〔一〕【王心敬】字爾緝，陝西鄠縣人。乾隆元年（1736）薦舉賢良方正，以老病不能赴京而罷。心敬受業於李容，而謹嚴不逮其師。所注諸經大抵好為異論，《書》及《春秋》為尤甚，惟此編（指《豐川易說》）推闡《易》理，最為篤實。

〔二〕【整理與研究】魏冬《關學學人譜系文獻中的「關學」觀念及其意義指向》認為，「關中」和「理學」是《關學編》中「關學」觀念的兩個基礎性概念。其不僅具有特殊的意義指向，而且還隱含著關學學人譜系建構的地域、學理聯繫準則。以之為基礎，《關學編》建構了以孔子為宗源，以張載為先覺，「統程、朱、陸、王而一之」，「要之以子厚為正」的關學學人譜系。在這一譜系下，關學並非互不統屬的關中地域理學形態，而是與張載學脈相承、學風相通的獨立理學學派。思想多源性和宗風一貫性相統一，是關學學人譜系建構的辯證維度。《關學編》所奠定的「關學」觀念，對推進關學研究有重要指導價值。（《中國哲學史》2019 年第 6 期）

98. 兩漢博聞十二卷

明嘉靖中黃魯曾刊本，不著撰人名氏。案：晁公武《讀書志》，乃宋楊侃所編也。侃，錢塘（今浙江杭州）人。端拱中進士，官至集賢院學士，晚為知制誥，避真宗舊諱，更名大雅。

是編摘錄前、後《漢書》，不依篇第，不分門類。惟簡擇其字句故事列為標目，而節取顏師古及章懷太子注列於其下。凡《前漢書》七卷，《後漢書》五卷。雖於史學無關，然較他類書採摭雜說者，究為雅馴。《後漢書》中間有引及《前漢書》者，必標「顏師古」字。所引梁劉昭《續漢志注》，乃與章懷注無別，體例未免少疏。至所列紀傳篇目，亦往往多有訛舛。然如「四皓」條下引顏師古注曰：「四皓稱號，本起於此，更無姓名可稱。〔知此〕蓋隱居之人，匿跡遠害，不自標顯，秘其氏族，故史傳無得而詳。至於〔後代〕皇甫謐圈稱之徒及諸地理書說，竟為四人，〔施〕安姓字，自相錯互，語又不經。班氏不載於書，諸家皆臆說。今並棄略，一無取焉（云云）。」〔一〕明監本《漢書注》竟佚此條，惟賴此書幸存，則亦非無資考證者矣。〔二〕（《四庫全書總目》卷六十五）

【注釋】

〔一〕【史源】語見《兩漢博聞》卷四。今按，《總目》引文有誤，今據四庫本《兩漢博聞》補正。

〔二〕【整理與研究】謝弈楨《楊侃〈兩漢博聞〉研究》（南京師範大學碩士論文）認為，《兩漢博聞》一書是一部頗具特色的史抄。該書選取《漢書》《後漢書》正文及注釋中有關典章制度、史實掌故、名物訓詁等方面的內容加以條分縷析，按題目、正文、注釋的類例編輯而成，堪稱兩漢名物、掌故以及兩《漢書》文字訓詁的彙編，是兩《漢書》的入門讀物和研治古代文字、音韻、訓詁之學的參考書，在查找數據、普及歷史知識、編纂體例、目錄學、史料校勘等方面具有重要的研究價值。該文首先勾稽作者生平資料，梳理《兩漢博聞》成書過程、版本流傳，探討其編纂體例、文獻價值，復以文淵閣《四庫全書》本為底本對《兩漢博聞》進行重新校理，企圖恢復《兩漢博聞》文本的原始面貌。今按，任何企圖完全恢復古代文本原始面貌的想法都不過是一場白日夢。

99. 吳越春秋十卷

漢趙曄撰〔一〕。曄，山陰（今浙江紹興）人。見《後漢書·儒林傳》。

是書前有舊序稱：「隋、唐《經籍志》皆云十二卷，今存者十卷，殆非全書。又云楊方撰《吳越春秋削繁》五卷〔二〕，皇甫遵撰《吳越春秋傳》十卷，此二書今人罕見，獨曄書行於世。《史記》注有徐廣所引《吳越春秋》語，而《索隱》以為今無此語。他如《文選注》引季札見遺金事，《吳地記》載闔閭時夷亭事及《水經注》嘗載越事數條，類皆援據《吳越春秋》。今曄本咸無其文（云云）。」考證頗為詳悉，然不著名姓。《漢魏叢書》所載合十卷為六卷，而削去此序並注，亦不題撰人，彌失其初。

此本為元大德十年（1306）丙午所刊，後有題識云：「前有文林郎國子監書庫官徐天祜音注。」然後知注中稱「徐天祜曰」者，即注者之自名，非援引他書之語。惟其後又列紹興路儒學學錄留堅、學正陳昺伯、教授梁相、正議大夫紹興路總管提調學校官劉克昌四人，不知序出誰手耳。煜所述雖稍傷曼衍，而詞頗豐蔚，其中如伍尚占甲子之日時加於己，范蠡占戊寅之日時加日出有螣蛇青龍之語，文種占陰畫六、陽畫三，有玄武、天空、天關、天梁、天一、神光諸神名，皆非三代卜筮之法，未免多所附會。至於處女試劍〔三〕、老人化猿〔四〕、公孫聖三呼三應〔五〕之類，尤近小說家言。然自是漢、晉間稗官雜記之體，徐天祜以為不類漢文，是以馬、班史法求之，非其倫也。天祜注於事蹟異同頗有考證，其中如季孫使越、子期私與吳為市之類，雖猶有未及詳辨者。而原書失實之處，能糾正者為多。其旁核眾說，不徇本書，猶有劉孝標注《世說新語》之遺意焉。〔六〕（《四庫全書總目》卷六十六）

【注釋】

〔一〕【作者】陳中凡認為，《吳越春秋》一書並非出自後漢趙曄之手，因為書中「紕繆層見迭出，似絕非出於經師之手，實雜糅民間小說家言」，是「漢、晉間人講述古史並附會民間傳說的一種說部」。（文載《文學遺產增刊》第七輯）

〔二〕【楊方撰《吳越春秋削繁》】王芑孫云：「《吳越春秋》一書當為晉楊方所更撰。而世以歸之趙煜者，獨據《隋志》及馬貴與《經籍考》耳。今是書參錯小說家言，其文筆不類漢人，或竟出楊方之手。煜書傳不傳未可知。《晉史》明言方書行世，《晉史》修於唐，則唐世尚存，安知非即是書而後人誤題為趙作耶？」（王欣夫《蛾術軒篋存善本書錄》第 1204 頁）

〔三〕〔四〕【史源】趙曄《吳越春秋》卷五「句踐陰謀外傳第九」。

〔五〕【史源】《吳越春秋》卷三「夫差內傳第五」。

〔六〕【整理與研究】周生春教授撰《吳越春秋輯校匯考》（上海古籍出版社 1997 年版），張覺教授撰《吳越春秋校證注疏》（知識產權出版社 2014 年版、嶽麓書社 2020 年增訂本），漢趙曄撰、元徐天祜音注《元本吳越春秋》（國家圖書館出版社 2020 年版）。

100. 越絕書十五卷

不著撰人名氏。書中《吳地傳》稱句踐徙琅琊，到建武二十八年（52），凡五百六十七年，則後漢初人也。書末《敘外傳記》以廋詞隱其姓名，其云「以去為姓，得衣乃成」，是「袁」字也；「厥名有米，覆之以庚」，是「康」字也；「禹來東征，死葬其疆」，是會稽人也。又云「文詞屬定，自於邦賢，以口為姓，承之以天」，是「吳」字也；「楚相屈原，與之同名」，是「平」字也。

然則此書為會稽袁康所作，郡吳平所定也〔一〕。王充《論衡．按書篇》曰：「東番鄒伯奇、臨淮袁太伯、袁文術、會稽吳君高、周長生之輩，位雖不至公卿，誠能知之囊橐，文雅之英雄也。觀伯奇之《玄思》、太伯之《易童句》、按：童疑作章。〔二〕文術之《箴銘》、君高之《越紐錄》、長生之《洞曆》，劉子政、揚子雲不能過也。」所謂吳君高，殆即平字。所謂《越紐錄》，殆即此書歟？楊慎《丹鉛錄》〔三〕、胡侍《珍珠船》、田藝蘅《留青日札》皆有是說，覈其文義，一一吻合。隋、唐《志》皆云子貢作，非其實矣。

其文縱橫曼衍，與《吳越春秋》相類，而博麗奧衍則過之。中如計倪、內經、軍氣之類，多雜術數家言，皆漢人專門之學，非後來所能依託也〔四〕。此本與《吳越春秋》皆大德丙午（1306）紹興路所刊，卷末一跋，諸本所無，惟申明復仇之義，不著姓名，詳其詞意，或南宋人所題耶？鄭明選《秕言》引《文選》「七命」注引《越絕書》「大翼一艘十丈，中翼九丈六尺，小翼九丈」。又稱王鏊《震澤長語》引《越絕書》風起震方云云，謂今本皆無此語，疑更有全書，惜未之見。按：《崇文總目》稱《越絕書》舊有內記八，外傳十七，今文題闕舛，裁二十篇。是此書在北宋之初已佚五篇。《選注》所引蓋佚篇之文，王鏊所稱，亦他書所引佚篇之文，以為此本之外更有全書，則明選誤矣。〔五〕

別有《續越絕書》二卷，上卷曰內傳本事、吳內傳、德序記、子游內經外傳、越絕後語、西施、鄭旦外傳。下卷曰越外傳、雜事別傳、變越上別傳、變越下經、內雅琴考、序傳、後記。朱彝尊《經義考》謂為錢麲偽撰，詭云得之石匣中。麲與彝尊友善，所言當實，今未見傳本，其偽妄亦不待辨。以其續此書而作，又即託於撰此書之人，恐其幸而或傳久且亂真，又恐其或不能傳，而好異者耳聞其說，且疑此書之真有續編，故附訂其偽於此，釋來者之惑焉。（《四庫全書總目》卷六十六）

【注釋】

〔一〕【作者研究】李步嘉先生認為，《越絕書》成書當在東漢末年袁術佔據淮南之時，並經過三國時期的增補改編，最後定型於西晉初年。其作者當為袁術身邊之人。「袁康」、「吳平」係隱語，真實作者不明。（《越絕書研究》第 302～305 頁）張仲清《越絕書作者考辨》認為，宋代以後《越絕書》作者為子貢（或子胥）的傳統說法得到了質疑，明代楊慎用析隱語法定為東漢袁康、吳平，清欽定《四庫全書》襲楊慎之說，似乎成為定論，但質疑之聲不絕。《篇敘外傳記》的最後一段所謂的隱語文字可能是宋代以後文人所加，《越絕書》「成非一人」。(《紹興文理學院學報》2005 年第 4 期)喬治忠《越絕書成書年代與作者問題的重新考辨》認為，關於《越絕書》的成書年代與作者，歷代研究者眾說紛紜，迄今莫衷一是。解決這一問題，須認清本書撰於《吳越春秋》之後，起因是試圖抵消《吳越春秋》貶抑越王句踐的影響。在此認識的基礎上，確切解讀《越絕書・篇敘外傳記》的隱語和文義，可辨明作者是袁康、吳平相繼牽頭的一個群體，成員為會稽當地懷有鄉土情結的人士。吳平「年加申酉，懷道而終」，透露出他乃臥病、逝世於漢安帝庚申、辛酉兩年，此間編纂工作大體完成。其弟子繼而於一、二年間撰成《篇敘外傳記》，全書告竣。至此相關疑問皆可化解，其他不同說法不能成立。(《學術月刊》2013 年第 11 期)

〔二〕【校勘】「章」字是。《論衡》卷二十九《案書篇》正作「太伯之《易章句》」。

〔三〕【史源】《升菴集》卷十《越絕當作越紐跋》。

〔四〕【越絕書】為東漢時人所編定，內容以春秋戰國之間越國之事為主，其中保存戰國以來之舊文甚多，非如《吳越春秋》之多經後人編寫者。所謂「以石為兵」、「以玉為兵」、「以銅為兵」、「作鐵兵」，以石、玉、銅、鐵四種兵器作為劃分時代的標誌。這與近代考古學將原始人類文化分為舊石器時代、新石器時代、銅器時代和鐵器時代四個時期的結論脗合。(詳見王樹民《中國史學史綱要》到 34～35 頁)

〔五〕【整理與研究】張宗祥校注《越絕書》(商務印書館 1956 年版)，楊家駱撰《景越絕書校注稿本》(世界書局 1981 年版)，張仲清撰《越絕書校注》(國家圖書館出版社 2009 年版)。李步嘉先生撰《越絕書校釋》(武漢大學出版 1992 社年版、中華書局 2013 年版)、《越絕書研究》(上海古籍出版社 2003 年版)，均為傳世之作。

101. 華陽國志十二卷附錄一卷

晉常璩撰。璩字道將。江原(今四川崇慶)人。李勢時官至散騎常侍。《晉書》載勸勢降桓溫者即璩，蓋亦譙周之流也。

《隋書・經籍志》霸史類中載璩撰《漢之書》〔一〕十卷、《華陽國志》十二卷。《漢之書》，《唐志》尚著錄，今已久佚，惟《華陽國志》存，卷數與《隋志》《舊唐志》相合，《新唐志》作十三卷，疑傳寫誤也。

其書所述始於開闢，終於永和三年（138）。首為《巴志》，次《漢中志》，次《蜀志》，次《南中志》，次《公孫劉二牧志》，次《劉先主志》，次《劉後主志》，次《大同志》，大同者，紀漢晉平蜀之後事也。次《李特雄期壽勢志》，次《先賢士女總贊論》，次《後賢志》，次《序志》，次《三州士女目錄》。

宋元豐中，呂大防嘗刻於成都，大防自為之序。又有嘉泰甲子（1204）李垕序，稱呂刻元闕，觀者莫曉所謂，嘗博訪善本以證其誤，而莫之或得，因摭兩漢史、陳壽《蜀書》《益部耆舊傳》，互相參訂，以決所疑。凡一事而前後失序、本末舛迕者，則考正之；一意而詞旨重複、句讀錯雜者，則刊而去之。又第九卷末有垕附記，稱《李勢志》傳寫脫漏，續成以補其闕，則是書又於殘闕之餘，李垕為之補綴竄易，非盡璩之舊矣。垕刻本世亦不傳。今所傳者惟影寫本，又有何鏜《漢魏叢書》、吳琯《古今逸史》及明何宇度所刊三本。何、吳二家之本，多張佳胤〔二〕所補《江原常氏士女志》一卷，而佚去蜀中士女以下至犍為士女共二卷，蓋垕本第十卷分上、中、下，鏜等僅刻其下卷也。又惟《後賢志》中二十人有贊，其餘並闕。垕本則蜀郡、廣漢、犍為〔三〕、漢中、梓潼女士一百九十四人各有贊，宇度本亦同。蓋明人刻書好以意為刊削，新本既行，舊本漸泯，原書遂不可覯。宇度之本從垕本錄出，此二卷偶存，亦天幸也！

惟垕本以《序志》置於末，而宇度本陞於簡端。考垕序稱，首述巴中、南中之風土，次列公孫述、劉二牧、蜀二主之興廢，及晉太康之混一，以迄於特、雄、壽、勢之僭竊，以《西漢以來先後賢人梁益寧三州士女總贊》《序志》終焉。則《序志》在後，宇度不知古例，始誤移之。又《總贊》相續成文，垕序亦與序志並稱，宜別為一篇，而垕本亦割冠各傳之首，殊不可解。殆如毛公之移《詩序》，李鼎祚之分《序卦傳》乎？今姑從垕本錄之，而附著其改竄之非如右。其張佳胤所續常氏士女十九人，亦並從何鏜、吳琯二本錄入，以補璩之遺焉。〔四〕（《四庫全書總目》卷六十六）

【注釋】

〔一〕【漢之書】一稱《蜀李書》，專記成漢各君之事。

〔二〕【張佳胤】字肖甫，銅梁人。嘉靖二十九年進士。事蹟具《明史》卷二百二十二。

〔三〕【犍為】古郡名，漢置，治所在今四川省宜賓市，屬益州。今為四川省縣名，屬樂山市。

〔四〕【整理與研究】本書是古代地方性的史書中比較完整的一部，其中有許多史料為一般史書所未載。現在最佳參考書為任乃強先生的《華陽國志校補圖注》（上海古籍出版社 1982 年版）。劉重來等主編《華陽國志研究》（巴蜀書社 2008 年版），李勇先、高志剛主編《華陽國志珍本彙刊》（成都時代出版社 2014 年版，書末附有《百年〈華陽國志〉研究論著目錄》），李勇先、高志剛主編《華陽國志珍本彙刊續編》（國家圖書館出版社 2018 年版）。影印《明本華陽國志》（國家圖書館出版社 2018 年版）。汪啟明撰《華陽國志譯注》（四川大學出版社 2013 年版），劉琳撰《華陽國志新校注》（四川大學出版社 2015 年版）。

102. **蠻書十卷**

唐樊綽撰。

《新唐書・藝文志》著於錄，《宋史・藝文志》則有綽所撰《雲南志》十卷，而不稱《蠻書》。《永樂大典》又題作《雲南史記》，名目錯異。今考司馬光《通鑒考異》、程大昌《禹貢圖》、蔡沈《書集傳》所引《蠻書》之文，並與是編相同，則《新唐書志》為可信。惟《志》稱綽為嶺南西道節度使蔡襲從事，而《通鑒》載襲實官安南經略使，與綽所紀較合，則《新書》失考也。

綽成此書在懿宗咸通初書中，多自稱臣，又稱錄六詔始末纂成十卷於安南郡州江口，附張守忠進獻，蓋當時嘗以奏御者。交州境接南詔，綽為幕僚，親見蠻事，故於六詔種族風俗、山川道里及前後措置始末，撰次極詳，實輿志中最古之本。宋祁作《新史・南蠻傳》，司馬光《通鑒》載南詔事，多採用之。程大昌等復引所述蘭滄江以證華陽黑水之說，蓋宋時甚重其書。〔一〕

而自明以來，流傳遂絕，雖博雅如楊慎，亦稱綽所撰為有錄無書，則其亡佚固已久矣。今此本因錄入《永樂大典》，僅存文字已多斷爛，不盡可讀，又世無別本可校。考洪武中程本立作《雲南西行記》，稱麗江通守張翥出示樊綽《雲南志》，字多謬誤，則當時已然。謹以諸書參考旁證，正其訛脫，而姑闕不可通者，各加案語於下方，釐為十卷，仍依《新唐書志》題曰《蠻書》，從其朔也。〔二〕（《四庫全書總目》卷六十六）

【注釋】

〔一〕此書是關於唐代雲南境內南詔等少數民族地區最有系統的記載，其史料價值甚高，如貞元十年（794）南詔王異牟尋與唐之會盟碑，為唐與南詔和好的重要標識，盟文即具載於《蠻書》卷十。張濤《再論〈蠻書〉的價值》認為，此書詳細地記述了唐代的傣族社會，介紹了當時傣族的分布區域和生產發展情況，具有極為重要的史料價值。(《今日科苑》2011 年第 10 期）今按，據楊武泉考證，「蘭滄江」為「麗水」之誤（《四庫全書總目辨誤》第 85 頁）。

〔二〕【整理與研究】向達撰《蠻書校注》（中華書局 1962 年版、2018 年版），卜紹先譯《蠻書英譯（*Manshurecordsofthemanpeople*）》（雲南大學出版社 2018 年版）。

103. 南唐書三十卷

宋馬令撰。令，宜興（今屬江蘇無錫市）人。

陳振孫《書錄解題》載令《自序》，稱：「其祖太博元康，世家金陵，多知南唐故事，未及撰次，今纘先志，而成之實崇寧乙酉（1105）（云云）。」則令乃北宋末人。此本不載令《自序》，蓋偶佚也。元趙世延所作《陸游重修南唐書序》稱：「馬元康、胡恢等迭有所述，今復罕見。」竟以為令祖元康所作，殆當時未睹其本，故傳聞致誤歟？〔一〕

其書首為《先主書》一卷，《嗣主書》三卷，《後主書》一卷，蓋用《蜀志》稱主之例；次《女憲傳》一卷，列后妃公主，而附錄列女二人；次《宗室傳》一卷，列楚王景遷等十二人，而從度、從信二人有錄無書；次《義養傳》一卷，列徐溫〔二〕及其子六人，附錄二人；次為列傳四卷；次《儒者傳》二卷；次《隱者〔三〕傳》一卷；次《義死傳》二卷；次《廉隅傳》，次《苛政傳》，共二卷。次《誅死傳》一卷。次《黨與傳》二卷；次《歸明傳》二卷；次《方術傳》一卷、《談諧傳》一卷，皆優人也，而附以迂儒彭利用；次《浮屠傳》，次《妖賊傳》共一卷，次《叛臣傳》一卷；次《滅國傳》二卷，閩王氏、楚馬氏也；次《建國譜》，次《世系譜》，共一卷。《建國譜》者，即地理志；《世系譜》者，敘李氏所自出也。

每序贊之首，必以「嗚呼」發端，蓋欲規仿《五代史記》，頗類效顰。於詩話、小說不能割愛，亦不免蕪雜瑣碎，自穢其書。又如《建國譜》之敘地理，僅有軍、州而無縣，則省不當省；《世系譜》不過出自唐吳王恪，於《先主書》首一句可畢，而復述於唐書以前，尤繁不當繁，亦乖史體，均不及陸游重修之本。然椎輪之始，令亦有功，且書法亦謹嚴不苟。故今從新、舊《唐書》之例，並收錄焉。〔四〕（《四庫全書總目》卷六十六）

【注釋】

〔一〕【版本】此書有《四部叢刊》翻明本。張元濟跋云：「馬令《南唐書》，單刻本不易得。」（《張元濟古籍書目序跋彙編》第 893 頁）

〔二〕【徐溫】(862～927)，字敦美，唐末五代海州（今連雲港）人。足智多謀，屢見戰功。

〔三〕【隱者】自古隱者多為帶性負氣之人。氣不得平，歸隱山林。「上士得道於三軍，中士得道於都市，下士得道於山林。」（《抱朴子》語）

〔四〕【整理與研究】張剛、孫萬潔《馬令〈南唐書〉述評》認為，《南唐書》取材廣泛、體例有所創新、史事及人物評論較為客觀公允，具有重要的史學價值。

104. 南唐書十八卷音釋一卷

宋陸游（1125～1210）撰。游有《入蜀記》，已著錄。

宋初撰錄南唐事者凡六家，大抵簡略。其後撰《南唐書》者三家，胡恢、馬令及游也。恢書傳本甚稀，王士禎《池北偶談》記明御史李應升之叔有之〔一〕，今未之見。惟馬令書與遊書盛傳，而游書尤簡核有法。元天曆初，金陵戚光為之音釋，而博士程塾等校刊之，趙世延為序。錢曾《讀書敏求記》稱，舊本遵《史》《漢》體，首行書「某紀某傳卷第幾」，而注《南唐書》於下。王士禎《古夫于亭雜錄》又稱其門人大名成文昭，寄以宋槧本，凡十五卷，與今刻十八卷編次小異〔二〕。今其本均不可見，所行者惟毛晉汲古閣本〔三〕，刻附《渭南集》後者，已改其體例，析其卷數矣。南唐元宗於周顯德五年（958）即去帝號，稱江南國主，胡恢從《晉書》之例，題曰「載記」，不為無理。

游乃於烈祖、元宗、後主皆稱「本紀」，且於烈祖論中引蘇頌之言，以《史記》秦莊襄王、項羽本紀為例，深斥胡恢之非。考劉知幾《史通・本紀篇》嘗謂姬自后稷至於西伯，嬴自伯翳至於莊襄，爵乃諸侯，而名隸本紀。又稱項羽僭盜而死，未得成君，假使羽竊帝名，正可抑同群盜，況其名曰「西楚」，號止「霸王」，諸侯而稱本紀，循名責實，再三乖謬。則司馬遷之失，前人已深排之。游乃引以藉口，謬矣！得非以南渡偏安，事勢相近，有所左袒於其間乎？他如后妃、諸王傳置之群臣之後，雜藝、方士傳列於忠義之前，揆以體例，亦為未允。讀其書者，取其敘述之簡潔可也。〔四〕（《四庫全書總目》卷六十六）

【注釋】

〔一〕【史源】王士禛《池北偶談》卷十九「胡恢書」條：「《南唐書》，今止傳陸游、馬令二本，胡恢書久不傳，惟江陰赤岸李氏有之。李即忠毅公應昇之叔，忘其名矣。按：恢，金陵人，《夢溪筆談》稱恢博物強記，善篆隸。韓魏公當國，恢獻詩云：『建業關山千里遠，長安風雪一家寒。』公憐之，令篆太學石經，官華州推官而卒。」

〔二〕【史源】王士禛《古夫于亭雜錄》卷二：「大名門人成文昭，字周卜，相國曾孫也，寄陸務觀《南唐書》宋槧本也，凡十五卷，與今刻十八卷緇次小異。前有陸友私印、陸友仁印、燕處超然小印。」

〔三〕【版本】此書有《四部叢刊》本。張元濟跋云：「陸氏《南唐書》，《四庫提要》引錢曾……是本亦毛氏舊藏。」（《張元濟古籍書目序跋彙編》第894頁）

〔四〕【整理與研究】周雪客撰《南唐書箋注》十八卷，嘉業堂刊本不精；《卷盦書跋》著錄《涵芬樓燼餘書錄》底稿本。

105. 三輔黃圖六卷

不著撰人名氏。

晁公武《讀書志》據所引劉昭《續漢志注》，定為梁、陳間人作〔一〕。程大昌《雍錄》〔二〕則謂晉灼所引《黃圖》，多不見於今本，而今本漸臺、彪池、高廟、元始祭社稷儀皆明引舊圖，知非晉灼之所見。又據改槐里為興平，事在至德二載（757），知為唐肅宗（711～762，公元756～762年在位）以後人作。其說較公武〔三〕為有據。此本惟「高廟」一條不引舊圖，「滄池」一條引舊圖，而大昌未及，其餘三條並同。蓋即大昌所見之本，偶誤滄池為高廟也。

其書皆記長安古蹟，間及周代靈臺、靈囿諸事，然以漢為主。亦間及河間日華宮、梁曜華宮諸事，而以京師為主，故稱《三輔黃圖》。三輔者，顏師古《漢書》注，謂長安以東為京兆，以北為左馮翊，渭城以西為右扶風也。所紀宮殿苑囿之制，條分縷析，至為詳備，考古者恒所取資。惟兼採《西京雜記》《漢武故事》諸偽書，《洞冥記》《拾遺記》諸雜說，愛博嗜奇，轉失精覈，不免為白璧微瑕耳。〔四〕（《四庫全書總目》卷六十八）

【注釋】

〔一〕【史源】《郡齋讀書志》卷八。按孫星衍《三輔黃圖新校正序》：「《三輔黃圖》一卷，始見於《隋・經籍志》，不著撰人名氏。如淳、晉灼注《漢書》多引其

文，劉昭注《郡國志》引《黃圖》云……則為漢末人所著。」(《問字堂集·岱南閣集》第49～51頁，中華書局1996年版)

今按，此書有《四部叢刊》影元本，張元濟跋云：「此為六卷本，雜用晉以後書，並顏師古說，畢秋帆定為唐世好事者所輯，又以《漸臺》《高廟》二條，無舊圖之文，與程大昌所見不同，疑此亦非宋舊。」(《張元濟古籍書目序跋彙編》第940頁)

〔二〕【史源】程大昌《雍錄》卷一「三輔黃圖」條。

〔三〕【公武】應為陳振孫。

〔四〕【整理與研究】陳直先生撰《三輔黃圖校證》(陝西人民出版社1980年版)，何清谷撰《三輔黃圖校釋》(中華書局2005年版、2020年版)、《三輔黃圖校注》(三秦出版社2006年版)。影印《元本三輔黃圖》(國家圖書館出版社2018年版)。今按，《三輔黃圖》專記秦漢都城的建設，而以漢都長安為主。所載長安城及其周圍的布局、宮殿、館閣、苑囿、池沼、臺榭、府庫、倉廩、橋樑、文化設施、禮制建築等，條分縷析，最為詳備。它是研究古代都城，特別是研究漢都長安最重要的歷史文獻。《三輔黃圖》，又名《西京黃圖》，簡稱《黃圖》，不著作者姓名。初本成書的時間，宋聯奎序斷「為後漢人撰」；孫星衍序斷為「漢末人撰」；苗昌言題詞定為「漢魏間人所作」；晁公武《郡齋讀書志》，「定為梁陳間人作」；陳直認為「原書應成於東漢末，曹魏初期」。各說雖有不同，但都以如淳、晉灼、劉昭注書已引《黃圖》為據。這個根據當然是很確鑿的，三位注釋家既已引此書作注，足證在他們的時代此書已問世了。從今本用唐地名的時限看，歧州唐肅宗至德元年廢，興平縣至德二年置，新舊交替的地名在肅宗時，據此推定今本似成書於唐肅宗時代(公元756～761)。按唐代的歷史分段，從唐玄宗開元，歷經肅宗至代宗大曆，劃為盛唐，今本似成書於盛唐時期。(參見何清谷《三輔黃圖的成書及其版本》，《文博》1990年第2期)

106. 元和郡縣志四十卷

唐李吉甫(758～814)撰。吉甫字弘憲，趙州(今屬河北)人。御史大夫棲筠之子，以廕補左司禦率府倉曹參軍。貞元初，為太常博士，官至中書侍郎、同中書門下平章事。卒諡忠懿。事蹟具《唐書》本傳。

是書據宋洪邁跋，稱為元和八年（813）所上。然書中更置宥州（今屬內蒙古）一條，乃在元和九年（814）。蓋其事為吉甫所經畫，故書成之後，又自續入之也。前有吉甫原序，稱起京兆府，盡隴右道，凡四十七鎮，成四十卷，每鎮皆圖在篇首，冠於敘事之前，並目錄兩卷，共成四十二卷，故名曰《元和郡縣圖志》。後有淳熙二年（1175）程大昌跋，稱圖至今已亡，獨志存焉。故《書錄解題》惟稱《元和郡縣志》四十卷。此本又闕第十九卷、二十卷、二十三卷、二十四卷、二十六卷、三十六卷，其第十八卷則闕其半，二十五卷亦闕二頁，又非宋本之舊矣。篇目斷續，頗難尋檢。考《水經注》本四十卷，至宋代佚其五卷，故水名闕二十有一。南宋刊版，仍均配為四十卷，使相聯屬。今用其例，亦重編為四十卷，以便循覽。仍注其所闕於卷中，以存舊第。其書《唐志》作五十四卷，證以吉甫之原序，蓋《志》之誤。

又按《唐六典》及新舊《唐書・地理志》，貞觀初，分天下為十道：一、關內道〔一〕，二、河南道〔二〕，三、河東道〔三〕，四、河北道〔四〕，五、山南道〔五〕，六、隴右道〔六〕，七、淮南道〔七〕，八、江南道〔八〕，九、劍南道〔九〕，十、嶺南道〔十〕。此書移隴右為第十，殆以中葉後陷沒吐蕃〔十一〕，故退以為殿。至淮南一道在今本闕卷之中。以《唐志》淮南道所屬諸州考之，今本河南道內有所屬申、光二州，列蔡州之後，江南道內有所屬之蘄、黃、安三州，列鄂、沔二州之後，似乎傳寫之錯簡。然考《唐書・方鎮表》，大曆十四年（779）淮西節度使復治蔡州，尋更號申光蔡節度使。又永泰元年（765），蘄、黃二州隸鄂岳節度，升鄂州都團練使為觀察使，增領岳、蘄、黃三州。元和元年（806），升鄂州觀察使為武昌軍（今湖北武昌）節度使，增領安、黃二州。則申州（今河南信陽）、光州（今河南光山）嘗由淮南道割隸河南道，蘄州（今湖北蘄春）、安州（今湖北安陸）、黃州（今湖北新洲）亦嘗由淮南道割隸江南道。《唐志》偶失移並，非今本錯亂也。

輿記圖經，隋、唐《志》所著錄者，率散佚無存。其傳於今者，惟此書為最古〔十二〕，其體例亦為最善。後來雖遞相損益，無能出其範圍。今錄以冠地理總志之首，著諸家祖述之所自焉。（《四庫全書總目》卷六十八）

【注釋】

〔一〕**【關內道】**治長安。轄境約當今陝西秦嶺以北，黃河、內蒙古呼和浩特以西，陰山以南，寧夏賀蘭山、甘肅祖厲河以東地區。即古雍州。

〔二〕【河南道】治汴州。轄境約當今山東、河南黃河故道以南，江蘇、安徽兩省淮河以北地區。即古、豫、兗、青、徐州。

〔三〕【河東道】治蒲州。轄境約當今山西全境，河北西北內外長城間，內蒙古集寧以南地區。即古冀州。

〔四〕【河北道】治魏州。轄境約當今北京、天津兩市，河北、遼寧兩省大部，山東、河南古黃河以北地區。即古幽、冀二州。

〔五〕【山南道】治襄州。轄境約當今嘉陵江以東，陝西秦嶺、甘肅嶓冢山以南，河南伏牛山西南，重慶至湖南岳陽之間長江以北地區。即古荊、梁二州。

〔六〕【隴右道】治鄯州。轄境約當今甘肅隴山、六盤山以西，青海以東，新疆東部地區。即古雍、梁二州。

〔七〕【淮南道】治揚州。轄境約當今淮河以南，長江以北，湖北廣水、應城、漢川以東至海。即古揚州。

〔八〕【江南道】治蘇州。轄境約當今浙江、福建、江西、湖南等省，江蘇、安徽、湖北、四川的長江以南，貴州東北部地區。即古揚州的南部。

〔九〕【劍南道】治益州。轄境約當今四川涪江流域以西，大渡河、雅礱江下游以東，雲南瀾滄江、哀牢山以東，曲江、南盤江以北及貴州水城、普安以西，甘肅文縣一帶的地區。即古梁州。

〔十〕【嶺南道】治廣州。轄境約當今廣東、廣西兩省大部和越南北部地區。即古揚州的南部。

〔十一〕【吐蕃】古族名、政權名。即今西藏。

〔十二〕【整理與研究】此書初刊於南宋淳熙三年（1176），今已失傳。今傳本主要有武英殿本（1773）、《岱南閣叢書》本（1796）、金陵叢書本（1880）。1983 年中華書局出版賀次君校點本。清龐鴻書撰《元和郡縣圖志闕卷逸文正誤》三卷、《元和郡縣志補四十七鎮圖說》《元和郡縣志校勘記》一卷（《蛾術軒篋存善本書錄》第 115～117 頁）。

107. 太平寰宇記一百九十三卷

宋樂史〔一〕（930～1007）撰。史有《廣卓異記》，已著錄。

宋太宗時，始平閩、越並北漢，史因合輿圖所隸，考尋始末，條分件繫，以成此書。始於東京，迄於四裔。然是時幽、媯、營、檀等十六州，晉所割以賂遼者，實未入版章。史乃因賈耽《十道志》、李吉甫《元和郡縣志》之舊，

概列其名。蓋太宗置封樁庫，冀復燕雲，終身未嘗少置。史亦預探其志，載之於篇，非無所因而漫錄也。〔二〕

史進書序譏賈耽、李吉甫為漏闕，故其書採摭繁富，惟取賅博。於列朝人物一一併登。至於題詠古蹟，若張祜《金山》詩之類，亦皆並錄。後來方志必列人物、藝文者，其體皆始於史。蓋地理之書，記載至是書而始詳，體例亦自是而大變。然史書雖卷帙浩博，而考據特為精覈，**要不得以末流冗雜追咎濫觴之源矣**。〔三〕

原本二百卷，諸家藏本並多殘闕。惟浙江汪氏進本〔四〕，所闕自一百十三卷至一百十九卷，僅佚七卷〔五〕。又每卷末附校正一頁，不知何人所作。辨析頗詳，較諸本最為精善。今據以著錄。《文獻通考》作《太平寰宇志》，此本標題實作《太平寰宇記》。諸書所引，名亦兩歧。今考史進書原序亦作「記」字，則《通考》為傳寫之誤，不足據也。〔六〕（《四庫全書總目》卷六十八）

【注釋】

〔一〕**【樂史】**字正子，江西宜黃人。事蹟附載《宋史》樂黃中傳。

〔二〕**【考證】**據楊武泉先生考證，創置封樁庫乃宋太祖，而非太宗（《四庫全書總目辨誤》第88～89頁）。

〔三〕**【太平寰宇記跋】**是編稽之國史，多有不合，殆取諸稗官小說者居多，不若《九域志》《輿地記》之簡而有要也。（《曝書亭集》卷四十四）

〔四〕**【版本】**「浙江汪氏進本」即浙江汪啟淑家藏本。

〔五〕**【版本】**此書第四卷實亦亡佚。晚清黎庶昌於此書訪得宋槧殘本，其中江南西道五卷半為國內所無，遂刻於《古逸叢書》中，《叢書集成初編》又據以影印。

〔六〕**【考證】**《皇朝通志》卷一百十一：「宋樂史《太平寰宇記》，《文獻通考》誤作《太平寰宇志》，今據史進書原序校正。」

【整理與研究】陳蘭森撰《太平寰宇記補闕》。張保見撰《樂史〈太平寰宇記〉的文獻價值與地位研究——以引書考索為中心》（四川大學出版社 2016 年版）。

108. 元豐九域志十卷

宋承議郎、知制誥、丹陽王存（1023～1101）等奉敕撰。存字敬仲，丹陽（今屬江蘇鎮江市）人。登進士第，調嘉興主簿，歷官尚書右丞。事蹟具《宋史》本傳。

初，祥符中李宗諤、王曾先後修《九域圖》。至熙寧八年（1075），都官員外郎劉師旦以州縣名號多有改易，奏乞重修。乃命館閣校勘曾肇、光祿丞李德芻刪定，而以存總其事。以舊書名圖而無繪事，請改曰「志」。迄元豐三年（1080）閏九月，書成。此本前有存等進書原序〔一〕，稱國朝以來，州縣廢置與夫鎮戍城堡之名、山澤虞衡之利，前書所略，則謹志之。至於道里廣輪之數，昔人罕得其詳，今則一州之內，首敘州封，次及旁郡，彼此互舉，弗相混淆。總二十三路，京府四〔二〕，次府十，州二百四十二，軍三十七，監四，縣一千二百三十五。釐為十卷。王應麟稱其文見於《曲阜集》〔三〕，蓋曾肇之詞也。

其書始於四京，終於省。廢州、軍及化外羈縻州。凡州縣皆依路分隸。首具赤、畿、望、緊、上、中、下之名，次列地理，次列戶口，次列土貢。每縣下又詳載鄉鎮，而名山大川之目亦並見焉。其於距京距府旁郡交錯四至八到之數，縷析最詳，深得古人辨方經野之意。敘次亦簡潔有法。趙與時《賓退錄》尤稱其「土貢」一門備載貢物之額數，足資考核，為諸志之所不及。〔四〕自序所稱文直事核，洵無愧其言矣。其書最為當世所重。民間又有別本刊行，內多「古蹟」一門。故晁公武《讀書後志》有新舊《九域志》之目〔五〕。此為明毛晉影抄宋刻，乃元豐間經進原本，後藏徐乾學傳是樓中。字畫清朗，訛闕亦少。惟佚其第十卷。〔六〕今以蘇州朱奐家抄本補之，仍首尾完具。

案：張淏《雲谷雜記》稱，南渡後閩中刊書不精，如睦州，宣和中始改嚴州，而新刊《九域志》直改為嚴州〔七〕。今檢此本內睦州之名尚未竄改，則其出於北宋刻本可知。近時馮集梧〔八〕校刊此書，每卷末具列考證，其所據亦此本也。〔九〕（《四庫全書總目》卷六十八）

【注釋】

〔一〕**【史源】**四庫本無進書原序。按朱宋弁《曲洧舊聞》卷五：「《本朝九域志》，自大中祥符六年修定。至熙寧八年，都官員外郎劉師旦言：『自大中祥符至今六十年，州縣有廢置，名號有改易，等第有升降，兼所載古蹟有出於俚俗不經者，乞選有地理學者重修之。』乃命趙彥若、曾肇就秘省置局刪定，今世所刊者是也。崇寧末，詔置局編修，前後所差官不少，然竟不能成。」

〔二〕**【路府】**宋代的路和今天的省區大致相似。最初分全國為十五路，後來分為十八路、二十三路。京府四，指東京、西京、南京、北京。

〔三〕【史源】《玉海》卷十五「熙寧九域志」條。《曲阜集》四卷，宋曾肇（1047～1107）撰。

〔四〕【史源】趙與時《賓退錄》卷十。

〔五〕【考證】晁公武所撰為《郡齋讀書志》，《讀書後志》作者應為趙希弁。語見《讀書後志》卷一。

〔六〕【跋元豐九域志】《九域志》十卷，元豐中丹陽王存正仲被旨，與曾肇、李德芻共撰。曩見宋槧本於崑山徐氏，失四京第一卷，次卷亦多闕文，特府州軍監縣均有古蹟一門。蓋民間流行之書，而此則經進本也。故晁公武《讀書後志》有新舊《九域志》之目。其進表上陳文直筆核，洵不愧乎其言者。宋槧字小而密，斯則格紙軒朗，便於老眼覽觀，極為可喜，抄而插諸架。德芻別有《元豐郡國志》三十卷，圖三卷，載《宋藝文志》。小長蘆八十一老人彝尊手識。（朱彝尊《曝書亭集》卷四十四）

司馬按，此則提要後半暗襲朱跋，而諱其出處。

〔七〕【史源】《雲谷雜記》卷四。

〔八〕【馮集梧】（1754～？），字軒圃，號鷺庭，吳縣（今屬江蘇蘇州市）人。

〔九〕【評論】顧吉辰認為，《元豐九域志》是北宋神宗時期由王存、曾肇、李德芻共同編修的一部地理總志，共十卷。它在歷史地理學史上，佔有相當重要的地位。王應麟《玉海》評價說：「壤地之離合、戶版之登耗，名號之升降，鎮戍城堡之名，山澤虞衡之利，皆著於書。道里廣輪之數，昔人罕得其詳，今一州之內，首敘州封，次及旁郡，彼此互舉，弗相混淆。」（《王存和他的元豐九域志》，《信陽師範學院學報》1989 年第 1 期）

109. 輿地廣記三十八卷

宋歐陽忞撰。晁公武《讀書志》謂實無其人，乃著書者所假託。陳振孫《書錄解題》則以為其書成於政和中。忞，歐陽修從孫，以行名皆連「心」字為據。按此書非觸時忌，何必隱名，疑振孫之說為是。然修，廬陵（今江西吉安）人，而此本有忞自序，乃自稱廣陵。豈廣、廬字形相近，傳寫致訛歟？〔一〕

其書前四卷，先敘歷代疆域，提其綱要。五卷以後，乃列宋郡縣名，體例特為清晰。其前代州邑宋不能有，如燕雲十六州之類者，亦附各道之末，名之曰化外州〔二〕，亦足資考證。雖其時土宇狹隘，不足括輿地之全，而端委詳明，較易尋覽，亦輿記中之佳本也。〔三〕（《四庫全書總目》卷六十八）

【注釋】

〔一〕鄭利鋒《輿地廣記作者歐陽忞新考》認為，歐陽旻或即是歐陽忞，是歐陽修族孫，因在元符三年上書言事入「邪等」籍，自崇寧元年始至靖康元年止，長達二十五年，在政治、出處、仕進、文字著述等方面遭受極大的壓制和打擊，而其《輿地廣記》正是纂成、初刻於此期間。出於對當時政治形勢和自身處境的考慮，便使用了與其時用名同音的「行名」「歐陽忞」作為「假名」來刊行其書。因而，「歐陽忞」或本是歐陽旻的「行名」、譜名，使用「歐陽忞」這一「行名」來題名《輿地廣記》等著作，正是因為當時的社會政治形勢及其入「邪等」籍所受到的種種管控和壓制；當然，其內也有對自身宗族世系行序命名用字的遵從和回歸。所以，「歐陽旻」「歐陽忞」，一是時用名，一是「行名」。之所以如此做，自是歐陽旻在特殊政治處境下的無奈之舉，也是其規避時忌的聰明之法。（《常州大學學報》2019 年第 2 期）

〔二〕【化外州】宋之疆域最狹，歐陽忞《輿地廣記》於所不能有者，別立化外州之名，已為巧飾。（《四庫全書總目》卷六十八《大清一統志》提要）

〔三〕【整理與研究】黃丕烈有士禮居覆宋本，顧千里亦有校本。金陵書局重刊士禮居覆宋本，較原本為佳。王欣夫云：「清代金陵、江、浙諸書局，皆力聘通人任校勘，所謂重刊某本者，往往勝於原本。」影印《宋本輿地廣記》（國家圖書館出版社 2017 年版）。

110. 方輿勝覽七十卷

宋祝穆（？～1255）撰。穆字和甫，建陽（今屬福建南平市）人。《建寧府志》載，穆父康國，從朱子居崇安。穆少名丙，與弟癸同受業於朱子。宰執程元鳳、蔡杭錄所著書以進，除迪功郎，為興化軍涵江書院山長。

是書前有嘉熙己亥（1239）呂午序，蓋成於理宗時。所記分十七路，各繫所屬府、州、軍於下，而以行在所臨安府為首。蓋中原隔絕，久已不入輿圖，所述者惟南渡疆域而已。書中體例，大抵於建置沿革、疆域、道里、田賦、戶口、關塞、險要他志乘所詳者，皆在所略，惟於名勝古蹟，多所臚列。而詩賦序記，所載獨備。〔一〕**蓋為登臨題詠而設，不為考證而設。名為地記，實則類書也**〔二〕。**然採摭頗富，雖無裨於掌故，而有益於文章。**摛藻揆華，恒所引用。故自宋元以來，操觚家不廢其書焉。

考葉盛《水東日記》稱，元絳閔忠詩石刻在康州（今廣東德慶），《方輿勝覽》乃載在封州（今廣東鬱南），又誤以為矼作，亦訛數字，幸真蹟石刻尚存三洲岩中〔三〕。則小小舛誤，亦所不免，要不害其大致之詳贍爾。（《四庫全書總目》卷六十八）

【注釋】

〔一〕【祝穆自序】始予遊諸公間，強予以四六之作，不過依陶公樣，初不能工也。其後稍識戶牖，則酷好編輯郡志，如耆昌歜，予亦自莫曉其癖，所至輒借圖經，積十餘年，方輿風物，收拾略盡，出以諗予友，乃見譏曰：「還如食小魚，所得不償勞。」予憮然自失，益蒐獵古今記序詩文與夫稗官小說之類，摘其要語，以附入之。予友又嗤曰：「天吳與紫鳳，顛倒在短褐。」予復愧其破碎斷續，而首末之不貫也，又益取夫巨篇短章所不可闕者，悉載全文，大書以提其綱，附注以詳其目，至三易稿，而體統粗備，予友亦印可焉。予猶未敢以為然也。既又攜以謁今御史呂公竹坡先生，幸不斥以狂僭，辱為之序，走不足以當也。嗟夫！昔者孔子嘗曰：「為命，裨諶草創之，世叔討論之，行人子羽修飾之，東里子產潤色之。」夫以一命令之出，猶更四賢之手，矧予陋聞謏，見徒以兩耳目之所及，而欲該天下之事事物物，坎蛙窺天，其不量甚矣。雖然，世有揚子雲，必知是編之不苟，豈直為四六設哉！

今按，紫鳳，傳說中的神鳥。亦指衣上鳳鳥花紋。南朝齊謝朓《隋王鼓吹曲・鈞天曲》：「紫鳳來參差，玄鶴起凌亂。」唐杜甫《北征》詩：「天吳及紫鳳，顛倒在裋褐。」

〔二〕【評論】《儀顧堂題跋》卷四《宋槧方輿勝覽跋》：「《提要》謂名為地記，實則類書，誠篤論也。」

〔三〕【史源】《水東日記》卷十四。

111. 大清一統志五百卷

乾隆二十九年（1764）奉敕撰。是書初於乾隆八年（1743）纂輯成書。每省皆先立統部，冠以圖表。首分野，次建置沿革，次形勢，次職官，次戶口，次田賦，次名宦，皆統括一省者也。其諸府及直隸州又各立一表，所屬諸縣繫焉。皆首分野，次建置沿革，次形勢，次風俗，次城池，次學校，次戶口，次田賦，次山川，次古蹟，次關隘，次津梁，次堤堰，次陵墓，次寺觀，次名宦，次人物，次流寓，次列女，次仙釋，次土產。各分二十一門，共成三百四十二卷。而外藩及朝貢諸國，別附錄焉。迨乾隆二十年（1755），天威震疊，平定伊犁，拓地二萬餘里，為自古輿圖所未紀。而府州縣之分併改隸與職官之增減移駐，亦多與舊制異同。乃特詔重修，定為此本。嗣乾隆二十八年（1763），西域愛烏罕、霍罕、啟齊玉蘇、烏爾根齊諸回部，滇南整欠、景海諸土目，咸相繼內附。乾隆四十年（1775），又討定兩金川，開屯列戍，益廣輻員。因並載入簡編，以昭大同之盛軌。蓋版圖廓於前，而搜羅彌博；門目仍其舊，而體例加詳。一展卷而九州之砥屬、八極之會同，皆可得諸指掌間矣。

昔唐分天下為十道，隴右道本居第六，李吉甫《元和郡縣志》乃退列為第十，以其地已陷沒吐蕃故也。宋之疆域最狹，歐陽忞《輿地廣記》於所不能有者，別立化外州之名，已為巧飾。至祝穆《方輿勝覽》則並淮北亦不及一字矣。蓋衰弱之朝，土宇日蹙，故記載不得不日減。聖明之世昄章日擴，故編摩亦不得不日增。今志距詔修舊志之時僅數十載，而職方所隸已非舊志所能該。威德遐宣，響從景附，茲其明驗矣。虞舜益地之圖，區九州為十二，又何足與昭代比隆哉！〔一〕（《四庫全書總目》卷六十八）

【注釋】

〔一〕【版本】此書有《四部叢刊》本，張元濟跋云：「清代第三修《一統志》，斷至嘉慶二十五年，視乾隆重修本加詳，道光二十二年進呈後，迄未刊布。史館存寫本全部五百六十二卷……展卷以觀，我國家全盛之時，如朝鮮、如琉球、如暹羅、如越南、如緬甸，何一非朝貢於我者，今猶有存焉者乎？」（《張元濟古籍書目序跋彙編》第896～897頁）

【整理與研究】王大文撰《文獻編纂與「大一統」觀念：〈大清一統志〉研究》（方志出版社2016年版）。按，此書在學界已有相關研究成果基礎上，充分利用中國第一歷史檔案館、臺北歷史語言研究所等處所藏檔案，並結合已經出版的清代檔案、方志、文集等文獻，系統考辨了三部《大清一統志》的纂修過程、纂修機構和纂修人員，深入分析了三部志書的類目、材料來源和版本差異，詳晰探討了《大清一統志》在國內外的流傳及其影響。以歷史地理學、思想史、書籍史等多重分析框架詮釋《大清一統志》所蘊含的思想內容，透視《大清一統志》與清前中期政治社會、思想文化的關係，揭示其中所反映的「大一統」觀念及其流風餘韻。

112. 吳郡圖經續記三卷

宋朱長文（1041～1098）撰。長文字伯原，蘇州人。未冠，登進士乙科。以足疾，不仕。後以蘇軾薦，充本州教授。召為太常博士，遷秘書省正字、樞密院編修。〔一〕

書成於元豐七年（1084）。上卷分封域、城邑、戶口、坊市、物產、風俗、門名、學校、州宅、南園、倉務、海道、亭館、牧守、人物十五門，中卷分橋樑、祠廟、宮觀、寺院、山水六門，下卷分治水、往蹟、園第、冢墓、碑碣、事志、雜錄七門。徵引博而敘述簡，文章爾雅，猶有古人之風。首有長文自序一過〔二〕，末有後序四篇〔三〕：一為元祐元年（1086）常安民作，一為元祐七年（1092）林慮作，一為元符二年（1099）祝安上作，一為紹興四年（1134）孫祐作。

州郡志書，五代以前無聞。北宋以來，未有古於《長安志》及是記者矣。朱彝尊跋《咸淳臨安志》，歷數南北宋地志，不及是記，知彝尊未見其書，為希覯之本也。〔四〕

長文自序稱古今文章別為《吳門總集》。書中亦屢言某文見《總集》，今其書已不傳，是記亦幸而僅存耳。（《四庫全書總目》卷六十八）

【注釋】

〔一〕**【作者研究】**朱長文精於書法音樂，著有《樂圃餘稿》十卷、《墨池編》六卷、《琴史》六卷。張景修所撰《樂圃墓誌銘》中記載：「擢嘉祐四年進士第。」由此可知朱長文登進士當在嘉祐四年（1059））。再上溯十九歲，可知朱長文生於康定五年（1041）。在登進士之前，據墓誌載，朱長文曾從當時的著名學者孫復學《春秋》。朱長文進士及第後，據墓誌載，「吏部限年，未即用」。由於朱長文年紀尚幼，根據當時有關規定，沒有立即授予官職。隨後，他就回到其父任知州的彭州。墓誌云：「時光祿公守彭，先生不俟宴歸，州人榮之。」長文之父公綽，字成之，天聖八年進士。據朱長文撰《朱氏世譜》記載：「少從范文正公為高弟，以辭章魁冠士林。」「仕至光祿寺卿，歷彭州、廣濟軍、舒州太守」。據《琴史》卷首《樂圃事略》記載，朱長文任蘇州州學教授，「歷五考，召為太學博士，著釋間以見意。紹聖間，改宣德郎，除秘書省正字，兼樞密院編修文字」。在《樂圃餘稿》中，收有朱長文《謝除秘書省正字啟》。朱長文任秘書省正字不久，就因病去世了。墓誌載：「明年，樞密曾公、林公薦兼尚書局，未期月，以疾終於家。命夫！實元符元年二月十七日丙申也，享年六十。家徒四壁，大臣以聞，賜縑百。喪歸，吳人迎於境上，行路為之流涕。」關於宋哲宗賜絹之事，《續資治通鑒長編》卷四九五元符元年三月戊午條載：「詔以宣德郎、正字朱長文卒，賜其家絹百匹。」據墓誌記載，元符元年六月乙酉，朱長文葬於吳縣至德鄉南峰山之西的先人墳塋。朱長文著述頗富，墓誌載：「著書三百卷，六經皆有辯說，《樂圃》有集，《琴臺》有志，《吳郡圖經》有《續記》，作詩雅訓，得古風及類古今章句，為《吳門總集》，以備史館採錄。善書，有顏魯公體。藏碑刻自周穆王始，至於本朝諸名公帖皆有之，作《墨池》《閱古》二編。嘗謂書畫事昔人猶多編述，而琴獨未備，元豐中作《琴史》」。（王瑞來《〈吳郡圖經續記〉考述》，《蘇州大學學報》1988年第4期）

〔二〕【朱長文自序】方志之學，先儒所重。故朱贛風俗之條，顧野王輿地之記，賈躭十道之錄，稱於前史。蓋聖賢不出戶，知天下，矧居是邦，而可懵於古今哉！按《唐六典》，職方氏掌天下之地圖，凡地圖命郡府三年一造，與版籍偕上省。聖朝因之，有閏年之制。蓋城邑有遷改，政事有損益，戶口有登降，不可以不察也。（下略）

〔三〕【後序】四篇均已收入四庫本卷末。

〔四〕【整理與研究】何焯、薄啟源有校本，詳見《蛾術軒篋存善本書錄》第922～924頁。

113. 乾道臨安志三卷

宋周淙（？～1175）撰。淙字彥廣，湖州長興人。〔一〕

乾道五年（1169）以右文殿修撰知臨安府，創為此志。原本凡十五卷，見《宋史・藝文志》。其後淳祐間施鍔、咸淳間潛說友歷事編纂，皆有成書。今惟潛志尚存抄帙，周、施二志世已無傳。

此本為杭州孫仰曾家所藏宋槧本。卷首但題作《臨安志》。而中間稱高宗為光堯太上皇帝，稱孝宗為今上，紀牧守至淙而止，其為《乾道志》無疑。惟自第四卷以下俱已闕佚，所存者僅什之一二，為可惜耳。

第一卷紀宮闕官署，題曰「行在所」，以別於郡志。體例最善，後潛志實遵用之。二卷分沿革、星野、風俗、州境、城社、戶口、廨舍、學校、科舉、軍營、坊市、界分、橋樑、物產、土貢、稅賦、倉場、館驛等諸子目，而以亭、臺、樓、觀、閣、軒附其後。敘錄簡括，深有體要。三卷紀自吳至宋乾道中諸牧守，詳略皆極得宜。

淙尹京時，撩湖濬渠，頗留心於地利，故所著述亦具有條理。今其書雖殘闕不完，而於**南宋地志中為最古之本**。考武林掌故者，要必以是書稱首焉。（《四庫全書總目》卷六十八）

【注釋】

〔一〕**【周淙】**《宋史》卷三百九十有傳。

114. 吳郡志五十卷

宋范成大（1126～1193）撰。成大有《驂鸞錄》，已著錄。

是書為成大末年所作。郡人龔頤、滕茂、周南相與贊成之。時有求附於籍不得者，會成大歿，乃勝謗謂不出於成大手，遂寢不行。故《至元嘉禾志序》謂《吳郡志》以妄議不得刊也。紹定初，廣德李壽朋始為鋟版〔一〕。趙汝〔談〕為之序〔二〕，以周必大所撰成大墓誌，定是書實所自為，並申明龔頤三人者，常為成大搜訪，故謗有自來，其論乃定〔三〕。壽朋又以是書止紹興三年（1131），其後諸大建置，如百萬倉、嘉定新邑、許浦水軍、顧逕移屯皆未及載，復令校官汪泰亨補之，自謂仿褚少孫補《史記》例。然少孫補《史記》雖為妄陋，猶不混本書。泰亨所續，當時不別署為續志，遂與本書淆亂，體例殊乖。

其書凡分三十九門，**徵引浩博，而敘述簡核，為地志中之善本**。刊版久佚，此本猶紹定舊槧，往往於夾註之中又有夾註。考成大以前，惟姚宏補注《戰國策》嘗有此例，而不及此書之多，亦可云著書之創體矣。〔四〕（《四庫全書總目》卷六十八）

【注釋】

〔一〕**【版本】**潘景鄭《宋刻吳郡志》云：「石湖《吳郡志》五十卷，刊於宋紹定，初版藏吾邑府學韋刺史祠中，至明代猶完好無闕。迨毛氏重刊時，入祠覓舊板，始存朽木五片，疊香爐下，訪其餘，已入爨煙矣。蓋板片之毀，當在明季，三百年中，遞有傳本，自來藏家不甚經意。至毛氏重刊宋本，遂得珍重於世，然印本先後，實有霄壤之別，猶諸宋本各史，至明季猶未毀版，所謂邋遢本者，其聲價與初印本，為何如哉？石湖此志亦猶是耳。」（《著硯樓讀書記》第179頁）

〔二〕**【趙汝談序】**撰序時在紹定二年，見四庫本卷首。

〔三〕【辨偽】客有問余曰：「或疑是書不盡出石湖筆，子亦信乎？」余笑曰：「是固前嘩者云也。昔八公徒著道術數萬言，書標淮南；《通典》亦出眾力，而特表杜佑。自古如《呂氏春秋》《大小戴禮》，曷嘗盡出一手哉？顧提綱何人耳？余聞石湖在時，與郡士龔頤、滕茂、周南厚三人者，博雅善道古，皆州之雋民也，故公數諮焉，而龔薦所聞於公尤多異論。由是作子盍亦觀益公碑公墓乎？載所為書篇目可考，子不信碑而信誕乎？且公蚤以文名四方，位二府，余鄙何所繫重？余特嘉夫侯之不忘其先，能畢力是書以卒，公志而不自表顯焉。是其賢，非余言莫明也。抑余所感則又有大此者焉。方公書始出也，疑謗橫集，士至莫敢伸喙以白，曾未四十年，而向之風波息滅澌盡，至是無一存者，書乃竟賴侯以傳，是不有時數哉！然則世論是非曷嘗不待久而後定乎？此余所以重感也。」（趙汝談序）

今按，錢大昕《跋吳郡志》亦為之辨誣。（《潛研齋文集》卷二十九）

〔四〕【整理與研究】吳建雙《吳郡志述評》認為，《吳郡志》是范成大纂成於南宋時期著名的蘇州地方志。以張均衡擇士居影宋刻本為依託，梳理了《吳郡志》體例、版本有關情況，認為其是宋代地理圖經演變為地方志的重要標誌，具有徵引浩博、人文氣息豐厚等特點。《吳郡志》對後世修志影響深遠，彌補了正史的不足，有一定史料價值，但在引文中難免有脫漏和謬誤。（《西部學刊》2019 年第 11 期）

115. 剡錄十卷

宋高似孫（約 1154～1212）撰。似孫字續古，號疏寮，餘姚人〔一〕。淳熙十一年（1184）進士。歷官校書郎，出倅徽州，遷守處州。

陳振孫《書錄解題》稱，似孫為館職時，上韓侂胄生日詩九首，每首皆暗用錫字，寓「九錫」之意，為清議所不齒。知處州尤貪酷。其讀書以奧僻為博，以怪澀為奇，至有甚可笑者，就中詩猶可觀。〔二〕周密《癸辛雜識》亦記其守處州日私挾官妓洪渠事〔三〕，其人品蓋無足道，其詩有《疏寮小集》尚傳於世，而文則不少概見。

此書乃其所作嵊縣志也。嵊為漢剡縣地，故名曰《剡錄》。前有嘉定甲戌（1214）似孫自序及嘉定乙亥（1215）嵊縣令史之安序〔四〕，蓋成於甲戌而刊於乙亥，故所題前後差一年。其書首為縣紀年；次為城境圖；次為《官治志》，附以令丞簿尉題名；次為《社志》《學誌》，附以進士題名；次為僚驛、樓亭、放生池、版圖、兵籍；次為《山水志》；次為《先賢傳》；次為古奇蹟、古阡；次為書；次為文；次為詩；次為畫；次為紙；次為古物；次為物外記；次為草木禽魚。

徵引極為該洽，唐以前佚事遺文頗賴以存。其《先賢傳》每事必注其所據之書，可為地志紀人物之法〔五〕。其《山水記》仿酈道元《水經注》例，脈絡井然，而風景如睹，亦可為地志紀山水之法。統核全書，皆序述有法，簡潔古雅，迥在後來《武功》諸志之上，殊不見其怪澀可笑。〔六〕陳振孫云云，殆不可解。豈其他文奇僻，又異於此書歟？〔七〕（《四庫全書總目》卷六十八）

【注釋】

〔一〕【考證】高氏自序稱：「似孫鄮人也」。鄮人即是鄞人。今據《南高氏宗譜》：「雪廬公（高文虎）自鄮遷剡，娶嶸縣周世修之女，生疏僚公（似孫）」。故譜以高文虎為遷睞始祖，似孫為二世祖。似孫卒於紹定辛卯（1231 年），與其父均葬嵊城北三里之金波山（明心寺）。則似孫已為嵊縣人，仍稱「鄮人」者，示不忘本，而清《四庫提要》作餘姚人，誤矣。（張秀民《剡錄跋》，《文獻》1986 年第 3 期）

〔二〕【史源】《直齋書錄解題》卷二十。

〔三〕【洪渠】高疏僚守括日，有籍妓洪渠者，慧黠過人。一日，歌《真珠簾》詞，至病酒，情懷猶困懶，使之演其聲，若病酒而困懶者，疏僚極稱賞之。適有客云：「卿自用卿法。」高因視洪云：「吾亦愛吾渠。」遂與脫籍而去，以此得嘖言者。（《癸辛雜識續集》卷上）

〔四〕【自序】山陰蘭亭，禊剡雪舟，一時清風，萬古冰雪。王、謝抱經濟，具二戴，深經學，奈何純曰高逸也。嗚呼！山川顯晦，人也；人隱顯，天也。天下多奇山川，而一禊一雪，致有爽氣，可謂人矣。江左人物如此，然二戴剡，王、謝亦剡，孫、阮輩又剡，非天乎？

〔五〕【評論】元許汝霖評《剡錄》：「擇焉不精，語焉不詳，紀山川則附以幽怪之說，論人物則偏於清放之流。」錢大昕《跋剡錄》：「此錄述《先賢傳》而不及宋代人物，其所錄王、謝諸公，遊跡雖嘗至剡，亦非剡產，金庭丹水間人物，可傳者蓋寥寥矣。疏僚未通前代官制，援引史傳，偶有刊落，便成痏痏。（下略）」（《潛研齋文集》卷二十九）古注有云：「毆人皮膚腫起曰疻，毆傷曰痏。」張秀民《剡錄跋》云：「《剡錄》所收唐以前資料豐富，屢引舊經，可能為宋大中祥符《越州圖經》之簡稱，又引《晉中興書》《晉陽秋》《支遁別傳》《元嘉起居注》《宋明帝文章志》《阮氏譜》等，均為唐以前古籍，今皆亡佚，或為其父藏書僚中舊物，可供輯佚者之資。至於所列戴逵、戴顒父子、王羲之、謝靈運等著作四十二種，疑多轉錄隋、唐《經籍志》，非高氏所能見也……《剡錄》開我縣縣志之先河，其篳路藍縷之功不可沒，雖有小疵，仍不失為佳作。明周汝登稱其『文成一家，創始之難，蓋不可泯』，實為公論。其書有功我縣之文化甚大，故縣人至今德之。」

〔六〕【評論】文淵閣本卷首提要有：「即所作《子略》，亦不甚遠於人情。」

〔七〕【整理與研究】黃慧鳴撰《高似孫的生平研究及其著作》（復旦大學 2000 年碩士論文）。鄭麗佳撰《剡錄研究》（浙江大學 2009 年碩士論文）。

116. 嘉泰會稽志二十卷開慶續志八卷會稽志二十卷

《會稽志》二十卷，宋施宿（1164～1222）等撰。《續志》八卷，宋張淏撰。宿字武子，湖州人，司諫元之子。嘗知餘姚縣，遷紹興府通判。淏字清源，本開封人，僑居婺州。官至奉議郎，其履貫略見《金華志》。而所作《續志序》乃自稱僑寓是邦，則又常卜居會稽矣。

宋自南渡以後，升越州為紹興府，其牧守每以宰執重臣領之，稱為大藩，而圖志未備。直龍圖閣沈作賓為守，始謀纂輯。華文閣待制趙不跡、寶文閣學士袁說友銜相繼編訂，而宿一人實始終其事。書成於嘉泰元年（1201），陸游為之序，其不稱《紹興府志》而稱《會稽志》者，用《長安》《河南》《成都》《相臺》諸《志》例也。其後二十五年，淏以事物沿革今昔不同，因匯次嘉泰辛酉後事，作為續編。復於前志內補其遺逸，廣其疏略，正其訛誤，釐為八卷。書成於寶慶元年（1225），淏自為之序。

所分門類，不用以綱統目之例，但各以細目標題。前志為目一百十七，續志為目五十。不漏不支，敘次有法。如姓氏、送迎、古第宅、古器物、求遺書、藏書諸條，皆他志所弗詳。宿獨能搜採輯比，使條理秩然。淏所續亦簡核不苟。皆地志中之有體要者〔一〕。其刊版歲久不傳。明正德庚午（1510），郡人王縚復訪求舊本校刻，今又散佚。故藏書之家罕見著錄，蓋亦僅存之本矣。〔二〕（《四庫全書總目》卷六十八）

【注釋】

〔一〕【方志寓史法】錢大昕《跋會稽志》云：「古人志乘皆寓史法，不私其親如此。近代士大夫一入志局，必欲使其祖父族黨一一廁名卷中，於是儒林、文苑車載斗量，徒為後人覆瓿之用矣。」（《潛研齋文集》卷二十九）

〔二〕【版本】潘景鄭《舊抄本嘉泰會稽志》云：「《會稽志》以嘉泰本為最古，世傳正德五年重刻一本，四庫本當即自所出，而宋本則未之見也……知此抄本當自宋本出者。志分類頗詳贍，但不加圖錄，於形勢沿革，失所稽考。」（《著硯樓讀書記》第183頁）

【王家襄《嘉泰會稽志序》】吾越面斗負溟，其山鎮曰會稽，夏封無餘，秦、漢置郡，晉以為王國，宋、梁、陳於郡置東揚州，至隋改曰吳州，大業初改越州，尋復為郡。唐末，錢武肅王兼兩藩節制時升為大都督府，宋仍為越州，南渡後升為紹興府。志成於通判施宿，在嘉泰元年，陸游為之序。先是直龍圖閣沈作賓為守，創始纂輯，華文閣待制趙不跡、寶文閣學士袁說友等相繼為之，而宿實始終其事，用《長安》《河南》《成都》《相臺》諸《志》例，稱《會稽志》。後二十五年，張淏以事物沿革今昔不同，匯次嘉泰辛酉後事，為《會稽續志》，復於前志有所補正，成於寶慶元年。兩書為宋志之最，向所盛稱。顧世少傳本，見於著錄者僅許氏鑒止水齋藏有原刻本。明正德五年重刊本亦不名見，即清嘉慶時採鞠軒本並散播寖稀，及今不圖，後將淪亡，甚可懼也。爰與周君養庵取採鞠軒本影印流傳，比年各省風行修志，是志體例足資取法，固不獨津逮越人，源流可溯也。夫讀書與藏書異，每竟一編，貴具特識。昔李越縵先生究心鄉邦掌故，於是志一再研索，嘗謂志中有氏族考，關係鄉里文獻甚鉅。且以清流品別僑籍，隱寓九品中正之法，此意可師。又謂志引《會稽先賢錄》之陳業與《三國志》虞翻傳注引《會稽典錄》及《水經・漸水篇注》之陳業並是一人，後來府志於孝行引《先賢傳》之陳業、於隱逸引《典錄》之陳業以為兩人，誤矣。閱《會稽掇英集》云唐太守題名記王奉慈永徽二年正月自潭州都督授，五年拜秦州都督，案此必是勃海王奉慈高祖兄蜀王湛之子也。《舊唐書》隴西王博人傳言奉慈顯慶中為原州都督薨，謚曰敬，時代正合，惟史文從略，止言其所終之官耳，此記據宋時石刻，誤作王奉慈，《嘉泰志》踵其誤，以後諸志遂皆從之。老輩讀書精審，片辭足寶，附綴於茲，備後之修志者有所考焉。中華民國十五年五月，里人王家襄序。

117. 澉水志八卷

宋常棠撰。棠字召仲，號竹窗，海鹽人。仕履未詳。〔一〕

澉水在海鹽縣東三十六里，《水經》所謂穀水流出為澉浦者是也。唐開元五年（717），張庭圭奏置鎮。宋紹定三年（1230）監澉浦鎮稅修職郎羅叔韶使棠為志。凡分十五門：曰地理、曰山、曰水、曰廨舍、曰坊巷、曰坊場、曰軍寨、曰亭堂、曰橋樑、曰學校、曰寺廟、曰古蹟、曰物產、曰碑記、曰詩詠，而冠以輿圖。

前有叔韶及棠二序〔二〕，敘述簡核，綱目該備。而八卷之書，為頁止四十有四〔三〕。明韓邦靖撰《朝邑縣志》，言約事盡，世以為特絕之作。今觀是編，乃知其源出於此。可謂體例精嚴，藻不妄抒者矣。

謹案：澉水雖見《水經注》，然是書乃志地，非志水，不可入之山水中。以鎮亦郡縣之分區，故附綴於都會郡縣類焉。（《四庫全書總目》卷六十八）

【注釋】

〔一〕明徐象梅《兩浙名賢錄》卷四十四：「常召仲棠，弟棣附。常棠字召仲，同之曾孫也。家於澉川，身棲海嶽，志薄雲霄，踽踽無儔。浩然自得，時值宋季，朝野穢淆，戕民徼利，每竊歎曰：『東南其夷乎？』閉關不仕，苦心篤學。善屬文，繞庭種竹數百竿，以厲操，自號曰竹窗。所著有《澉水志》三卷，其《秀野堂記》尤工。文多不錄。弟棣亦能文善書，嘗書此記，時稱二絕。」明胡震亨《天啟海鹽縣圖經》卷九：「棠字召仲，亦同之曾孫。好學善屬文，宋季隱居澉水，不仕，繞庭植竹數十竿，自號曰竹窗。著《澉水志》三卷。又有名棐者，棠昆季行也，為文亦工。」清陸心源《宋史翼》卷三十六：「常詵孫，字宜卿，同之孫，累辟不就，所著有《天閒雜著》《櫟齋筆記》《雪溪稿》。門人稱雪溪先生。（趙圖記）常棠，字召仲，同曾孫。值宋季，閉關不求聞達，篤學善屬文，繞庭植竹數十竿，以厲操，自號竹窗。（《海鹽文獻志》）」王彬修《（光緒）海鹽縣志》卷十七：「常棠字召仲，同之曾孫，好學善屬文。宋季隱居澉水，不仕，繞庭植竹數十竿，自號曰竹窗。著《澉水志》三卷。又有名棐者，棠昆季行也，為文亦工。今所傳棠文如《鮑郎場厲夢龍政績記》，棐文如《福業禪院記》，並琢刻，發異彩，惜他文罕存者。」

〔二〕【常棠《澉水志序》】紹定三年，鎮尹羅儀甫屬余撰《澉水志》。雖一時編集大略，而儀甫滿去，竟弗暇問。逾七八政，閱歲既久，訂正尤詳。因日邊孫君來此，雖鎮場廢壞，非疇曩比，然才幹有餘，趁辦自足，爰割己俸，售募鐫行。水軍袁統制聞而喟然曰：「是書不刊於鎮稅全盛之前，乃刊於鎮稅雕弊之後，甚可嘉已。」鋭捐梓料，肅贊其成。噫！《元和郡縣志》，丞相李吉甫所製也，後三百餘年，侍制張公始刻於襄陽。今余所編《澉水志》，後二十七禩，權鎮孫君為鏤行，則是書之遇知音又不大可慶耶？

〔三〕【版本】明嘉靖中董穀重刻，後附穀所撰《續志》九卷。（羅振玉《雪堂類稿》第446～447頁）

【書志】丁丙《善本書室藏書志》卷十一：「《海鹽澉水志》二卷（舊抄本），右志常棠撰。前有紹定三年監嘉興府海鹽縣澉浦鎮稅兼煙火公事羅叔韶序，云：澉水斗大一隅，厥土斥鹵，凡邱源之流峙、稅賦之重輕、道途之遐邇、聚廬之眾寡，與夫選舉名數、先賢遺跡，素乏圖經，茫無所考。竹窗常棠，字召仲，寓居是鎮，告余曰：『郡有《嘉禾志》，邑有《武原志》，其載澉水之事則甚略，使不討論聞見，綴輯成編，何以示一鎮之指掌？』於是正訂稽考，集為一經，名曰《澉水志》。而棠自序云：『紹定三年，鎮尹羅儀甫屬撰《澉水志》，雖一時編集大略，而儀甫滿去，竟弗暇問。逾七八政，粵歲既久，訂正尤詳，日邊孫君來此，聽訟割俸募鐫云云。』凡分十五門，曰地理，曰山，曰水，曰廨舍，曰坊巷，曰坊場，曰軍寨，曰亭堂，曰橋樑，曰學校，曰寺廟，曰古蹟，曰物產，曰碑記，曰詩詠，體例精嚴，韓邦靖《朝邑縣志》源出於此也。」

118. 大德昌國州圖志七卷

元馮（復）〔福〕京〔一〕、郭薦等同撰。（復）〔福〕京，潼川（今四川三臺）人。官昌國州（今浙江定海）判官。薦，里貫未詳。官鄞縣（今屬浙江寧波市）教諭。

昌國州即今定海縣。宋熙寧六年（1073）置昌國縣。元至元十五年（1278）始陞為州。〔二〕

此書成於大德二年（1298）七月。凡分八門：曰敘州，曰敘賦，曰敘山，曰敘水，曰敘物產，曰敘官，曰敘人，曰敘祠。前有州官請耆儒修志牒一篇，末有郭薦等繳申文牒一篇，冠以復京序。據序中所述始末，蓋（復）〔福〕京求得舊志，屬薦等訂輯，而（復）〔福〕京為之審定者也。〔三〕

其大旨在於刊削浮詞，故其書簡而有要，不在康海《武功志》、韓邦靖《朝邑志》下。海書、邦靖書為作者盛推，而此書不甚稱於世，殆年代稍遠，抄本稀傳歟？據原目所載，卷首當有環山、環海及普陀山三圖。「圖志」之名，實由於是。此本有錄無書，蓋傳寫者佚之矣。〔四〕（《四庫全書總目》卷六十八）

【注釋】

〔一〕【考證】孫詒讓云：「馮復京，萬曆《溫州府志．秩官門》、雍正《浙江通志》、道光《樂清縣志．職官門》並作馮福京。」洪煥春《浙江方志考》亦云：「《四庫總目提要》誤作『復京』。明清府、縣志及《通志》作馮福京，無誤。」（《溫州經籍志》第1610～1611頁）

〔二〕【考證】明洪武二年降為縣，清康熙二十六年改為定海縣。

〔三〕【昌國州圖志前序】史所以傳信，傳而不信，不如亡史，故作史者必擅三者之長，曰學，曰識，曰才，而後能傳信於天下。**蓋非學無以通古今之世變，非識無以明事理之精微，非才無以措褒貶之筆削。**三者闕一，不敢登此職焉。

〔四〕【版本】另有《宋元四明六志》本。此書多記當代事。

119. 齊乘六卷

元于欽（1284～1333）撰。欽字思容，益都（今屬山東濰坊市）人。歷官兵部侍郎。

是書專記三齊輿地。凡分八類：曰沿革，曰分野，曰山川，曰郡邑，曰古蹟，曰亭館，曰風土，曰人物。**敘述簡核而淹貫，在元代地志之中最有古法**〔一〕。其中間有舛誤者〔二〕。如宋建隆三年（962）改濰州，置北海軍，以昌邑縣隸之；乾德三年（965）復升濰州，又增昌樂隸之，均見宋《地理志》，而是書獨遺。又壽光為古紀國，亦不詳及。其他如以華不注為靡笄山，以臺城為在濟南東北十三里，顧炎武《山東考古錄》皆嘗辨之。然欽本齊人，援據經史，考證見聞，較他地志之但據輿圖、憑空言以論斷者，所得究多，故向來推為善本。卷首有至元五年（1268）蘇天爵序，亦推挹甚至，蓋非溢美矣。〔三〕（《四庫全書總目》卷六十八）

【注釋】

〔一〕【于潛後序】昔我先人為國子助教，每謂潛曰：「吾生長於齊，齊之山川、分野、城邑、地土之宜，人物之秀，此疆彼界，不可不纂而紀之也。」迨任中書兵部侍郎，奉命山東，於是周覽原隰，詢諸鄉老，考之水經、地記、歷代沿革，門分類別，為書凡六卷，名之曰《齊乘》，藏於家。囑潛曰：「吾或身先朝露，汝其刻之。」先人既卒，常切切在念，第以選調南臺，又入西廣，匆匆未遑遂志。茲幸居官兩浙，始克撙節俸廩，命工鏤板，以廣其傳，以光先德，參政伯修先生已詳序於前矣。有仕於齊者，願一覽焉。至正十一年辛卯秋七月，奉訓大夫兩浙都轉運監使司副使男潛泣血謹識。

〔二〕【考證】錢大昕《潛研齋文集》卷二十九《跋齊乘》云：「古今地名，似同而異者多矣。蘇建封平陵侯，非扶風之平陵也，班超封定遠侯，非臨淮之定遠也，漢獻帝封山陽公，非淮安之山陽，亦漢之山陽郡也。即以齊地言之，今之淄川，非漢菑川國，今之昌邑，非漢昌邑國，思容亦既知之矣。匡衡封樂安侯，本在臨淮僮縣，而思容以千乘之樂安當之，此亦千慮之一失也。」

〔三〕【序跋】蘇天爵《齊乘序》:「《齊乘》六卷，故兵部侍郎于公，志齊之山川、風土、郡邑、城郭、亭館、邱壟、人物而作也。古者郡各有志，中土多兵難，書弗克存，我國家大德初，始從集賢待制趙忭之請，作《大一統志》，蓋欲盡述天下大都邑之盛，書成藏之秘府，世莫得而見焉。于公生於齊，官於齊，考訂古今，質以見聞，歲久始克成編，辭約而事核。公在中朝，有御史憲臺都事左司員外郎，終益都田賦總管，以文雅擅名當時。即卒，其家蕭然，獨遺其書於其子潛。余官維揚，始得閱之。今齊為山東重鎮，所統郡縣五十有九，宦遊於齊者，獲是書觀之，寧無益乎。予於于公之言，重有感焉。謂三代兩漢人材，本乎學校之教養，謂風俗自漢、晉以降，愈變而愈下，美昔人之賑饑有道，歎近世之採金病民，以稷下學術，流於異端，以海上求仙，惑於神異，斯亦足以概公之志矣夫。公諱欽，字思容，益都人，潛擢南行臺掾云。至元五年己卯冬十月丙戌朔，嘉議大夫江北淮東道肅政廉訪使蘇天爵序。」

周慶承《齊乘跋》:「先君子自早歲研究史書，尤留意於志表，凡職官、氏族、地理之學，靡不該貫。知益都十年，常歎縣志疏陋，未遑改修，間語同志，以為齊之地記，自伏琛晏謨而下，傳者益寡，于思容《齊乘》六卷，多採用《太平寰宇記》，雖有訛脫，差為近古。適欲校授梓人，而桂林胡公移守登州，議以克合，乃取舊刻，共加仇勘，別為考證，附於每卷之後。草創未就，而先君子疾革，以屬門下士楊君書巖（峒）參訂卒業。胡公寓書商榷，往復逾時而後成。乾隆辛丑暮秋。」

120. 武功縣志三卷

明康海〔一〕(1475～1540)撰。海字德涵，武功(今屬陝西咸陽市)人。弘治壬戌(1502)進士第一，授翰林院修撰。以救李夢陽事坐劉瑾黨削籍。《明史·文苑傳》附見《李夢陽傳》中。

是志僅七篇：曰地理，曰建置，曰祠祀，曰田賦，曰官師，曰人物，曰選舉。凡山川、城郭、古蹟、宅墓皆括於地理；官署、學校、津梁、市集則歸於建置；祠廟、寺觀則總以祠祀；戶口、物產則附於田賦；藝文則用《吳郡志》例，散附各條之下，以除冗濫；官師則善惡並著，以寓勸懲。

王士禎謂其文簡事核，訓詞爾雅。石邦教稱其義昭勸鑒，尤嚴而公，鄉國之史，莫良於此。非溢美也。〔二〕

志刻於正德己卯(1519)，萬曆間再經刊行，旋復散佚。乾隆二十六年(1761)，武功知縣瑪星阿得抄本於孫景烈因為重刊。其圈點細評，皆出景烈之手，頗嫌疣贅。又王士禎稱《武功志》載《璇璣圖》〔三〕，而此本無之。考海孫呂賜〔四〕嘗刻《璇璣圖〔詩〕讀法》，前有題識云：「余錄先太史縣志真本，悉依原編，惟蘇氏詩未錄，非敢輕有變置，故附數語，錄本之末，述先太史之意，冀來者之鑒余志也。」然則此本乃呂賜所刊除矣。遺文軼事，志乘中原可兼收。士禎以具錄是圖為此書之佳處，固非定論。呂賜必刊而去之，亦於義無取也。(《四庫全書總目》卷六十八)

【注釋】

〔一〕**【作者研究】**韓結根撰《康海年譜》(原為1988年復旦大學碩士論文，章培恒先生指導)。

〔二〕**【評論】**趙懷玉《亦有生齋集·重修武功縣志序》(此序為代筆)認為：「武功為秦中一隅，實有斄之故封，三輔之名縣。山川控帶，人物輩起，而舊所紀載，略無傳書。迨明正德中，康氏德涵始以才人之筆創而為志，有功於桑梓甚偉，一時藝林翕然稱之。然成以匝月則太速，約以七篇則太簡，故其中罣漏或有不免。今考其書，往往以滸西子斷之，且曰『余不知詳與略，猶望後之君子繼而正焉。』則固康氏一家之書，欲待後人論定者也。入國朝，三經修纂，於康氏原志不敢遽加訂正，殆非作者之初心矣。嘉慶丁卯，某承乏茲土，屈指八年，上距乾隆辛丑最後續修之歲亦三十四載……吾友諸城王君森文，精於地理之學，嘗從會稽章進士學誠遊，生平撰述，首嚴體例。今幸同官一方，因得延與共事。又鄉先生孫檢討景烈，舊有《郃封聞見錄》，徵引繁富，足資採摭，久而漸湮，乃從其孫奕塏購得之，觀其自敘言，武功沿革，自康氏作志，得其實者半，失其實者亦半，則檢討之意，本欲補正遺誤，先成此錄，以為作志緣起，惜乎中道而卒也。」章學誠《書武功志後》云：「……夫康氏以二萬許言，成書三卷，作一縣志，自以謂高簡矣。今觀其書，蕪穢特甚，蓋緣不知史家法度、文章體裁，而惟以約省卷篇謂之高簡，則誰不能為高簡耶……尤可異者，志為七篇，輿圖何以不入篇次？蓋亦從俗例也。篇首冠圖，圖止有二，而蘇氏璇璣之圖乃與輿圖並列，可謂胸中全無倫類者矣。」

〔三〕【史源】《居易錄》卷十九。

〔四〕【康呂賜】號南阿山人。

121. 朝邑縣志二卷

明韓邦靖（1488～1523）撰。邦靖字汝慶，號五泉，朝邑（今屬陝西大荔）人。正德戊辰（1508）進士。官至工部員外郎事。跡附見《明史・韓邦奇傳》。

是書成於正德己卯（1519）。上卷四篇：曰總志，曰風俗，曰物產，曰田賦。下卷三篇：曰名宦，曰人物，曰雜記。上卷僅七頁，下卷僅十七頁。古今志乘之簡，無有過於是書者。而宏綱細目，包括略備。蓋他志多誇飾風土，而此志能提其要，故文省而事不漏也。然敘次點綴，若有餘閒，寬然無局促束縛之跡。自明以來，關中輿記惟康海《武功縣志》與此志最為有名。論者謂**《武功志》體例謹嚴，源出《漢書》；此志筆墨疏宕，源出《史記》**。然後來志乘多以康氏為宗，而此志莫能繼軌。蓋所謂不可無一、不容有二者也。

前有邦靖自序，又有康海序，末有呂柟後序及朝邑知縣陵川王道跋〔一〕，並文格高潔，與志適相配云。〔二〕（《四庫全書總目》卷六十八）

【注釋】

〔一〕【序跋】邦靖自序、康海序、呂柟後序及王道跋，均載於四庫本中。

〔二〕【整理與研究】王小民主編《朝阪英華——明韓邦靖〈朝邑縣志〉今讀》（大荔縣地方志編纂委員會 2011 年內部印行）。張婷《（正德）〈朝邑縣志〉研究》認為，《朝邑縣志》成書於明代正德十四年（1519 年），係韓邦靖所修，是我國古代歷史上保存較好的簡體志書善本，也是朝邑地區現存最早的地方志。該志雖體例精簡，但內容豐滿，主要敘述了朝邑的建置沿革、古道關隘、田賦物產、風土人情、鄉賢名宦、節婦烈女等諸方面內容，是研究朝邑自然與社會、歷史與現狀的重要文獻，具有較高的史料價值。（廣西師範大學 2017 年碩士論文）

122. 欽定日下舊聞考一百二十卷

乾隆三十九年（1774）奉敕撰。〔一〕

因朱彝尊《日下舊聞》原本，刪繁補闕，援古證今，一一詳為考核，定為此本。原書分星土、世紀、形勝、宮室、城市、郊坰、京畿、僑治、邊障、戶版、風俗、物產、雜綴十三門。其時城西玉泉、香山諸處臺沼尚未經始，故列郊坰門中，與今制未協。諸廨署入城市門中，太學石鼓獨別為三卷，於體例亦屬不倫。〔二〕今增列苑囿、官署二門，並前為十五門，而《石鼓考》三卷則並於官署門國子監條下。又原本城市、京畿二門五城及各州縣分屬之地，今昔不同，一一以新定界址，為之移正。原本所列古蹟，皆引據舊文，誇多務博，不能實驗其有無，不免傳聞訛舛，彼此互歧，亦皆一一履勘遺蹤，訂妄以存真，闕疑以傳信。所引藝文，或益其所未備，或刪其所可省，務使有關考證，不漏不支。至於列聖宸章，皇上御製，凡涉於神京風土者，悉案門恭載，尤足以昭垂典實，藻繪山川。

古來志都京者，前莫善於《三輔黃圖》，後莫善於《長安志》。彝尊原本搜羅詳洽，已駕二書之上。今仰承睿鑒，為之正訛補漏，又駕彝尊原本而上之。千古輿圖，當以此本為準繩矣。〔三〕（《四庫全書總目》卷六十八）

【注釋】

〔一〕清高宗《日下舊聞考題辭》：「重考彝尊書以成，七言權當序而行。名因日下荀鳴鶴，跡逮春明孫北平。罣漏豈無補所闕，淆訛時有校從精。百年熙皞繁文物，似勝三都及兩京。」

〔二〕【日下舊聞序】今之京師，范鎮以為地博大以爽塏，繩直砥平，梁襄則謂北倚山險，南壓區夏，王業根本，京都之選首，粵自軒轅氏、邑於涿鹿之阿，周以薊封，其後北燕都之，慕容燕又都之，迨至遼曰南京，金曰中都，元曰大都，明曰北京，皇朝因之，以統萬國。宮殿井邑之繁麗，倉廩府庫之充實，《詩》所云「四方之極」者也。考唐之幽州，其址半在新城之西。金展其南，元拓其東北。洎徐武寧定北平，毀故都城，縮而小之，以昊天、憫忠、延壽、竹林、仙露諸寺皆限於城外，則其所毀不獨光熙、安貞二門而已。及嘉靖築新城之數寺者，復圍於郭內，而梁園以左南極於魏村，東至於神木之廠，則又曩郊外之地也。若夫元之宮闕，以地度之，當在今安定門北，明初即南城。故宮以建燕邸，而非因大都之舊，蓋宮室城市基凡數易，至琳宮梵舍之建置，沿其舊者十一，更額者十九，故老淪亡，遺書散佚，歷年愈久，陳跡愈不可得而尋矣。彝尊謫居無事，捃拾載籍及金石遺文會粹之，分一十三門：曰星土，曰世紀，曰形勝，曰宮室，曰城市，曰郊坰，曰京畿，曰僑治，曰邊障，曰戶版，曰風俗，曰物產，曰雜綴，而以《石鼓考》終焉。合四十有二卷。刑部尚書崑山徐公見之，謂其可傳，乃捐貲俾鋟木，計草創於丙寅之夏，錄成於丁卯之秋，開雕於冬，迄戊辰九月而竣。中間滲漏，隨覽隨悔，覆命兒子昆田，以剩義補其闕遺，附於各卷之末，所抄群書凡千四百餘種，慮觀者莫究其始，必分注於下，非以侈摭採之博也。昔衛正叔嘗纂《禮記集說》矣。其言病世儒剿取前人之說以為己出，而曰：「**他人著書惟恐不出於己，予此編惟恐不出於人。**」彝尊不敏，竊取正叔之義，至旁及稗官小說、百家二氏之書，或有未足盡信者。世之君子，毋以擇焉不精罪我，斯幸矣。（朱彝尊《曝書亭集》卷三十五）

〔三〕**【整理與研究】**苗潤博《〈日下舊聞考〉纂修考——兼談新發現的四庫稿本》認為，《日下舊聞考》一書具有重要的學術價值，但長期以來學界對這部文獻本身，尤其是其纂修過程的研究卻相當薄弱。該文首先討論有關此書早期纂修工作的若干問題，進而就其成書增修、刊刻時間及著錄卷數歧異等問題進行考辨。更值得注意的是，此書尚有一部罕為人知的四庫稿本保存至今，不僅有助於我們深入瞭解其纂修過程，也為研究四庫館官修史書所涉及的編纂問題提供了一個難得的範本。（《中華文史論叢》2015 年第 4 期）

123. 欽定滿洲源流考二十卷

乾隆四十三年（1778）奉敕撰。

洪惟我國家朱果發祥，肇基東土。白山黑水，實古肅慎〔一〕氏之舊封。典籍遺文，班班可考。徒以年祀綿長，道途修阻，傳聞不免失真。又文字互殊，聲音屢譯，記載亦不能無誤。故歷代考地理者多莫得其源流。

是編仰稟聖裁，參考史籍，證以地形之方位，驗以舊俗之流傳，博徵詳校，列為四門：一曰部族。自肅慎氏以後，在漢為三韓，在魏、晉為挹婁，在元魏為勿吉，在隋、唐為靺鞨、新羅、渤海、百濟〔二〕諸國，在金為完顏部，並一一考訂異同，存真辨妄。而索倫、費雅喀諸部毗連相附者，亦並載焉。

二曰疆域。凡渤海之上京龍泉府、靺鞨之黑水府〔三〕、燕州、勃利州〔四〕，遼之上京〔五〕黃龍府，金之上京〔六〕會寧府，元之肇州，並考驗道里，辨正方位，而一切古蹟附見焉。

三曰山川。凡境內名勝分條臚載，如白山之或稱太白山、徒太山，黑水或稱完水，或稱室建河，以及松花江即粟末水，寧古塔即忽汗水。今古異名者，皆詳為辯證。其古有而今不可考者，則別為存疑，附於末。

四曰國俗。如《左傳》所載楛矢貫隼，可以見騎射之原；《松漠紀聞》所載軟脂蜜膏，可以見飲食之概。而《後漢書》所載辰韓生兒以石壓頭之類，妄誕無稽者，則訂證其謬。

至於渤海以來之文字，金源以來之官制，亦皆並列。其體例每門以國朝為綱，而詳述列朝，以溯本始。其援據以御製為據，而博採諸書以廣參稽。允足訂諸史之訛，而傳千古之信，非諸家地志影響附會者所能擬也。〔七〕（《四庫全書總目》卷六十八）

【注釋】

〔一〕【肅慎】古民族名。古代居於我國東北地區。周武王、成王時曾以楛矢、石砮來貢。一般認為漢以後的挹婁、勿吉、靺鞨、女真都和它有淵源關係。亦泛指遠方之國。《左傳・昭公九年》：「肅慎、燕、亳，吾北土也。」漢司馬相如《子虛賦》：「邪與肅慎為鄰，右以暘谷為界。」《漢書・武帝紀》：「海外肅慎，北發渠搜，氐羌徠服。」顏師古注：「《周書》序云：『成王既伐東夷，肅慎來賀。』即謂此。」參閱《文獻通考・四裔四》。沈曾植云：「余嘗考東夷古國之名，其語存於今者，若肅慎為女真，扶餘為費雅，鮮卑為錫伯、為西伯里，烏丸為烏梁海，挹婁為額倫，契丹為乞塔。」

〔二〕【百濟】古國名，故地在今朝鮮半島西南部。

〔三〕【黑水都督府】唐羈縻都督府名。開元十三年（725），於黑水靺鞨地置黑水軍。次年設黑水都督府。

〔四〕【勃利州】唐羈縻州名。開元十年（722）置於黑水靺鞨一部之地，治今俄羅斯哈巴羅夫斯克（伯力）。

〔五〕【遼之上京】遼都城。今內蒙古昭烏達盟巴林左旗南波羅城。

〔六〕【金之上京】金都城。今黑龍江阿城縣白城子。金太宗時稱會寧府，熙宗時稱上京。海陵王遷都燕京（今北京），削上京號，只稱會寧府。世宗時復號上京。

〔七〕【整理與研究】吳松弟《滿洲源流考綜述》認為，《滿洲源流考》作為清代官方文獻，彙編了部族、疆域、山川和風俗等幾個方面2500餘條信息，是瞭解滿洲的微型情報源。（《民營科技》2009年第12期）

124. 水經注四十卷

後魏酈道元〔一〕（469～527）撰。道元字善長，范陽（今北京西南）人。官至御史中尉。事蹟具《魏書·酷吏傳》。

自晉以來，注《水經》者凡二家。郭璞注三卷，杜佑作《通典》時猶見之。今惟道元所注存。《崇文總目》稱其中已佚五卷。故《元和郡縣志》《太平寰宇記》所引滹沱水、洛水、涇水皆不見於今書。然今書仍作四十卷，蓋宋人重刊，分析以足原數也。是書自明以來絕無善本。惟朱謀㙔所校盛行於世，而舛謬亦復相仍〔二〕。

今以《永樂大典》所引，各案水名逐條參校。非惟字句之訛層出迭見，其中脫簡、錯簡有自數十字至四百餘字者。其道元《自序》一篇〔三〕，諸本皆佚，亦惟《永樂大典》僅存〔四〕。蓋當時所據，猶屬宋槧善本也〔五〕。謹排比原文，與近代本鉤稽校勘。凡補其闕漏者二千一百二十八字，刪其妄增者一千四百四十八字，正其臆改者三千七百一十五字。神明煥然，頓還舊觀。三四百年之疑竇，一旦曠若發蒙。是皆我皇上稽古右文，經籍道盛，琅嬛宛委之秘，響然並臻。遂使前代遺編幸逢昌運。發其光於蠹簡之中，若有神物撝呵，以待聖朝而出者，是亦曠世之一遇矣。

至於經文、注語，諸本率多混淆。今考驗舊文，得其端緒。凡水道所經之地，經則云「過」，注則云「逕」；經則統舉都會，注則兼及繁碎地名。凡一水之名，經則首句標明，後不重舉；注則文多旁涉，必重舉其名以更端。凡書內郡縣，經則但舉當時之名；注則兼考故城之跡。皆尋其義例，一一釐定，各以案語附於下方。至塞外群流、江南諸派，道元足跡皆所未經。故於灤河之正源、三藏水之次序、白檀要陽之建置，俱不免附會乖錯。甚至以浙江妄合姚江，尤為傳聞失實。自我皇上命使履視，盡得其脈絡曲折之詳。御製《熱河考》《灤源考證》諸篇，為之抉摘舛謬，條分縷擘，足永訂千秋耳食沿訛。謹錄弁簡，永昭定論。

又《水經》作者，《唐書》題曰桑欽。然班固嘗引欽說，與此經文異。道元注亦引欽所作《地理志》，不曰《水經》。觀其涪水條中稱廣漢已為廣魏，則決非漢時。鍾水條中稱晉寧仍曰魏寧，則未及晉代。推尋文句，大抵三國時人。今既得道元原序，知並無桑欽之文。則據以削去舊題，亦庶幾闕疑之義云爾。〔六〕（《四庫全書總目》卷六十九）

【注釋】

〔一〕**【作者研究】**陳橋驛先生撰《酈道元評傳》（南京大學出版社 1994 年版）。

〔二〕**【評論】**《閻若璩年譜》：「壬子冬，客太原，顧寧人向余稱朱謀㙔《水經注箋》為三百年一部書。余退而讀之，殊有未然。」（第 35 頁，又詳見《尚書古文疏證》卷六下）

〔三〕**【酈道元《水經注序》】**《易》稱天以一生水，故氣微於北方，而為物之先也。《玄中記》曰：天下之多者，水也，浮天載地，高下無所不至，萬物無所不潤；及其氣流屆石，精薄膚寸，不崇朝而澤合靈宇者，神莫與並矣。是以達者不能測其淵沖，而盡其鴻深也。昔《大禹記》著山海，周而不備；《地理志》其所錄，簡而不周；《尚書》《本紀》與《職方》俱略；都賦所述，裁不宣意；《水經》雖粗綴津緒，又闕旁通。所謂各言其志，而罕能備其宣導者矣。今尋圖訪賾者，極聆州域之說，而涉土遊方者，寡能達其津照，縱彷彿前聞，不能不猶深屏營也。余少無尋山之趣，長違問津之性，識絕深經，道淪要博，進無訪一知二之機，退無觀隅三反之慧。獨學無聞，古人傷其孤陋；捐喪辭書，達士嗟其面牆。默室求深，閉舟問遠，故亦難矣。然毫管窺天，歷筩時昭，飲河酌海，從性斯畢。竊以多暇，空傾歲月，輒述《水經》，布廣前文。《大傳》曰：大川相間，小川相屬，東歸於海。脈其枝流之吐納，診其沿路之所躔，訪瀆搜渠，緝而綴之。經有謬誤者，考以附正文所不載；非經水常源者，不在記注之。限但綿古芒昧，華戎代襲，郭邑空傾，川流戕改，殊名異目，世乃不同，川渠隱顯，書圖自負，或亂流而攝詭號，或直絕而生通稱，枉渚交奇，洄湍決澓，躔絡枝煩，條貫繫夥。十二經通，尚或難言，輕流細漾，固難辯究，正可自獻徑見之心，備陳輿徒之說，其所不知，蓋闕如也。所以撰證本經，附其枝要者，庶備忘誤之私，求其尋省之易。

〔四〕**【版本】**陳橋驛先生云：「除《永樂大典》本外，尚有盧文弨所見武進臧氏所得絳雲樓宋本，趙一清所見孫潛夫過錄明柳大中本。」（《水經注校釋》第 3 頁，杭州大學出版社 1999 年版）

〔五〕【版本】陳橋驛先生云：「所謂大典本者，充其量不過是北宋景祐以後抄錄的本子，雖然與明代的一般坊刻本相比，確有不少優點，但絕非北宋初期的本子。假使大典本果真可以作為圭臬，則戴震何不徑以此作為底本，何必另求趙本。」（《水經注校釋》第 3 頁）

〔六〕【學術公案】張元濟《永樂大典本水經注跋》云：「趙氏成書在前而書出在後，戴氏反之，於是二家爭端以起。袒戴者謂依據《大典》原本，經注分別之三例，為戴氏所發明。袒趙者謂分經分注，見於全氏之七校本，而趙氏因之，戴氏竊據潤飾，偽託《大典》，以掩其跡。主前說者有孔氏繼涵、段氏玉裁、程氏易疇；主後說者有魏氏源、張氏穆、楊氏守敬；而調停其間者為王氏先謙。聚訟紛紜，幾為士林一大疑案。今何幸異書特出，百數十年之癥結渙然冰釋。是書之幸，亦讀者之幸也。」（《張元濟古籍書目序跋彙編》第 1098 頁）錢大昕《跋水經注新校本》云：「吾友戴東原校刊《水經》，於經注混淆之處一一釐正，可謂大有功於酈氏矣。」（《潛研齋文集》卷二十九）日人森鹿山從戴震《水經注》的兩種不同版本的構成、注文所列的文字、所引用的《永樂大典》的有關文字等方面，對歷來的說法進行了全面的驗證，提出戴震抄襲之說難以定論的見解。（《東洋學研究——歷史地理篇》第 154 頁，轉自李慶《日本漢學史》第 174～175 頁）

司馬按，文淵閣本卷首提要（或稱「校上案語」）注明為：「乾隆四十四年（1779）二月恭校上」，而戴震早於兩年前即乾隆四十二年（1777）已歸道山。筆者認為：「《水經注》提要基本上是根據清高宗的旨意重擬而成。」詳見拙著《四庫全書總目編纂考》第一章第一節。

125. 水經注釋四十卷刊誤十二卷

國朝趙一清（1709～1764）撰。一清字誠夫，仁和（今浙江杭州）人。

酈道元《水經注》傳寫舛訛，其來已久。諸家藏本互有校讎，而大致不甚相遠。歐陽玄功、王褘諸人但稱經注混淆而已，於注文無異詞也。近時寧波全祖望〔一〕始自稱得先世舊聞，謂道元注中有注，本雙行夾寫，今混作大字，幾不可辨。一清因從其說，辨驗文義，離析其注中之注，以大字細字分別書之，使語不相雜，而文仍相屬。〔二〕考沈約《宋書》稱，《漢鐃歌》本大字為詞，細字為聲，後人聲詞合寫，是以莫辯。是傳錄混淆，古有是事。又如明嘉靖中所刻《齊民要術》簡端《周書》曰「神農之時，天雨粟（云云）」一條，崇禎中刻《孔子家語・本姓解》中「微國名子爵」五字，間以注文刻作大字者，亦時有之。至於鉅帙連篇盈四十卷，而全部夾註悉誤寫為正文，揆以事理，似乎不近。姚宏補注《戰國策》，范成大作《吳郡志》，並於注中夾註，前人嘗舉以為例。而自宋以來，未嘗有舉及《水經注》者。祖望所云先世舊聞，不識傳於何代，載在何書，殆出於以意推求，而詭稱授受。然倪思作《班馬異同》，以大字、細字連書，猝難辨析。明許相卿〔三〕改為《史漢方駕》〔四〕，以班、馬相同者書於中，以馬有而班無者側注於左，以班有而馬無者側注於右，遂使增刪之意，開卷釐然，而原書仍無改易，最為善變。〔五〕一清此書，殆亦類是。但使正文旁義，條理分明，是亦道元之功臣矣。何必託諸原本，效豐坊之故智乎？

又《唐六典》注稱桑欽所引天下之水百三十七，江河在焉。今本所列僅一百一十六水。考《崇文總目》載《水經注》三十五卷，蓋宋代已佚其五卷。今本乃後人離析篇帙，以合原數。此二十一水蓋即在所佚之中。一清證以本注，雜採他籍，得滏、洺、滹、沱、派、滋、伊、纏、澗、洛、豐、涇、汭、渠獲、洙、滁、日南、弱、黑十八水。於漯水下分漯餘水。又考驗本經，知清漳水、濁漳水、大遼水、小遼水皆原分為二，共得二十一水，與《六典》注原數相符。其考據訂補，亦極精覈。卷首列所據以校正者凡四十本。雖其中不免影附誇多，如所稱黃宗羲本，原無成書。顧炎武本、顧祖禹本、閻若璩本，皆所著書引用考辨，實無刻本。又黃儀本，稱其書今歸新城王氏池北書庫。考王士禛沒後，池北書庫所藏皆已散佚，見趙執信《因園集》。是其子孫斷無收書之事。若士禛存時所收，則書歸王氏，在康熙辛卯以前。一清年齒亦斷不及見也。然旁引博徵，頗為淹貫。訂疑辨訛，是正良多。自官校宋本以外，外間諸刻固不能不以是為首矣。〔六〕（《四庫全書總目》卷六十九）

【注釋】

〔一〕【全祖望】（1705～1757），字紹衣，學者稱謝山先生。楊向奎先生編《全祖〈望謝山學案〉》見《清儒學案新編》第八卷第 53～109 頁。蔣天樞先生撰《全謝山先生年譜》（上海商務印書館 1932 年版），王永健撰《全祖望評傳》（南京大學出版社 1996 年版）。

〔二〕【全祖望《水經注釋序》】杭有趙君東潛者，谷林徵士之子也。藏書數十萬卷，甲於東南，稟其家庭之密授，讀書從事於根柢之學，一時詞章之士莫能抗手。爰有箋釋之作，拾遺糾繆，旁推交通，裒然成編。五君子及繼莊之薪火，喜有代興，而諸家之毛舉屑屑者，俛首下風。安定至是，始有功臣。而正甫之書，雖謂其不亡可也。予家自先司空公、先宗伯公、先贈公三世，皆於是書有校本，故予年二十以後雅有志於是書。始也衣食奔走，近者衰病侵尋，雙韭山房手校之本，更是迭非，卒未得畢業，睠懷世學，不禁慚赧。而東潛奪纛而登，囊括一切，猶以余為卑耳之馬，不棄其鞅絆，豈知羽毛齒革，君之餘也。

〔三〕【許相卿】（1479～1557），字伯臺，號雲村，浙江海寧人。著有《雲村集》。

〔四〕【史漢方駕】是編因倪思原本稍為釐訂，改題此名。陳勝、英布二傳，思書偶遺，此補綴所闕。相卿變其體例，以史、漢相同者直書行中，不同者分行夾註。凡《史記》有而《漢書》無者，偏列於右；《漢書》有而《史記》無者，偏列於左。條理井然，較思書為勝。所列評語，亦因劉辰翁之本稍為損益，頗不及舊文。又舊文皆標置簡端，相卿意取便覽，或移附句旁，如批時文之例，反參錯難觀，則未免於不善變矣。（《四庫全書總目》卷四六）

〔五〕【評論】錢泰吉《曝書雜記》卷中：「《班馬異同》，《書錄解題》作《馬班異辭》，謂『因其異，則可以知其筆力之優劣，而又知作史述史之法』。可謂得倪公著書之大旨，然已入類書，殊不協。《四庫》著錄正史類，亦稱其有功史學。海昌許黃門相卿苦其細書文相連屬，但以字形廣狹為分，不便疾讀，別為《史漢方駕》。」（第39～40頁）

〔六〕【評論】潘景鄭《許勉甫收校水經注釋》云：「東原校本，所據有自；誠夫注釋，採摭彌廣；自餘諸家，等之附庸。嘗謂道元斯書足以證古而不足以昭今。」（《著硯樓讀書記》第197頁）

126. 水道提綱二十八卷

國朝齊召南（1703～1768）撰。召南字次風，台州人。乾隆丙辰（1736）召試博學鴻詞，授翰林院編修。官至禮部侍郎。

歷代史書各志地理，而水道則自《水經》以外無專書。郭璞所注，久佚不傳。酈道元所注，詳於北而略於南。且距今千載，陵谷改移，即所述北方諸水，亦多非其舊。國初餘姚黃宗羲作《今水經》〔一〕一卷，篇幅寥寥，粗具梗概。且塞外諸水頗有舛訛，不足以資考證。

召南官翰林時，預修《大清一統志》，外藩蒙古諸部是所分校，故於西北地形多能考驗。且天下輿圖備於書局，又得以博考旁稽，乃參以耳目見聞，互相鉤校，以成是編。首以海，次為盛京至京東諸水，次為直沽所匯諸水，次為北運河，次為河及入河諸水，次為淮及入淮諸水，次為江及入江諸水，次為江南運河及太湖入海港浦，次為浙江、閩江、粵江，次雲南諸水，次為西藏諸水，次漠北阿爾泰以南水及黑龍江、松花諸江，次東北海朝鮮諸水，次塞北漠南諸水，而終以西域諸水。大抵通津所注，往往袤延數千里，不可限以疆域。召南所敘，不以郡邑為分，惟以巨川為綱，而以所會眾流為目，故曰提綱。其源流分合，方隅曲折，則統以今日水道為主，不屑屑附會於古義。而沿革同異，亦即互見於其間。其自序譏古來記地理者志在藝文，情侈觀覽。或於神仙荒怪，遙續《山海》；或於洞天梵宇，揄揚仙佛；或於遊蹤偶及，逞異炫奇。形容文飾，只以供詞賦之用。〔二〕故所敘錄頗為詳覈，與《水經注》之模山范水其命意固殊矣。然非召南生逢聖代，當敷天砥屬之時，亦不能於數萬里外，聞古人之所未聞，言之如指諸掌也。〔三〕(《四庫全書總目》卷六十九)

【注釋】

〔一〕【今水經】國朝黃宗羲撰。是書前列諸水之名，共為一表，皆以入海者為主，而來會者以次附之。如汴入河，須鄭入汴，京入鄭，索入京之類，自下流記其委也。後各自為說，分南北二條，皆以發源者為主，而所受之水以次附之……其所說諸水，用今道不用故道，用今地名不用古地名，創例本皆有法。而表不用旁行斜上之體，但直下書之，某入海，某入某，某又入某，頗不便檢尋……其書作於明末。西嘉峪，東山海，北喜峰、古北、居庸，皆不能逾越一步。宗羲生於餘姚，又未親歷北方，故河源尚剿《元史》之說，而灤河之類，亦沿《明一統志》之舊。松花、黑龍、鴨綠、混同諸江，尤傳聞彷彿，不盡可據。(《四庫全書總目》卷七十五)

〔二〕【水道提綱自序】自漢後地志日多，專言水者惟有《水經》及酈道元注。道元於西北諸水鉅細不遺，可謂精矣。後儒言水，或解《詩》《書》《春秋》，或釋班《志》，或於寰宇略撮梗概，或於郡邑各記方隅。其志存經濟者於治河、防海、水利、守邊博考古今，暢言得失，政理所繫，援引雖多，不厭其繁雜。若夫志在藝文，情侈觀覽，或於神怪荒唐遙續山海，或於洞天梵宇揄揚仙佛，或於遊蹤偶及逞異眩奇，形容文飾，只足供詞賦採用以為美談，從未有將中國所有巨瀆經流實在，共聞共見，可筏可舟，不枯不涸，如孟子所言原泉混混放乎四海者。用《水經》遺意，上法《禹貢》導川，總其大凡，芟除地志繁稱遠引，分名別號，附會穿鑿之陋，務使源委了然，展卷即得，此《水道提綱》所以紀載今日實有之脈絡，山川、都邑並用今名，略識古蹟，取其質不取其文……取其實不取其虛也。

〔三〕【整理與研究】李貞《水道提綱著述考》認為，齊召南撰寫《水道提綱》，與他參修康熙《大清一統志》有著密切的關係。齊召南實際上是《大清一統志》後期階段的總修，對資料的全面掌握，為他撰寫《水道提綱》打下了基礎。康熙年間，全國性的經緯度測繪為齊召南《水道提綱》中的水系分布提供了準確的方位定位。（《圖書館學刊》2015 年第 3 期）

127. 洛陽伽藍記五卷

後魏楊炫之〔一〕撰。劉知幾《史通》作羊炫之，晁公武《讀書志》亦同。然《隋志》亦作楊，與今本合，疑《史通》誤也。其里貫未詳。據書中所稱，知嘗官撫軍司馬耳。

魏自太和十七年（493）作都洛陽，一時篤崇佛法，剎廟甲於天下。及永熙之亂，城郭邱墟。武定五年（547），炫之行役洛陽，感念廢興，因捃拾舊聞，追敘故跡，以成是書。

以城內及四門之外分敘五篇。敘次之後先，以東面三門、南面三門、北面三門各署其新舊之名，以提綱領。體例絕為明晰。其文穠麗秀逸，煩而不厭，可與酈道元《水經注》肩隨。其兼敘尒朱榮等變亂之事，委曲詳盡，多足與史傳參證。其他古蹟藝文及外國土風道里，採摭繁富，亦足以廣異聞。劉知幾《史通》云：「秦人不死，驗苻生之厚誣；蜀老猶存，知葛亮之多枉。」〔二〕蜀老事見《魏書・毛修之傳》，秦人事即用此書趙逸一條。知幾引據最不苟，知其說非鑿空也。他如解魏文之《苗茨碑》，糾戴延之之《西征記》，考據亦皆精審。

惟以高陽王雍之樓為即《古詩》所謂「西北有高樓，上與浮雲齊」者，則未免固於說詩，為是書之瑕纇耳。據《史通・補注篇》稱：「除煩則意有所恡，畢載則言有所妨。遂乃定彼榛楛，列為子注。若蕭大圜《淮海亂離志》、羊炫之《洛陽伽藍記》是也。」〔三〕則炫之此記，實有自注。世所行本皆無之，不知何時佚脫。然自宋以來未聞有引用其注者，則其刊落已久，今不可復考矣。〔四〕（《四庫全書總目》卷七十）

【注釋】

〔一〕【作者】北平（今河北滿城）人。曾任期城太守。（《辭海・文學分冊》第62頁）

〔二〕【史源】《史通》卷七《曲筆第二十五》。

〔三〕【史源】《史通》卷五《補注第十七》。

〔四〕【整理與研究】范祥雍撰《洛陽伽藍記校注》（上海古籍出版社1978年版），周祖謨撰《洛陽伽藍記校釋》（上海書店出版社2000年版），楊勇撰《洛陽伽藍記校箋》（中華書局2018年版）。按，此書有《四部叢刊》本，張元濟跋云：「近世存者，以如隱堂本為最古。其刊版當在明代嘉、隆之際。是本卷二闕第四、第九、第十八等葉，均寫補。毛斧季獲見是刻即已言之，世間存本，無不皆然，蓋殘佚久矣……《史通・補注篇》謂書舊有注，顧千里疑原用大小字為別，後世連寫，遂混注入正文。錢塘吳若準重為編次，釐定綱目，蒐據眾刻，校其異同，成《集證》一卷，世稱善本。然仍有人議其不免混淆，未盡塵障。」（《張元濟古籍書目序跋彙編》第941頁）

128. 長安志二十卷

宋宋敏求（1019～1079）撰。敏求有《唐大詔令》，已著錄。

是編皆考訂長安古蹟，以唐韋述《西京記》疏略不備，因更博採群籍，參校成書。凡城郭、官府、山川、道里、津梁、郵驛以至風俗、物產、宮室、寺院、纖悉畢具。其坊市曲折及唐盛時士大夫第宅所在，皆一一能舉其處，粲然如指諸掌。司馬光嘗以為考之韋記，其詳不啻十倍。今韋氏之書久已亡佚，而此志精博宏贍，舊都遺事，藉以獲傳，實非他地志所能及。程大昌《雍錄》稱其「引類相從，最為明晰。然細細校之，亦不免時有駁覆。如曲臺既入未央，而又入之三雍，是分一為二矣。長門宮在都城之外長門亭畔，而列諸長信宮內，則失其位置矣。況宮殿園囿，又多空存其名，不著事蹟，則亦無可尋繹矣（云云）」〔一〕。其說雖不為無見，實則凌雲之材，不以寸折為病。敏求尚有《河南志》，與此凡例稍異，而並稱贍博，今已不存。又楊慎《丹鉛錄》謂杜常華清宮詩見《長安志》，詩中「曉風」乃作「曉星」，檢今本實無此詩。蓋慎喜偽託古書，不足為據，非此志有所殘闕。惟晁公武《讀書志》載有趙彥若〔二〕序，今本無之，則當屬傳寫佚脫耳。（《四庫全書總目》卷七十）

【注釋】

〔一〕【史源】《雍錄》卷一「長安志」條。

〔二〕【趙彥若】（約 1033～約 1095），字元考，宋青州臨淄（今山東益都西北）人。《宋史》卷十六神宗本紀：「辛巳，司馬光、趙彥若上所修《百官公卿年表》十卷、《宗室世表》三卷。」元豐二年（1079）除國史院編修官，七年試秘書監，曾校定《張邱建算經》《緝古算經》等。

129. 洛陽名園記一卷

宋李格非撰。格非字文叔，濟南人。元祐末為國子博士。紹聖初進禮部郎，提點京東刑獄，以黨籍罷。

是書記洛中園囿，自富弼以下凡十九所。格非自跋云：「天下之治亂，候於洛陽之盛衰；洛陽之盛衰，候於園囿之興廢。」〔一〕蓋追思當時賢佐名卿勳業盛隆，能享其樂，非徒誇臺榭池館之美也。

《書錄解題》《郡齋讀書志》俱載李格非撰，惟《津逮秘書》題曰華州李廌。考邵博《聞見後錄》第十七卷全載此書，不遺一字，題標格非之名。同時之人，不應有誤。知毛晉之誤題審矣。

王士禎《居易錄》記是書〔二〕，前有紹興中張琰德和序〔三〕，首曰山東李文叔云云。此本亦佚之，殆又後人因標題姓名與序不符而刊除其文歟？〔四〕

（《四庫全書總目》卷七十）

【注釋】

〔一〕【李格非自跋】洛陽處天下之中，挾殽澠之阻，當秦隴之襟喉，而趙、魏之走集，蓋四方必爭之地也。天下常無事則已，有事則洛陽先受兵。予故曰：「洛陽之盛衰者，天下治亂之候也。」方唐貞觀、開元之間，公卿貴戚開館列第於東都者號千有餘邸，及其亂離，繼以五季之酷，其池塘竹樹，兵車蹂踐，廢而為邱墟，高亭大榭，煙火焚燎，化而為灰燼，與唐共滅而俱亡者無餘處矣。予故嘗曰：「園圃之廢興，洛陽盛衰之候也。」且天下之治亂，候於洛陽之盛衰；而知洛陽之盛衰，候於園圃之廢興而得。則《名園記》之作，予豈徒然哉！嗚呼！公卿大夫方進於朝，放乎以一己之私自為，而忘天下之治忽。欲退享此樂，得乎唐之末路是已。洛陽名公卿園林，為天下第一，靖康後，祝融回祿盡取以去矣。

〔二〕【史源】《居易錄》卷六：「《洛陽名園記》，濟南李格非文叔撰。易安之父也。家今章邱縣北之臨濟。記有紹興中張琰德和序，首曰山東李文叔，又曰女適趙相挺之子，亦能詩，上趙相救其父云。」

〔三〕【張序】張琰德和序已錄入四庫本卷首，作序時間為紹興八年三月望日。

〔四〕【整理與研究】張瑤撰《洛陽名園記中的園林研究》認為，該書是研究北宋私家園林的重要文獻，諸多園林史的教材中，均以此為例。文章以《洛陽名園記》中的園林研究為重點，側重於史實研究的角度，對文中的園林進行考證，剖析和研究。（天津大學 2014 年碩士論文）。

130. 東京夢華錄十卷〔一〕

宋孟元老撰。元老始末未詳。〔二〕

蓋北宋舊人，於南渡之後，追憶汴京繁盛而作此書也。自都城、坊市、節序、風俗及當時典禮、儀衛，靡不賅載。雖不過識小之流，而朝章國制，頗錯出其間。覈其所紀，與《宋志》頗有異同。如《宋志》南郊儀注，郊前三日，但云齋於大慶殿、太廟及青城齋宮；而是書載車駕宿大慶殿儀、駕宿太廟奉神主出室儀、駕詣青城齋宮儀，委曲詳盡。又如郊畢解嚴，《宋志》但云御宣德門肆赦；而是書載下赦儀，亦極周至。又行禮儀注，《宋志》有皇帝初登壇上香奠玉幣儀，既降盥洗，再登壇然後初獻；而是書奏請駕登壇即初獻，無上香獻玉帛儀。又太祝讀冊，《宋志》列在初獻時；是書初獻之後再登壇，始稱讀祝，亦小有參差。如此之類，皆可以互相考證，訂史氏之訛舛。固不僅歲時宴賞，士女奢華，徒以怊悵舊遊流傳佳話者矣。〔三〕（《四庫全書總目》卷七十）

【注釋】

〔一〕【版本】潘景鄭《明弘治本東京夢華錄》云：「今宋元本不得復見，當以此本為最古矣。傳本當以此為最勝矣。」（《著硯樓讀書記》第 203 頁）

〔二〕【元老始末未詳】孟元老即北宋末年蔡京同黨孟昌齡的第四子孟鉞，詳見孔憲易《孟元老其人》（《歷史研究》1980 年第 4 期）。

〔三〕【整理與研究】《東京夢華錄》成書於南宋紹興十七年（1147），刊行於淳熙四年（1177）。鄧之誠撰《東京夢華錄注》（商務印書館 1959 年版），伊永文撰《東京夢華箋注》（中華書局 2006 年版），王瑩撰《東京夢華譯注》（上海三聯書店 2020 年版）。日人入矢高義等譯注《東京夢華錄》（日本平凡社 1996 年修訂本）。

131. 夢粱錄二十卷

宋吳自牧撰。自牧，錢塘（今浙江杭州）人。仕履未詳。〔一〕

是書全仿《東京夢華錄》之體。所紀南宋郊廟宮殿，下至百工雜戲之事，委曲瑣屑，無不備載。然詳於敘述，而拙於文采，俚詞俗字，展笈紛如，又出《夢華錄》之下。而觀其自序〔二〕，實非不解雅語者，毋乃信劉知幾之說，欲如宋孝王《關東風俗傳》，方言世語由此畢彰乎？案：語見《史通·言語》篇。要其措詞質實，與《武林舊事》詳略互見，均可稽考遺聞，亦不必責以詞藻也。自牧自序云：「緬懷往事，殆猶夢也，故名《夢粱錄》。」末署甲戌歲中秋日。考甲戌為宋度宗咸淳十年（1274），其時宋尚未亡，不應先作是語，意甲戌字傳寫誤歟？

王士禛《漁洋文略》〔三〕有是書跋，云《夢粱錄》二十卷，不著名氏。蓋士禛所見抄本，又脫此序，故不知為自牧耳。今檢《永樂大典》所引，條條皆題自牧之名，與此本相合。知非影附古書、偽標撰人姓氏矣。（《四庫全書總目》卷七十）

【注釋】

〔一〕【考證】《紅雨樓書目》卷四集部「家集類」載：「《新安吳氏倡於篇》一卷。唐吳少微、吳鞏，宋吳自牧、自中。」新安即今安徽歙縣。吳自牧原籍新安，為唐文學家吳少微的後裔，後遷居錢塘，遂為錢塘人。有弟名吳自中，亦能文。吳自牧、吳自中及其遠祖吳少微、吳鞏的著作均收入其「家集」——《新安吳氏倡於篇》中。（參見官桂栓《吳自牧小考》，《學術研究》1985 年第 2 期）

〔二〕【吳自牧《夢粱錄》自序】昔人臥一炊，頃而平生事業揚歷皆遍，及覺，則依然故吾，始知其為夢也，因謂之「黃粱夢」。矧時異事殊，城池苑囿之富，風俗人物之盛，焉保其常如疇昔哉？緬懷往事，殆猶夢也，名曰《夢粱錄》，云脫有遺闕，識者幸改正之毋哂。甲戌歲中秋日，錢塘吳自牧書。

〔三〕【漁洋文略】王士禛所為古文辭，康熙三十四年（1695）刻於蘇州。

132. 武林舊事十卷

宋周密〔一〕（1232～約 1298）撰。密字公謹，號草窗，先世濟南人。其曾祖隨高宗南渡，因家湖州。淳祐中嘗官義烏令。宋亡不仕，終於家。

是書記宋南渡都城雜事。蓋密雖居弁山，實流寓杭州之癸辛街。故目睹耳聞，最為真確。於乾道、淳熙間三朝授受，兩宮奉養之故跡，敘述尤詳。

自序稱，欲如呂滎陽《雜記》而加詳，如孟元老《夢華》而近雅〔二〕。今考所載，體例雖仿孟書，而詞華典贍。南宋人遺篇剩句，頗賴以存。近雅之言不謬。呂希哲〔三〕《歲時雜記》今雖不傳，然周必大《平園集》尚載其序，稱其上元一門，多至五十餘條，不為不富〔四〕。而密猶以為未詳，則是書之賅備可知矣。

明人所刻，往往隨意刊除，或僅六卷，或不足六卷，惟存故都宮殿、教坊樂部諸門，殊失著書之本旨。此十卷之本，乃從毛氏汲古閣元版傳抄，首尾完具。其間逸聞軼事，皆可以備考稽。而湖山歌舞，靡麗紛華。**著其盛，正著其所以衰。**遺老故臣惻惻興亡之隱，實曲寄於言外。不僅作風俗記都邑簿也。第十卷末棋待詔以下，以是書體例推之，當在六卷之末。疑傳寫或亂其舊第，然無可考證，今亦姑仍之焉。〔五〕（《四庫全書總目》卷七十）

【注釋】

〔一〕**【作者研究】**夏承燾《唐宋詞人年譜》（上海古典文學出版社 1955 年版）有周密年譜。

〔二〕**【周密自序】**乾道、淳熙間，三朝授受，兩家奉親，古昔所無一時聲名文物之盛，號小元祐、豐亨、豫泰，至寶祐、景定，則幾於政宣矣。予曩於故家遺老，得其梗概，及客修門，間聞退璫老監談先朝舊事，輒傾耳諦聽，如小兒觀優，終日夕不少倦。既而曳裾貴邸，耳目益廣，朝歌暮嬉，酣玩歲月，意謂人生正復若此。初不省承平樂事為難遇也，及時移物換，憂患飄零，追想昔遊，殆如夢寐，而感慨繫之矣。歲時檀欒，酒酣耳熱，時為小兒女戲道一二，未必不反以為誇言欺我也。每欲萃成篇帙，如呂滎陽《雜記》而加詳，孟元老《夢華》而近雅，病忘慵惰，未能成書。世故紛來，懼終於不暇紀載，因摭大概，雜然書之。青燈永夜，時一展卷，恍然類昨日事。朋遊淪落，如晨星霜葉，而余亦老矣。噫！盛衰無常，年運既往，後之覽者，能不興愾我寤嘆之悲乎！

〔三〕**【呂氏雜記】**宋呂希哲（1039～1116）撰。希哲字原明，先世萊州人，後家壽州。事蹟具《宋史》本傳。《朱子語錄》稱其學於程氏，意欲直造聖人，盡其平生之力，乃反見佛與聖人合。今觀此書，喜言禪理，每混儒墨而一之，誠不免如朱子所言。（《四庫全書總目》卷一二〇）

今按，朱子《雜學辨》以斥當代諸儒之雜於佛、老者也。其中駁呂希哲《大學解》四條。

〔四〕【史源】周必大《文忠集》卷四十八《平園續稿八・題呂侍講希哲歲時雜記後》云:「侍講呂公當全盛時,食相門之德,既目擊舊禮,又身歷外官,四方風俗,皆得周知,追記於冊,殆無遺者。惟上元一門,多至五十餘條。百年積纍之盛,故家文獻之餘,茲可推矣。」

〔五〕【整理與研究】王慶珍《〈武林舊事〉非「地理類」論》認為,周密的《武林舊事》資料豐富翔實,長久以來被人們視為瞭解南宋社會的重要史料。被《四庫全書總目》列於地理類中。然而,就作品本身而言,作者以較大篇幅禮讚了宋孝宗的仁孝之心,對孝宗的有意恢復、積極備戰表示認同,曲折地反映了自己對南宋朝野和戰之爭的態度;文本描繪了臨安人民安樂祥和的生活,及朝廷對人民的恩賞眷顧,表達了對故國的無限眷戀。與此同時,作者也毫不諱言南宋上下的奢靡之風,豪門的誇靡鬥富、市井的奢侈放縱,都滲透了周密對南宋亡國的深沉思考。文本不是對風土人情的客觀記述,字裏行間流露了周密的故國情思和興亡之感,絕不能簡單地作地理資料以觀。(《學術交流》2012 年第 2 期)

133. 徐霞客遊記十二卷

明徐弘祖〔一〕(1587~1641)撰。弘祖,江陰人,霞客其號也。少負奇氣,年三十出遊,攜一襆被,遍歷東南佳山水。自吳、越之閩,之楚,北歷齊、魯、燕、冀、嵩、雒,登華山而歸。旋復由閩之粵,又由終南背走峨嵋,訪恒山,又南過大渡河,至黎雅,尋金沙江,從瀾滄北尋盤江,復出石門關數千里,窮星宿海而還。所至輒為文以志遊跡。沒後手稿散逸,其友季夢良求得之,而中多闕失。宜興史氏亦有抄本,而訛異尤甚。

此則楊名時所重加編訂者也。第一卷自天台、雁蕩以及五臺、恒、華,各為一篇。第二卷以下皆西南遊記,凡二十五篇。首浙江、江西一篇,次湖廣一篇,次廣西六篇,次貴州一篇,次雲南十有六篇,所闕者一篇而已。

自古名山大澤,秩祀所先,但以表望封圻,未聞品題名勝。逮典午而後,遊亦始盛。六朝文士,無不託興登臨。史冊所載,若謝靈運《居名山志》《遊名山志》之類,撰述日繁。然未有累牘連篇都為一集者。弘祖耽奇嗜僻,刻意遠遊,既銳於搜尋,尤工於摹寫,遊記之夥,遂莫過於斯編。雖足跡所經,排日紀載,未嘗有意於為文,然以耳目所親,見聞較確。且黔滇荒遠,輿志多疏。此書於山川脈絡，剖析詳明，尤為有資考證，是亦山經之別乘、輿記之外篇矣。存茲一體，於地理之學未嘗無補也。〔二〕(《四庫全書總目》卷七十一)

【注釋】

〔一〕【作者研究】丁文江撰《徐霞客先生年譜》(商務印書館 1986 年版)，褚紹唐撰《增訂徐霞客年譜》(上海文化出版社 1994 年版)，田柳撰《新訂徐霞客年譜》(江蘇教育出版社 1999 年版)，侯仁之撰《徐霞客》(中華書局 1979 年版)，劉國城撰《徐霞客評傳》(吉林林業大學出版社 1986 年版)，趙沛撰《徐霞客傳》(百花文藝出版社 1994 年版)，朱鈞侃等撰《徐霞客評傳》(南京大學出版社 2006 年版)。

〔二〕【整理與研究】1980 年上海古籍出版社出版褚紹唐、吳應壽整理本。朱惠榮撰《徐霞客遊記校注》(雲南人民出版社 1999 年版)，朱鈞侃等主編《徐學概論——徐霞客及其遊記研究》(江蘇教育出版社 1999 年版)，馮時平撰《徐霞客遊記通論》(西北大學出版社 1995 年版)，鄭祖安等撰《徐霞客與山水文化》(上海文藝出版社 1994 年版)，朱惠榮撰《徐霞客與徐霞客遊記》(中華書局 2003 年版)，呂錫生主編撰《徐霞客及其遊記研究古今集成》(中華書局 2004 年版)，唐仁錫等撰《徐霞客及其遊記研究》(中國社會科學出版社 1987 年版)，中國徐霞客研究會、江陰市人民政府編《徐霞客研究》第 1～13 輯(學苑出版社)。

134. 佛國記一卷

宋釋法顯(約 337～約 422)撰。杜佑《通典》引此書又做法明。蓋中宗諱顯，唐人以明字代之，故原注有「國諱改焉」四字也。

法顯晉義熙中自長安遊天竺，經三十餘國還，到京，與天竺禪師參互辨定，以成是書。胡震亨刻入《秘冊函》中，從舊題曰《佛國記》，而震亨附跋則以為當名《法顯傳》〔一〕。今考酈道元《水經注》引此書所云「於此順嶺西南行十五日」以下八十九字，又引「恒水上流有一國」以下二百七十六字，皆稱曰《法顯傳》。則震亨之說，似為有據。然《隋志》雜傳類中載《法顯傳》二卷、《法顯行傳》一卷，不著撰人。地理類載《佛國記》一卷，注曰沙門釋法顯傳。一書兩收，三名互見，則亦不必定改《法顯傳》也。

其書以天竺為中國，以中國為邊地，蓋釋氏自尊其教，其誕謬不足與爭。又于闐即今和闐。自古以來，崇回回教法。《欽定西域圖志》考證甚明，而此書載其有十四僧伽藍，眾僧數萬人，則所記亦不必盡實。然六朝舊笈流傳頗久，其敘述古雅，亦非後來行記所及。存廣異聞，亦無不可也。

書中稱弘始三年，歲在己亥。按《晉書》姚萇弘始二年，為晉隆安四年（400），當稱庚子，所紀較前差一年。然《晉書》本紀載趙石虎建武六年當咸康五年（339），歲在己亥。而《金石錄》載趙横山李君神碑及西門豹祠殿基記，乃均作建武六年庚子，復後差一年。蓋其時諸國紛爭，或逾年改元，或不逾年改元，漫無定制。又南北隔絕，傳聞異詞，未可斷史之必是，此之必非。今仍其舊文，以從闕疑之義焉。〔二〕（《四庫全書總目》卷七十一）

【注釋】

〔一〕【震亨附跋】四庫本無。

〔二〕【整理與研究】《佛國記》有中華書局 1991 年《叢書集成初編》本。

135. 大唐西域記十二卷

唐釋玄奘〔一〕（600～664）譯，辯機〔二〕撰。玄奘事蹟具《舊唐書》列傳。晁公武《讀書志》載是書，作玄奘撰，不及辯機。鄭樵《通志・藝文略》則作《大唐西域記》十二卷，玄奘撰，《西域記》十二卷，辯機撰，又分為兩書。惟陳振孫《書錄解題》作大唐三藏法師玄奘譯，大總持寺僧辯機撰，與今本合。考是書後有辯機序，略云：「玄奘法師以貞觀三年（629）褰裳遵路，杖錫遐征。薄言旋軔，謁帝洛陽。肅承明詔，載令宣譯。」辯機為大總持寺弟子，撰斯方志，則陳氏所言為得其實矣。

昔宋法顯作《佛國記》，其文頗略。《唐書・西域列傳》較為詳覈。此書所序諸國，又多《唐書》所不載，則史所錄者朝貢之邦，此所記者經行之地也。《讀書志》載有玄奘自序，此本佚之。惟前有尚書左僕射、燕國公張說序，後有辯機自序。句下間有注文，或曰唐言某某，或曰某印度境，疑為原注。又有校正譯語云舊作某某訛者，及每卷之末附有音釋，疑為後人所加。第十一卷「僧伽羅國」條中，有明永樂三年（1405）太監鄭和見國王阿烈苦奈兒事，是今之錫蘭山即古之僧伽羅國也。至「祈福民庶作無量功德」共三百七十字，亦注者附記之語，吳氏刊本誤連入正文也。所列凡一百三十八國。中摩揭陀一國釐為八、九兩卷，記載獨詳。所述多佛典因果之事，而舉其地以實之。晁公武《讀書志》稱，玄奘至天竺求佛書，因記其所歷諸國，凡風俗之宜、衣服之制、幅員之廣隘、物產之豐嗇，悉舉其梗概。蓋未詳檢是書，特姑據名為說也。〔三〕我皇上開闢天西，咸歸版籍。《欽定西域圖志》徵實傳信，凡前代傳聞之說一一釐正。此書侈陳靈異，尤不足稽。然山川道里亦有互相證明者。姑錄存之，備參考焉。〔四〕（《四庫全書總目》卷七十一）

【注釋】

〔一〕【作者研究】玄奘俗姓陳，名禕，唐代洛陽緱氏人。詳見季羨林《玄奘與大唐西域記》一文。

〔二〕【辯機】十五歲出家，為長安大總持寺道岳法師弟子。貞觀末年，因與太宗女高陽公主私通被殺。

〔三〕【評論】《大唐西域記》成於貞觀二十年（646），為研究中亞、南亞社會歷史和中外交通的珍貴歷史文獻。季羨林先生認為：「到了玄奘的《大唐西域記》，佛教僧侶不但對中國地理學的貢獻達到一個前所未有的水平，而且對印度地理學的貢獻也是巨大的。在當時的歷史背景下，這一部書確實是空前的。」

〔四〕【整理與研究】中文本目前以 2000 年中華書局季羨林等《大唐西域記》校注本為最佳。瓦達斯（ThomasWatters）撰《大唐西域記考釋》（1904 年版）。章巽點校《大唐西域記》（上海人民出版社 1977 年版），周連寬撰《大唐西域記史地研究叢稿》（中華書局 1984 年版），季羨林等注釋《大唐西域記》（中華書局 1985 年版），章巽、芮傳明合撰《大唐西域記導讀》（巴蜀書社 1990 年版），周國林注譯《大唐西域記》（嶽麓書社 1999 年版），公貢布加翻譯《大唐西域記藏文》（中國藏學出版社 2006 年版），次仁頓珠撰《大唐西域記藏譯及研究藏文》（藏文古籍出版社 2018 年版），王邦維釋譯《大唐西域記》（東方出版社 2018 年版），范祥雍撰《大唐西域記匯校》（上海古籍出版社 2018 年版），芮傳明撰《大唐西域記譯注》（中華書局 2019 年版），毛麗婭、高志剛主編《大唐西域記珍本彙刊》（巴蜀書社 2018 年版）、《大唐西域記珍本彙刊第二輯》（巴蜀書社 2019 年版）、《大唐西域記珍本彙刊第三輯》（巴蜀書社 2019 年版）。

136. 宣和奉使高麗圖經四十卷

宋徐兢（1091～1153）撰。兢字明叔，號自信居士。是書末附其行狀，稱甌寧（今福建建甌）人，《文獻通考》則作和州歷陽（今安徽和縣）人，《思陵翰墨志》〔一〕又作信州（今重慶萬縣）徐兢，似當以行狀為確。《通考》又稱兢為鉉之裔，自題保大騎省世家。考王銍《默記》稱徐鉉無子，惟鍇有後，居攝山前開茶肆，號徐十郎。鉉、鍇誥敕尚存。則《通考》亦誤傳也。據兢行狀，宣和六年（1124）高麗入貢，遣給事中路允迪報聘。兢以奉議郎為國信使提轄人船禮物官，因撰《高麗圖經》四十卷。還朝後詔給札上之，召對便殿，賜同進士出身，擢知大宗正事，兼掌書學。後遷尚書刑部員外郎。

其書分二十八門，凡其國之山川、風俗、典章、制度以及接持之儀文、往來之道路無不詳載，而其自序尤拳拳於所繪之圖〔二〕。此本但有書而無圖，已非完本。然前有其侄蒧題詞一首，稱書上御府，其副藏家。靖康丁未（1127），兵亂失之。後從醫者得其本，惟海道二卷無恙。又述兢之言，謂世傳其書，往往圖亡而經存。欲追畫之，不果就，乃以所存者刻之徵江郡齋。周煇《清波雜志》亦稱：「兢仿元豐中王雲所撰《雞林志》，為《高麗圖經》。物圖其形，事為其說。蓋徐素善丹青也。宣和末，老人在歷陽案：此老人字疑為先人之訛，蓋指其父邦也。雖得見其書，但能抄其文，略其繪事。乾道中刊於江陰郡齋者，即家間所傳之本，圖亡而經存，蓋兵火後徐氏亦失元本（云云）。」〔三〕是宋時已無圖矣。又張世南《遊宦（記）〔紀〕聞》曰：「高麗是年有請於上，願得能書者至國中，於是以徐兢為國信使禮物官。」〔四〕則兢之行，特以工書遣。而留心記載乃如是。今其篆書無一字傳世，惟此編僅存。考魏了翁《鶴山集》稱：「兢篆於《說文解字》以外，自為一家，雖其名兢字見於印文者，亦與篆法不同（云云）。」〔五〕則其篆乃滅裂古法者，宜不為後人所藏弆。然此編已足以傳兢，雖不傳其篆可也。〔六〕（《四庫全書總目》卷七十一）

【注釋】

〔一〕【思陵翰墨志】宋高宗撰。高宗苟且偏安，頗有愧中興之號，惟於書法則所得特深，故此編多入微之論。（《四庫全書簡明目錄》卷十二子部八藝術類）

〔二〕【宣和奉使高麗圖經序】四庫本已移至卷首。

〔三〕【史源】《清波雜志》卷七。

〔四〕【史源】見張世南《遊宦紀聞》卷六。

〔五〕【史源】魏了翁《鶴山集》卷六十二《跋聶侍郎述所藏徐明叔篆赤壁賦》。

〔六〕【整理與研究】李澍田整理《宣和奉使高麗圖經》（吉林文史出版社 1991 年版），孫希國撰《宣和奉使高麗圖經整理與研究》（黑龍江人民出版社 2019 年版）。

137. 職方外紀五卷

明西洋人艾儒略〔一〕（Aleni，jules，1582～1649）撰。

其書成於天啟癸亥（1623）。自序謂利氏齎進《萬國圖志》，龐氏奉命翻譯，儒略更增補以成之。蓋因利瑪竇、龐我迪舊本潤色之，不盡儒略自作也。〔二〕所紀皆絕域風土，為自古輿圖所不載，故曰《職方外紀》。

其說分天下為五大州：一曰亞細亞州。其地西起那多理亞，離福島六十二度；東至亞尼俺峽，離福島一百八十度；南起瓜哇，在赤道南十二度；北至冰海，在赤道北七十二度。

二曰歐邏巴州。其地南起地中海，北極出地三十五度；北至冰海；北極出地八十餘度；徑一萬一千二百五十里；西起西海福島初度；東至阿比河，距福島九十二度，經二萬三千里。

三曰利未亞州。西南皆至利未亞海，東至西紅海，北至地中海。極南南極出地三十五度，極北北極出地三十五度，東西廣七十八度。

四曰亞墨利加。地分南北，中通一峽。峽南之地，南起墨瓦蠟泥海峽，南極出地五十二度；北至加納達，北極出地十度半；西起福島二百八十六度；東至三百五十五度。峽北之地，南起加納達，南極出地十度半；北至冰海，其北極出地度數則未之測量；西起福島一百八十度；東盡三百六十度。

五曰墨瓦蠟尼加。則彼國與之初通，疆域道里，尚莫得詳焉。

前冠以萬國全圖，後附以《四海總說》。所述多奇異不可究詰，似不免多所誇飾。然天地之大，何所不有，錄而存之，亦足以廣異聞也。（《四庫全書總目》卷七十一）

【注釋】

〔一〕【艾儒略】意大利耶酥會士。1610年抵澳門，1613年抵北京，曾在上海、揚州、陝西、山西、福建等地進行傳教活動，最後於清順治六年（1649年）死於福建延平。《職方外紀》是1623年他在杭州時寫的，由楊廷筠作了潤色加工，故書中署名為「西海艾儒略增譯，東海楊廷筠匯記」。艾氏的生平和其他譯著，詳見費賴之《在華耶穌會士列傳及書目》和方豪《中國天主教史人物傳》。

〔二〕【編纂】李之藻在《刻職方外紀序》中已明確地提到《職方外紀》是根據龐迪我、熊三拔的「底本」，由艾氏和楊氏二人「增輯」而成的，而龐、熊二人的「底本」，則是根據福建稅官所獻的西洋世界地圖二幅翻譯為中文而加的說明。李之藻序的原文如下：「會閩稅璫又馳獻世界地圖二幅，皆歐邏巴文字，得之海舶者。而是時利已即世，龐、熊二友留京，奉旨翻譯……乃先譯原幅以進。別又製屏八扇，載所見聞，附及土風物產，楷書貼說甚細……今尚皮中城察院云。而龐、熊旋卒於途，其底本則京紳有傳寫者，然皆碎玉遺璣，未成條貫。今年夏，余友楊仲堅氏與西士艾子為增輯焉。」艾氏的《自序》和楊廷筠序也有相同的記載。艾氏《自序》更申述了增補所用的素材：「乃更竊取西來所攜手輯方域梗概為增補，以成一編，名曰《職方外紀》……茲賴後先同志，出遊寰宇，合聞合見，以成此書。」（謝方《艾儒略及其職方外紀》，《中國歷史博物館館刊》1991 年卷）

138. 皇清職貢圖九卷

乾隆十六年（1751）奉敕撰。

以朝鮮以下諸外藩為首，其餘諸藩諸蠻各以所隸之省為次。會聖武遠揚，戡定西域，拓地二萬餘里，河源月䶲之外，梯航麟集，琛賮旅來，乃增繪伊伊犂、哈薩克、布魯特、烏什、巴達克山、安集延諸部，共為三百餘種，分圖繫說，共為七卷。告成於乾隆二十二年（1757）。迨乾隆二十八年（1763）以後，愛烏罕、霍罕、啟齊玉蘇、烏爾根齊諸部，咸奉表入覲，土爾扈特全部自俄羅斯來歸，雲南整欠、景海諸土目又相繼內附，乃廣為續圖一卷。每圖各繪其男女之狀及其部長屬眾衣冠之別，凡性情習俗、服食好尚，罔不具載。〔一〕

考《南史》載，梁武帝使裴子野撰《方國使圖》，廣述懷來之盛，自荒服至海表凡二十國。張彥遠《歷代名畫記》載梁元帝有《職貢圖》。史繩祖《學齋占畢》引李公麟雲，元帝鎮荊州，作《職貢圖》，狀其形而識其土俗，凡三十餘國。〔二〕其為數較今所繪，不及十分之一。至《山海經》所載諸國，多出虛撰，概不足憑。《漢書・西域傳》以下史家所述，多出傳聞，核以道里山川，亦往往失實。又不及今之所繪。或奉贄貢筐，親睹其人，或伏鉞乘軺，實經其地，允攄提合雒以來所未睹之隆軌。然伏讀御題長律，方以保泰承庥，殷殷諮儆，此景命所以重申，天聲所以益播也。自今以往，占風驗海而至者，當又不知其凡幾。珥筆之臣，且翹佇新圖之更續矣。〔三〕

謹案：此書及《西域圖志》皆以紀盛德昭宣，無遠弗屆，為亙古之所未有。《西域圖志》恭錄於都會郡縣類中，此則恭錄於外紀者，西域雖本外國，而列戍開屯，築城建邑，已同內地之一省，入於都會郡縣，所以著闢地之廣，彰聖武也；職貢諸方，多古來聲教所不及，重譯所未通，入於外紀，所以著格被之遠，表聖化也。（《四庫全書總目》卷七十一）

【注釋】

〔一〕【評論】今按，此書為中國古代第一部通史性畫史要籍，記述了清乾隆時期海外交往及境內少數民族貢賦情況。卷一為海外交往諸國，如朝鮮、英、法、日本、荷蘭、俄羅斯等二十餘國。卷二以下則為國內各少數民族，包括西藏、新疆、關東、福建、湖南、廣東、廣西、甘肅、四川、雲南、貴州等地區，按地域區別及地位之高低進行編排，繪圖三百種，以男女別幅，共計六百數。描繪各國、各民族之男女狀貌，並有文字題記，簡要說明其分布地區、歷史沿革、服飾飲食、社會生產及向清政府貢賦數額。是研究中外交往、民族學等方面的重要歷史資料，鄭振鐸贊其為信史，稱六百幅圖像……確非妄為嚮壁想像者，不啻冊府傳信之鉅觀也（鄭振鐸著《西諦書話》）。同時本書也對服飾史、風俗史等的研究有著重要的參考價值，如沈從文《中國古代服飾研究》一書清代少數民族部分圖示大部來源於此書。

〔二〕【史源】史繩祖《學齋佔畢》卷二「王會貢職兩圖之異」引李公麟所述云：梁元帝時，蕭繹鎮荊時，作貢職圖，狀其形，而識其土俗首虜。而後蠻凡三十餘國。

〔三〕【整理與研究】1964 年上海人民美術出版社出版注釋校補本。蒼銘、劉星雨《從皇清職貢圖看「新清史」的「清朝非中國論」》認為，《皇清職貢圖》是清乾隆時期繪製的宣揚清朝大一統國家盛況的巨型畫卷（圖冊），以《皇清職貢圖》為例，從三個方面闡述了清朝是中國的一個王朝：首先，《皇清職貢圖》選擇的繪製區域和對象體現了其中華帝國意識；其次，《皇清職貢圖》圖說中敘述清王朝與外國、藩屬國的關係時，以中國為自稱；其三，《皇清職貢圖》敘述清朝與邊疆各族關係時是以中國的一個王朝自稱。由此認為清朝並非「滿洲帝國」，而是一個以滿、蒙、漢三族為主體，包含邊疆各族的統一的中華帝國。（《中央民族大學學報》2019 年第 6 期）

139. 歷代地理指掌圖一卷

舊本題宋蘇軾（1036～1101）撰。

始自帝嚳，迄於宋代，為圖凡四十有四，前有序，後有總論。其序云，據《元豐九域志》。然書中乃有建炎二年（1128）改江寧（今江蘇南京）為建康府、紹興三十二年（1162）升洪州（今江西南昌）為隆興府諸語。

案費袞《梁溪漫志》曰：「今世所傳《地理指掌圖》，不知何人所作，其考究精詳，詮次有法，上下數千百年，一覽而盡，非博學洽聞者不能為，自足以傳遠，然必託之東坡。其序亦云東坡所為，觀其文淺陋，乃舉子對策手段，東坡安有此語？〔一〕最後有本朝升改廢置州郡一圖，乃有崇寧以後迄於建炎、紹興所廢置者，此豈出於東坡之手哉（云云）？」〔二〕則此書之偽，南宋人固已言之，而流傳刊本仍題軾名。刊胡安國《春秋傳》者，皆摘其列國一圖為冠，亦仍題曰東坡，謬之甚矣。〔三〕其書雖簡明，而疏略殊甚。費袞所稱，殊為過當〔四〕，亦不足據也。〔五〕（《四庫全書總目》卷七十二）

【注釋】

〔一〕【歷代地理指掌圖序】圖書之作，其來尚矣……古今輿地，披圖了然，如親履而目見之，庶乎可以不出戶而知天下，因命之曰指掌。由是言之，豈必後世子雲出，而始好之耶？雖然，寡聞卑見，稽考不詳，不無謬誤，刪而正之，則有俟於後之君子。眉山蘇軾謹序。（《四庫全書存目叢書》史部第166冊第100～101頁）

今按，其序雖云東坡所為，但其文確實淺陋，似不出蘇軾之手。又按，《四庫全書存目叢書》本卷首趙亮夫茂德淳熙乙巳序稱：「東坡先生嘗取地理，代別為圖，目之曰指掌。上下數千百載，離合分併，增省廢置，靡不該備。《歷代地理指掌圖》中舊有此圖，字畫漫不可考，乃加校勘，命工鋟木，續有升改，亦並足之。」

〔二〕【史源】宋費袞《梁溪漫志》卷六「地里指掌圖」條。

〔三〕【辨偽】《朱子語錄》卷一百三十八：「《指掌圖》非東坡所為。」錢大昕《竹汀先生日記鈔》卷一云：「又《地理指掌圖》三冊，序首題西蜀蘇軾，係後人託名，然必北宋人所為。其中又雜入紹興所改府名，則南宋坊賈為之耳。」今按，此書為宋代地圖學家稅安禮所撰。稅安禮，少通經史，熟諳掌故，嘗遍遊名山大川，博見廣聞。著有《地理指掌圖》《春秋列國圖說》。其正訛糾謬，考據詳明，頗爲人所重。哲宗元符二年（1099），欲以是書進上朝廷，未及而卒。《四川通志》《巴縣志》有傳。又按，郭聲波《歷代地理指掌圖作者之爭及我見》認為，《歷代地理指掌圖》是現存最早的一部中國歷史地圖集，舊題蘇軾著，雖有人懷疑係偽託，但正面材料不夠充分，至今尚無定論。郭氏從該書的文風、內容、版本等方面進行全面考察，進一步肯定了偽託說，還從四川地方文獻中找到一些材料，證明真正作者是北宋巴縣人稅安禮。又按，王焦《歷代地理指掌圖研究》（陝西師範大學 2019 年碩士論文）亦云：「關於《歷代地理指掌圖》的編繪者和初刊時間，目前尚存爭議。本章主要通過對版本的梳理，同時結合現存宋本圖集的主要內容，就版本、編繪者和初刊時間進行了討論，並對圖集的編繪背景、動機和內容做了簡要闡述。認為《歷代地理指掌圖》大致在北宋元符二年（1099）由稅安禮編繪完成，並於元符二年之後，政和元年之前（1099～1111 年）刊刻成書。」

〔四〕【考證】彭元瑞《知聖道齋讀書跋》卷一「歷代地理指掌圖」條：「費袞《梁溪漫志》論是書劇審。是書要以《九域志》為藍本，其春秋列國一圖，後人以冠《左傳》之首。南宋最盛坊刻，若建之勤有堂、杭之陳解元書鋪，多應舉兔園冊子，駕名人以為壟斷耳。書中避宋諱，猶是南渡刊本。後經明人翻雕，更羼入明代地名，愈可怪矣。」

〔五〕【版本】日本「入宋僧」圓爾辨圓 1235 年赴中國留學，1241 年歸國，帶回中國典籍數千卷，其中有《歷代地理指掌圖》一部，現藏於東洋文庫。（《日本藏漢籍珍本追蹤紀實》第 85 頁）

【整理與研究】林啟柱主編《歷代地理指掌圖校注》（中國文史出版社 2015 年版）。今按，此書主要對宋代地圖學家（巴縣籍）稅安禮的《歷代地理指掌圖》一書展開研究，按照注釋與繪製兩個方面進行，深刻揭示了我國第一部地圖集的歷史文化價值，反映了中國歷史的變遷和文化的流傳，是一部難得看到和讀到的關於歷史地理學方面的古代學術著作。

140. 天下郡國利病書一百二十卷

國朝顧炎武（1613～1682）撰。炎武有《左傳杜解補正》，已著錄。

是書蓋雜取天下府、州、縣志書及歷代奏疏、文集並明代實錄，輯錄成編。其中採掇舊文，同異兼收，間有矛盾之處。編次亦絕無體例。蓋未成之稿本也。〔一〕（《四庫全書總目》卷七十二）

【注釋】

〔一〕【未成之稿本】顧氏原稿確為未成之稿本，分訂為 34 冊，經歷代學者保存，自清末以來收藏於崑山縣圖書館，但第 14 冊已佚。書中保存明代各地方的史料最為豐富，雖非完成之本，且有殘缺，史料價值則不因之而稍減。《四部叢刊三編》以其原稿影印行世，張元濟撰有長跋。（《張元濟古籍書目序跋彙編》第 942～943 頁）《鈕匪石日記》云：「壬子（1792）五月十四日，詣蕘圃家。觀《郡國利病書》，亭林先生手錄過半，原闕卷十四五之間，不分卷。」（第 3 頁）彭元瑞《知聖道齋讀書跋》卷一「天下郡國利病書」條亦云：「是書凡邊防、水利、漕運、河渠、賦稅、戶口、物產、風俗、有關利病者，著於錄。其體更大，脫漏亦多，蓋惜乎其未成之書也。」

141. 唐六典三十卷

唐玄宗明皇帝（685～762）御撰，李林甫（？～752）奉敕注。〔一〕

其書以三師〔二〕、三公〔三〕、三省〔四〕、九寺〔五〕、五監〔六〕、十二衛〔七〕列其職司官佐，**敘其品秩，以擬《周禮》**。《書錄解題》引韋述《集賢記注》曰：「開元十年（722），起居舍人陸堅被旨修是書。帝手寫白麻紙六條，曰理、教、禮、政、刑、事，令以類相從，撰錄以進。張說以其事委徐堅，思之經歲莫能定。又委毋煚、徐欽、韋述，始以令式入六司，其沿革併入注中。後張九齡又委苑咸，二十六年奏草上。迄今在直院，亦不行用。」程大昌《雍錄》則曰：「唐世制度，凡最皆在《六典》。或曰書成未嘗頒用。今案《會要》，則牛僧孺奏升諫議為三品，用《六典》也。貞元二年（786），定著朝班次序，每班以尚書省官為首，用《六典》也。又其年竇參論祠祭當以監察蒞之，亦援《六典》也。此類殆不勝述。草制之官，每入院，必首索《六典》，則時制盡在故也。」〔八〕二說截然不同。考《呂溫集》有《代陳相公請刪定施行六典開元禮狀》一篇，稱宣示中外，星紀六周。未有明詔施行，遂使喪祭冠昏家，猶疑禮之等威名分，國靡成規。請於常參官內選學藝優敏者三五人，就集賢院各盡異同，量加刪定，然後特降德音，明下有司云云，與韋述之言相合。唐人所說，當無訛誤。〔九〕大昌所引諸事，疑當時討論典章，亦相引據，而公私科律，則未嘗事事遵用，如明代之《會典》云爾。范祖禹《唐鑒》，論其既有太尉、司徒、司空，又有尚書省，是政出於二也。既有尚書省，又有九寺，是政出於三也。蓋自唐、虞至周，有六官而無寺監，自秦迄陳，有寺監而無六官。獨此書兼之，故官多重複。今考是書，如林甫注中以諸州祥瑞預立條格，以待奏報之類，誠為可嗤。然一代典章，釐然具備，祖禹之所論，或以元豐官制全祖是書，有所激而云然歟？

又《唐會要》載開元二十三年（735）九齡等撰是書，而《唐書》載九齡以開元二十四年（736）罷知政事，則書成時九齡猶在位。後至二十七年（739），林甫乃注成獨上之〔十〕。宋陳騤《館閣錄》載，書局有經修經進、經修不經進、經進不經修三格。說與九齡皆所謂經修不經進者，卷首獨著林甫，蓋即此例。今亦姑仍舊本書之，不復追改焉。〔十一〕（《四庫全書總目》卷七十九）

【注釋】

〔一〕【撰人與內容】舊題唐玄宗撰，實為陸堅、張說、張九齡等撰，李林甫修訂注釋。是書詳記唐代之官制，為現存最古的國家行政組織法規專著。

〔二〕【三師】隋唐五代時，太師、太傅、太保的總稱。

〔三〕【三公】隋唐五代時，太尉、司徒、司空的總稱。

〔四〕【三省】唐時中書省、門下省、尚書省的合稱。

〔五〕【九寺】太常寺、光祿寺、衛尉寺、宗正寺、太僕寺、大理寺、鴻臚寺、司農寺、太府寺。

〔六〕【五監】國子監、少府監、軍器監、將作監、都水監。

〔七〕【十二衛】隋開皇初置十二府，統禁衛兵。

〔八〕【史源】《雍錄》卷一「唐六典」條。牛僧孺（779～847），事蹟詳見丁鼎撰《牛僧孺年譜》（遼海出版社 1997 年版）。

〔九〕【考證】關於《六典》曾否行用的公案，陳寅恪云：「至關於《六典》曾否行用問題，則自來多所辨說，已詳拙著《隋唐制度淵源略論稿》職官章，茲不贅述。所可言者，《六典》一書，自大曆後公式文中，可以徵引，與現行法令同一效力。」（《元白詩箋證稿》文學古籍刊行社 1955 年版第 184 頁）

〔十〕【史源】《雍錄》卷一「唐六典」條：「其書（指《唐六典》）蓋張九齡之所上，而李林甫之所注，今其卷首直冠林甫之名，而九齡如無預。惟《會要》能言其〔所〕以，曰：『開元二十七年，中書令張九齡所上。』則其書成於九齡為相之日矣。然於其間有異，九齡二十三年已罷中書令，而林甫代為之，則注成而上，或在二十七年，而書之進御，當在二十四年也。」

〔十一〕【整理與研究】陳仲夫點校《唐六典》（中華書局 1992 年版），以南宋本、明正德本為底本，以嘉靖本、近衛本、廣雅本為主要通校本點校。袁文興，潘寅生主編《唐六典全譯》（甘肅人民出版社 1997 年版）。○焦利《〈唐六典〉：唐代國家治理體系的完美呈現》認為，《唐六典》是唐朝的國家機構組織法與是職官編制法，職官編制法的指導原則就是「因職設官」「務省官員」，以便「官習其事，民安其教」。最早在《周禮》中關於官吏署員已有明確的編制，《唐六典》則是中國古代職官編制法的成熟形態。《唐六典》對政府機關的編制員額一經確立便具有法律效力，不得任意更改。(《學習時報》2019 年 5 月 10 日第 6 版)

142. 翰林志一卷

唐李肇撰。案：肇所作《國史補》，結銜題尚書左司郎中，此書結銜則題翰林學士、左補闕。王定保《摭言》又稱肇為元和中中書舍人。《新唐書・藝文志》亦云肇為翰林學士，坐薦柏耆，自中書舍人左遷將作少監。以唐官制考之，蓋自左司改補闕，入翰林，後為中書舍人，坐事左遷。《國史補》及此書各題其作書時官也。

唐時翰林院在銀臺門內，麟德殿西重廊之後，為待詔之所。《新唐書・百官志》謂乘輿所在，必有文詞經學之士，下至卜醫伎術之流，皆直於別院，以備燕見者是也。韋執誼《翰林院故事》亦謂其地乃天下以藝能伎術見召者之所處。蓋其始本以延引雜流，原非為文學侍從而設。至明皇置翰林待詔供奉，與集賢院學士分掌制誥，其職始重。後又改為學士，別置學士院，謂之東翰林院。於是舊翰林院雖尚有以伎能入直，如德宗時術士桑道茂之類，而翰林之名，實盡歸於學士院。歷代相沿，遂為儒臣定職。

肇此書成於元和十四年(819)，唐、宋《藝文志》皆著於錄。其記載賅備，本末燦然，於一代詞臣職掌最為詳晰。宋洪遵輯《翰苑群書》，已經收入〔一〕。今以言翰林典故者〔二〕，莫古於是書，故仍錄專本，以存其朔焉。〔三〕(《四庫全書總目》卷七十九)

【注釋】

〔一〕【翰苑群書】宋洪遵編。此本上卷為李肇《翰林誌》、元稹《承旨學士院記》、韋處厚《翰林學士記》、韋執誼《翰林院故事》、楊巨《翰林學士院舊規》、丁居晦《重修承旨學士壁記》、李昉《禁林宴會集》，凡七家。下卷為蘇易簡《續翰林志》、蘇耆《次續翰林志》《學士年表》《翰苑題名》《翰苑遺事》，凡五種。其《遺事》為遵所續，不在其數，實止四家。除《年表》《題名》外，所收不過九家，與振孫所記不合。(《四庫全書總目》卷七十九)

今按，錢大昕《跋翰苑群書》云：「洪文安公《翰苑群書》，於唐、宋學士題名搜訪幾備，所闕者，唐僖、昭以後三十餘年、宋熙寧以後六十年。若淳熙以後，則留以待後人之續入者也。予曾於《永樂大典》中抄得《中興學士院題名》，則自淳熙至嘉定卌餘年間，詞臣拜罷姓名悉具，當取以補此書所未及。唯熙寧至靖康、寶慶至德祐紀載闕如，考諸正史、稗官及名人文集，尚可得什之六七。假我數年，當補綴成之，以備玉堂故事。」（《潛研齋文集》卷二十八）

〔二〕【翰林】夫翰林為樞機宥密之地，有所慎者，事之微也。若制置任用，則非王者之私。（《翰林志》）

〔三〕【版本】有《知不足齋叢書》本。

143. 麟臺故事五卷

宋程俱（1078～1144）撰。俱字致道，衢州開化人。舉進士，試南宮第一，廷試中甲科。歷官徽猷閣待制，封新安縣伯。事蹟具《宋史・文苑傳》。

《玉海》載：元祐中，宋匪躬作《館閣錄》。紹興元年（1131），程俱上《麟臺故事》。淳熙四年（1177），陳騤續為《館閣錄》。〔一〕蓋一代翰林故實〔二〕，具是三書。今宋《錄》已亡，陳《錄》僅存，而亦稍訛闕。是書則自明以來，惟《說郛》載有數條，別無傳本。今考《永樂大典》，徵引是書者特多。排比其文，猶可成帙。

其書多記宋初之事，典章文物，燦然可觀。蓋紹興元年（1131）初復秘書省，首以俱為少監，故俱為是書，得諸官府舊章，最為詳備。如《東都事略・邢昺傳》載由侍讀學士遷工部侍郎，不著加中散大夫；《宋綬傳》載召試中書，不著遷大理評事；《宋史・韓琦〔三〕傳》載，由通判淄州（今山東淄博）入直集賢院，不著為太常寺丞及太子中允；《王陶傳》載為太子中允，不著編校昭文館書籍；《孫洙傳》亦不著洙嘗為於潛令及編校秘閣書籍，而皆見於是書。又如《玉海》引《謝泌傳》，泌上言，請分四庫書籍，人掌一庫，事在端拱初。而其一百六十八卷又載此事於天聖五年（1027）。前後自相剌謬。據此書所載，則在咸平之初。又《續通鑒長編》載，咸平二年（999）七月甲寅，幸國子監，還幸崇文院。而此日之後又有癸丑。則是月之內不容先有甲寅，顯然牴牾。據是書乃是七月甲辰。如此之類，凡百餘條，皆足以考證異同，補綴疏略，於掌故深為有裨。

原書《文獻通考》作五卷，今所裒錄，仍符此數，疑當時全部收之。《通考》又稱凡十二篇，而不詳其篇目。其見於《永樂大典》者，有官聯、職掌、廩祿三門，皆與陳騤書標題相合，疑騤書即因俱舊目修之。今即以騤之篇目分隸諸條，莫不一一條貫，無所齟齬，亦可謂神明煥然，頓還舊觀矣〔四〕。騤《錄》載「曝書會」、「餞會」及「大宴學士院」三條，俱云出《麟臺故事》。然引其事，不載其詞，殆姚廣孝等排纂之時，刊除重複，誤削前而存後。當時編輯無緒，即此可見一端。今亦無從補入。惟俱《北山集》〔五〕中載有後序一篇，並附錄之，以存其舊焉。〔六〕（《四庫全書總目》卷七十九）

【注釋】

〔一〕【紹興麟臺故事】唐韋述作《集賢注記》。元祐中，宋匪躬作《館閣錄》。紹興元年九月十九日，秘書少監程俱上《麟臺故事》五卷。淳熙四年秋，陳騤續為《館閣錄》十卷。記沿革、省舍、儲藏、修纂、撰述、故實、官聯、廩祿、職掌。宋、程皆祖韋氏，而《宋錄》後四卷俄空焉。（王應麟《玉海》卷五十一）

〔二〕【館閣非翰林】錢大昕《跋麟臺故事》云：「宋時翰林與館職各有司存。錢文僖之《金坡遺事》、李昌武之《翰林雜記》、洪文安之《翰苑群書》、何同叔之《中興學士院題名》，此翰林故事也。宋匪躬之《館閣錄》、羅畸之《蓬山志》、程俱之《麟臺故事》、陳騤之《中興館閣錄》，此館職故事也。館職亦呼學士，如武臣例稱太尉耳，非真學士也。翰林掌制誥，館職典圖籍，班秩不同，職事亦異。」（《潛研齋文集》卷二十八）

〔三〕【韓琦】（1008～1075），字稚圭，自號贛叟，河南安陽人。有《安陽集》傳世。

〔四〕【考證】《文獻通考》卷一《沿革》《省舍》《儲藏》，卷二《修纂》《職掌》，卷三《選任》，卷四《官聯》，卷五《恩榮》《祿廩》。今按，此書有《四部叢刊》本，張元濟跋云：「是本僅存三卷，凡六篇，除《官聯》《選任》《修纂》外，有《書籍》《校讎》《國史》，為四庫本所無，意必可補其闕矣。而庸知其不然：武英殿聚珍本與是本篇次不符；即篇名相同，而所收各條屬於他篇者，亦比比皆是，如《沿革》篇內闌入原書《官聯》第一、第六條；《儲藏》篇內闌入《書籍》第五至第八、第十二條；《修纂》篇內闌入《書籍》第十九條，《校讎》第五、第八、第十二條，《國史》第九條；《職掌》篇內闌入《官聯》第五、第七至第九、第十二條；《選任》篇內闌入《國史》第七條；惟《官聯》篇未見他類，然是本《官聯》篇凡十二條，第二條聚珍本未錄；《選任》篇凡十三條，第五、六條未錄；《修纂》篇凡十五條，第四、第九、第十一至第十四條未錄；以此推之，其他六篇，必多遺佚。且所錄各條，有不完者，有分合錯亂者，顛倒訛奪，不勝枚舉。然《大典》編輯無緒，纂修《四庫》諸臣，裒輯叢殘，憑空排比，得此已非易易，固不能執是本以相責也。」（《張元濟古籍書目序跋彙編》第 897～898 頁）陸心源《儀顧堂題跋》卷四《原本麟臺故事跋》云：「從錢叔寶手抄本影寫，存卷一上、卷二中、卷三下三卷。此本有而大典本無者四十條。」（第 56 頁）

〔五〕【北山小集】宋程俱撰。

〔六〕【整理與研究】張富祥撰《〈麟臺故事〉校證》（中華書局 2000 年《歷代史料筆記叢刊》本）。《程俱及其〈麟臺故事〉考論》（中華書局 2018 年版）

144. 南宋館閣錄十卷續錄十卷〔一〕

《南宋館閣錄》十卷，宋陳騤（1128～1203）撰。《續錄》十卷，無撰人名氏。騤字叔進，台州臨海人。紹興二十四年（1154）進士第一。慶元初官至知樞密院事，兼參知政事。忤韓侂胄，提舉洞霄宮。卒謚文簡。事蹟具《宋史》本傳。〔二〕

陳氏《書錄解題》謂：「淳熙中，騤長蓬山，與同僚錄建炎以來事為此書，李燾為之序〔三〕。《續錄》者，後人因舊文而增附之。」〔四〕今考是《錄》所載，自建炎元年（1127）至淳熙四年（1177）；《續錄》所載，自淳熙五年（1178）至咸淳五年（1269）。皆分《沿革》《省舍》《儲藏》《修纂》《撰述》《故實》《官（秩）〔聯〕》《廩祿》《職掌》九門〔五〕，典故條格，纖悉畢備，亦一代文獻之藪也。〔六〕

世所傳本，訛闕殆不可讀。惟《永樂大典》所載，差為完具。今互相考訂，補其脫漏者三十一條，正其舛錯者一十六條。而其紀載諸人爵里有與《宋史》互異者，並為臚注，以資參考。惟《前錄》中《沿革》一門〔七〕，《續錄》中《廩祿》一門，《永樂大典》所載亦全卷皆佚，無從補葺。蓋是書殘闕已在明以前矣，今亦姑仍其舊焉。（《四庫全書總目》卷七十九）

【注釋】

〔一〕【書名】《南宋館閣錄》及其《南宋館閣續錄》，原名《中興館閣錄》及其《中興館閣續錄》，清修《四庫全書》由《永樂大典》輯出時改易今名。

〔二〕【作者研究】張富祥《陳騤編年事略》附錄於《南宋館閣錄．續錄》（中華書局 1998 年版）之末。

〔三〕【李燾原序】今見四庫本《南宋館閣錄》卷首，又見《李燾學行詩文輯考》第 136 頁。

〔四〕【史源】《直齋書錄解題》卷六。

〔五〕【本書體例】大致本諸程俱《麟臺故事》而有所變通。全書共分九門，其中《沿革》《省舍》《儲藏》《修纂》《官聯》《職掌》《廩祿》七門為程氏書原有，《撰述》《故實》二門為新擬篇目。

〔六〕【評論】是書為宋人所編各種專門史料工具讀書的一種，它所載錄的內容主要是有關南宋館閣制度的史料；而這些史料，對於我們今天研究宋代的史官制度與歷史文獻，以及考求宋朝典故與宋人生平，都會有相當的幫助。(《南宋館閣錄．續錄．前言》)

〔七〕【整理與研究】張富祥點校《南宋館閣錄．續錄》(中華書局 1998 年版) 附錄三為《沿革門參考資料》。

145. 玉堂雜記三卷

宋周必大(1126～1204)撰。必大字子充，一字洪道，廬陵(今江西吉安)人。紹興二十一年(1151)進士，中宏詞科，權中書舍人。孝宗朝歷右丞相，拜少傅，進益國公。寧宗朝以少傅致仕。卒謚文忠。事蹟具《宋史》本傳。

此書皆記翰林故事，後編入必大文集中，此乃其別行之本也。宋代掌制，最號重職，往往由此致位二府。必大受知孝宗，兩入翰苑，自權直院至學士承旨，皆遍為之。〔一〕凡鑾坡〔二〕制度沿革，及一時宣召奏對之事，隨筆記錄，集為此編。所紀如奉表德壽署名、賜安南國王嗣子詔書之類，皆能援引古義，合於典禮。其他瑣聞遺事，亦多可資談柄。

洪遵《翰苑群書》所錄，皆唐代及汴都故帙，程俱《麟臺故事》亦成於紹興間，其隆興以後翰林故實，惟稍見於《館閣續錄》及洪邁《容齋隨筆》中。得必大此書，互相稽考，南渡後玉堂舊典，亦庶幾乎釐然具矣。〔三〕(《總目》卷七十九)

【注釋】

〔一〕【周必大《玉堂雜記》自序】必大試館職時，太上稱其文，諭宰執陳公康伯、朱公倬云：「他日令掌制。」今上受禪兩月，自六察擢左史，初對玉音，云：「向在王邸見卿詞科擬制，雅宜代言。」不旋踵，遂兼正字，其後兩入翰苑，首尾十年。自權直院至學士承旨，皆遍為之，其荷兩朝知遇至矣。歲月既久，凡涉典故及聞見可紀者輒筆之。淳熙庚子，進位二府，蘇易簡玉堂之思，每切於中，因命小子綸裒為一編，略加訂。其間多涉幾微，非止溫木，或刪或留，僅得五十餘條，前後脞錄，辭無銓次，釐為三卷，或可附洪氏《翰苑群書》後云。壬寅八月十二日，周必大題。

〔二〕【鑾坡】唐德宗時，嘗移學士院於金鑾殿旁的金鑾坡上，後遂以鑾坡為翰林院的別稱。

〔三〕【整理與研究】楊劍撰《玉堂雜記校箋》（陝西人民出版社 2018 年版）。徐珊珊《周必大〈玉堂雜記〉的文獻價值》認為，《玉堂雜記》詳細記錄了南宋學士院建置、典制名物、學士職掌諸情況，以及翰林學士的活動與心態，其最重要的價值在於為後世揭示了宋室南渡之後學士院的發展和獨特之處，是研究南宋翰苑制度最重要的史料。筆記還保存了南宋孝宗時期政治、制度、人物、詩歌方面的豐富史料，具有珍貴的文獻價值。（《天中學刊》2012 年第 1 期）

146. 秘書監志十一卷

元王士點〔一〕（？～1358）、商企翁〔二〕同撰。士點有《禁扁》，已著錄。企翁字繼伯，曹州（今山東定陶）人。官著作佐郎。

其書成於順帝至正中〔三〕，凡至元以來建置遷除典章故事，無不具載，司天監亦附錄焉。蓋元制司天監隸秘書省，猶漢制以太史令兼職天官之義也。後列職官題名，與《南宋館閣錄》例同。其兼及直長、令史，皆纖悉詳錄，則以金源以後，以掾吏為士人登進之階，往往由此起家，洊至卿相，其職重於前代耳。其所紀錄，多可以資考核。

朱彝尊嘗據以辨吳鄹即張應珍，以大德九年（1305）改名，歷仕秘書少監，非宋遺民，證《吉安府志》之誤。〔四〕則於史學亦多所裨矣。（《四庫全書總目》卷七十九）

【注釋】

〔一〕【王士點】字繼志，王構次子，山東東平人。

〔二〕【商企翁】字繼伯，曹州（今山東定陶）人。左山先生魯國文定公挺之孫。國子監貢士。至正元年（1341）閏五月二十七日自翰林國史院典籍官，以承事郎上。（《秘書監志》卷十）企翁字繼伯，豐州人。官著作佐郎。（《欽定續文獻通考》卷一百六十九）

〔三〕【元秘書志】至正二年五月，簿錄在庫書，先次送庫經六部一百一十三冊，後次發下經書二百四十四部二千一百四十五冊，續發下經一百六十六部一千九百四十六冊。按：《元秘書志》十一卷，至正二年著作郎王士點、著作佐郎商企翁同編。（朱彝尊《經義考》卷二百九十四）

〔四〕【史源】朱彝尊《曝書亭集》卷四十四《書元秘書監志後》。

147. 詞林典故八卷

乾隆九年（1744）重修翰林院落成，賜宴賦詩，因聖駕臨幸，命掌院學士鄂爾泰、張廷玉等纂輯是書。乾隆十二年（1747）告成奏進，御製序文刊行。〔一〕

八門：一曰臨幸盛典、二曰官制、三曰職掌、四曰恩遇、五曰藝文、六曰儀式、七曰廨署、八曰題名。「臨幸盛典」即述乾隆甲子（1744）燕飲賡歌諸禮，以為是書所緣起，故弁冕於前；「官制」、「職掌」皆由西漢以至國朝，以待詔之選，寫書之官，皆自漢肇其端也；「恩遇」斷自唐代，以專官自唐代始也。於列聖及我皇上寵渥之典，別分憂眷、遷擢、侍宴、賚予、詞科、考試、議敘、贈恤八子目，著聖代右文遠逾前古也；「藝文」惟收唐以來御製及應制諸作，而詞館唱和不與焉，美不勝收也；「儀式」、「廨署」亦皆斷自唐代，與「恩遇」門同例；「題名」則惟載國朝，近有徵而遠難詳也。

考翰林有志，自唐李肇始。洪遵輯而錄之，凡十一家，然皆雜記之類也。其分條列目，匯為一編者，自程俱《麟臺故事》始。陳騤以下，作者相仍，然皆僅記一代之事。朱彝尊作《瀛洲道古錄》，又於今制弗詳。故張廷玉等《進書表》稱：「槐廳芸署〔二〕，不少前聞。劉井柯亭〔三〕，獨饒故事。但記載非無散見，而薈萃罕有全書。今仰稟聖裁，始成巨帙，元元本本，上下二千載，始末釐然。稽古崇儒之盛，洵前代之所未有矣。」（《四庫全書總目》卷七十九）

【注釋】

〔一〕【御製詞林典故序】《詞林典故》書成，大學士張廷玉等以序請。朕惟「六經」之士豈易言哉？而況躋玉堂而列芸署者？盡「六經」之彥也。木天故事，歷代沿革，具見於斯，則又何言？惟是國家重館閣之選，極優遇之隆，詎止蜚其英聲，將以華國而已哉？如濂溪所謂文以載道者，舍是無他求。夫布衣韋帶之士，由立言以期不朽足矣。若夫國家右文重道，將以淑世熙績，繼往聖之絕學，開萬世之太平，胥是賴焉。名之盛者實難副，任之大者責彌重，譽之來者毀亦隨。其尚思春華秋實之喻，而凜虛車麟楦之譏哉？乾隆戊辰孟春御筆。

〔二〕【槐廳】唐宋時學士院中的廳名。【芸署】秘書省的別稱。

〔三〕【柯亭】古地名。又名高遷亭。在今浙江省紹興市西南。以產良竹著名。晉伏滔《長笛賦序》:「初，邕（蔡邕）避難江南，宿於柯亭。柯亭之觀，以竹為椽。邕仰而眄之曰:『良竹也。』取以為笛，奇聲獨絕。歷代傳之，以至於今。」趙翼《新春宴集草堂》詩之二:「百年人物出柯亭，故事猶傳舊典型。」

148. 欽定國子監志六十二卷

乾隆四十三年（1778）奉敕撰。

先是國子祭酒陸宗楷等輯《太學志》進呈。而所述沿革故實，濫載及唐、宋以前，殊失限斷。乃詔重為改定，斷自元、明。蓋本朝國子監及文廟，皆因前代遺址，其締構實始於元初也。

首為聖諭二卷，以記褒崇先聖，訓示儒林之大法；次御製詩文七卷，備錄列朝聖文，皇上宸翰；次詣學二卷，紀親祀臨雍之禮；次廟制二卷，前列圖說，後志建葺年月規制；次祀位二卷，詳載殿廡及崇聖祠諸位號；次禮七卷，分記釋奠〔一〕、釋菜〔二〕、釋褐〔三〕、獻功〔四〕、告祭〔五〕諸儀，及祭器圖說；次樂六卷，分記樂制、樂章、律呂、舞節二表，及禮樂諸器圖說；次監製一卷，詳述條規；次官師五卷，載設官、典守、儀制、銓除、題名表；次生徒七載，載員額考校甄用及外藩之入學者；次經費四卷，恩賚歲支俸給備載焉；次金石五卷，冠以《欽頒彝器圖說》、御製諸碑並元以來進士題名碑，而殿以《石鼓圖說》；次經籍二卷，具載賜書及版刻之目；次藝文二卷，則列諸臣章奏詩文及諸論著；識餘二卷，曰紀事、曰綴聞，並捃摭雜記，以備考核。

識大識小，罔弗詳賅，於以志國家重道崇儒，作人訓俗之盛。較諸監臣之初編，如葦籥土鼓改而為韶鈞之奏矣。(《四庫全書總目》卷七十九)

【注釋】

〔一〕【釋奠】古代在學校設置酒食以奠祭先聖先師的一種典禮。《禮記・文王世子》:「凡學，春官釋奠於其先師，秋冬亦如之。凡始立學者，必釋奠於先聖先師。」鄭玄注:「釋奠者，設薦饌酌奠而已。」

〔二〕【釋菜】古代入學時祭祀先聖先師的一種典禮。

〔三〕【釋褐】褐，指粗布或粗布衣，古時貧賤者所服，最早用葛、獸毛，後通常指大麻、獸毛的粗加工品。釋褐，即脫掉粗劣的衣服做官去了。後世科舉新進士及第授官，也沿稱「釋褐」。

〔四〕【獻功】謂在冬祭時奉獻穀、帛等。

〔五〕【告祭】祭宗廟，告祖先。行封禪大典。

149. 欽定歷代職官表六十三卷

乾隆四十五年（1780）奉敕撰。

粵自龍鳥水火，肇建官名。然夏、商以前，書闕有間，遺制不盡可考。其可考者，惟《周禮》為最詳。迨秦、漢內設九卿，外置列郡，而官制一變。東京以後，事歸臺閣，雖分置尚書六部，而政在中書，其權獨重。漢、魏之制，至唐、宋而又一變。明太祖廢中書省，罷丞相，盡歸其職於六部。永樂間復設內閣，而參以七卿。唐、宋之制，至是而又一變矣。其間名號品數，改革紛繁。**大抵勢足以相維，則乾綱**〔一〕**不失；權有所偏屬，則魁柄**〔二〕**必移。故官制之得失，可以知朝政之盛衰也。**

我國家稽古建官，循名核實，因革損益，時措咸宜。我皇上朗照無私，權衡獨秉，舉直錯枉，宮府肅清，尤從來史冊所未有。復念歷朝官制，典籍具存。宜備溯源流。明其利弊，庶前規可鑒，法戒益昭，乃特命《四庫全書》館總纂官、內閣學士、今升兵部右侍郎臣紀昀，光祿寺卿、今升大理寺卿臣陸錫熊，翰林院編修、今升山東布政使臣孫士毅，總校官詹事府少詹事、今升內閣學士臣陸費墀等，考證排次，輯綴是編。分目悉準今制。凡長貳僚屬具列焉，明綱紀也。其兼官無正員，而所掌綦重，如軍機處之類，亦別有專表，崇職守也。八旗及新疆爵秩，前所未有者，並詳加臚考，著聖代之創建，遠邁邃古也。或古有而今無，或先置而後廢，並為採掇，別附於篇，備參訂也。

每門各冠以表，表後詳敘建置。首列國朝，略如《唐六典》之例，次以歷代，則節引諸書各附案語，以疏證其異同。上下數千年分職率屬之制，元元本本，罔弗具焉。考將相及百官公卿之有表，始自馬、班二史，後如《唐書》之《宰相表》，《宋史》之《宰輔表》，《明史》之《內閣七卿表》，俱沿其例。然所紀僅拜罷年月，與官制無關，且斷代為書，不相通貫，尋檢頗難，至抄撮故實，如孫逢吉《職官分紀》之類，又但供詞藻，於實政無裨。是書**發凡起例，悉稟睿裁**。包括古今，貫串始末，旁行斜上，援古證今，經緯分明，參稽詳密。不獨昭垂奕禩，為董正之鴻模，即百爾臣工，各明厥職，用以顧名而思義，亦益當知所儆勵矣。（《四庫全書總目》卷七十九）

【注釋】

〔一〕【乾綱】朝綱，君權。

〔二〕【魁柄】喻朝政大權。《漢書・梅福傳》：「今乃尊寵其位，授以魁柄，使之驕逆，至於夷滅，此失親親之大者也。」顏師古注：「以斗為喻也，斗身為魁。」

150. 州縣提綱四卷

不著撰人名氏。楊士奇《文淵閣書目》題陳古靈撰。古靈者，宋陳襄（1016或1017～1080）別號也。襄字述古，侯官（今屬福建福州）人。慶曆二年（1042）進士。官至右司郎中樞密直學士。事蹟具《宋史》本傳。

史稱其蒞官所至，必講求民間利病，沒後友人劉彝視其篋，得手書數十幅，皆言民事。則此書似當出於襄。然襄所著《古靈集》〔一〕，尚傳於世，一字及此書，又所著《易講義》《郊廟奉祀禮文》《校定夢書》等，見《宋史・藝文志》《福建通志》《說郛》中，不言更有此書。晁、陳二家書目，亦皆不著錄。書內有「紹興二十八年（1158）」語，又有「昔呂惠卿」、「昔劉公安世」語。考襄卒於元豐三年（1080）。距南渡尚遠，不應載及紹興，且劉、呂皆其後進，不應稱昔。其非襄撰明甚。

今《永樂大典》所載本，蓋據元初所刻。前有吳澄序〔二〕，止言前修所撰，不著其名氏，蓋澄亦疑而未定。知《文淵閣書目》所題當出訛傳，不足據矣。其書論州縣蒞民之方，極為詳備。雖古今事勢未必盡同，然於防奸釐弊之道，抉摘最明。而首卷「推本正己省身」，凡數十事〔三〕，尤為知要，亦可為司牧之指南。雖不出於襄手，要非究心吏事，洞悉民情者不能作也。（《四庫全書總目》卷七十九）

【注釋】

〔一〕【古靈集】已收入《四庫全書》中。

〔二〕【吳澄序】天子以天下之人牧治之不能遍也，於是命州縣之官分土而治其民，其責任不亦重乎！而近年多不擇人，或貪黷，或殘酷，或愚暗，或庸懦，往往惟利己是圖，豈有一毫利民之心哉？！嗚呼！何辜斯民，而使此輩魚肉之也！吾鄉姜曼卿錄事仕於閩，忍貧自潔，遇事必究，底蘊惻然，惟恐傷於民。前修所編《州縣提綱》一書，手之不置，蓋與其意無一不合故也。章貢黎志遠復為鋟木，以廣其傳。嗚呼！州縣親民之官，人人能遵是書而行之，民其庶幾乎！曼卿之持身固謹，而志遠之用心亦仁矣。安得如此持身、如此用心者布滿天下州縣哉！

〔三〕【推本正己省身細目】潔己，平心，專勤，奉職循理，節用養廉，勿求虛譽，防吏弄權，同僚貴和，防閒子弟，嚴內外之禁，防私覿之欺，戒親戚販鬻，責吏須自反，燕會宜簡，吏言勿信，時加警察，晨起貴早，事無積滯，情勿壅蔽，四不宜帶，三不行刑，俸給無妄請，防市買之欺，怒不可遷，盛怒必忍，疑事貴思，勿聽私語，勿差人索迓。（《州縣提綱》卷一）

151. 通典二百卷

唐杜佑〔一〕（735～812）撰。祐字君卿，京兆萬年（今陝西西安）人。以廕補濟南參軍事，歷官至檢校司徒，同中書門下平章事，加太保，致仕。諡安簡。事蹟具《唐書》本傳。

先是劉秩仿《周官》之法，摭拾百家，分門詮次，作《政典》三十五卷〔二〕。祐以為未備，因廣其所闕，參益新禮，勒為此書。〔三〕

凡分八門：曰食貨，曰選舉，曰職官，曰禮，曰樂，曰兵刑，曰州郡，曰邊防。每門又各分子目。自序謂：「既富而教，故先食貨。行教化在設官，任官在審才，審才在精選舉，故選舉職官次焉。人才得而治以理，乃興禮樂，故次禮、次樂。教化隳則用刑罰，故次兵、次刑。設州郡分領，故次州郡，而終之以邊防。」〔四〕所載上溯黃、虞，訖於唐之天寶。肅、代以後，間有沿革，亦附載注中。其中如食貨門之賦稅，載《周官》貢賦，而太宰所掌九貢之法失載；載北齊租調之法，河清三年令民十八受田輸租調，而露田之數失載。錢幣不載陳永定元年製四柱錢法。榷酤不載後周榷酒坊法。選舉門不載齊明帝時制士人品第有九品之科，小人之官復有五等法。考績不載宋齊間治民之官以三年六年為小滿遷換法。職官門如《周禮・地官》有舍人上士二人掌平宮中之政，乃云中書舍人魏置。又《隋書》大業時改內史監為內書監，乃僅云改內史侍郎為內書侍郎，又集賢殿書院載梁有文德殿藏書，不知宋已有總明觀藏書之所。似此之類，未免間有掛漏。兵門所列諸子目，如分「引退取之」、「引退佯敗取之」為二門。分「出其不意」、「擊其不備」、「攻其不整」為三門。未免稍涉繁冗。而火獸、火鳥之類，尤近於戲劇。州郡門分九州以敘沿革，而信都郡冀州當屬兗，而誤屬冀。又極詆《水經》及酈道元《水經注》為僻書，詭誕不經，未免過當。邊防門所載多數萬里外重譯乃通之國，亦有僅傳其名不通朝貢者。既不臨邊，亦無事於防，題曰「邊防」，名實亦舛。然其博取《五經》、群史及漢魏六朝人文集、奏疏之有裨得失者，每事以類相從，凡歷代沿革，悉為記載，詳而不煩，簡而有要，元元本本，皆為有用之實學，非徒資記問者可比。考唐以前之掌故者，茲編其淵海矣。〔五〕

至其各門徵引《尚書》《周官》諸條，多存舊詁。如食貨門引《尚書》「下土墳壚」注謂「壚，疏也」，與孔《疏》所引《說文》「黑剛土也」互異。又「瑤琨篠簜」注，篠，竹箭；簜，大竹。」亦傳疏所未備。職官門引《周官》太宰之屬有「司會逆群吏之治而聽其會計」，注云：「逆謂受也，受而鉤考之，可知得失多少。」較賈公彥疏頗為明晰。似此之類，尤頗有補於經訓。宋鄭樵作《通志》，與馬端臨作《文獻通考》，悉以是書為藍本。然鄭多泛雜無歸，馬或詳略失當，均不及是書之精覈也。〔六〕（《四庫全書總目》卷八十一）

【注釋】

〔一〕【作者研究】鄭鶴聲撰《杜佑年譜》（上海商務印書館 1934 年版），瞿林東撰《杜佑評傳》（廣西人民出版社 1996 年版），郭峰撰《杜佑評傳》（南京大學出版社 2004 年版）。

〔二〕【劉秩】為劉知幾之子，其《政典》一書成於開元末。仿《周禮》六官分職體例，採經史百家所載，記傳說中黃帝至開元末年歷代典章制度，並論其得失，為《通典》的主要範本。已佚。

〔三〕【版本】天理圖書館藏宋刻本一百六十九卷，與宮內廳所藏北宋本一百九十八卷並首一卷，合為雙璧。（《日本藏漢籍珍本追蹤紀實》第 353～355 頁）

〔四〕【杜佑自序】祐少嘗讀書，而性且蒙固，不達術數之藝，不好章句之學。所纂《通典》，實採群言，征諸人事，將施有政。夫理道之先，在乎行教化；教化之本，在乎足衣食。《易》稱：「聚（人）〔民〕曰財。」《洪範》八政，一曰食，二曰貨。《管子》曰：「倉廩實，知禮節。衣食足，知榮辱。」夫子曰：「既富而教。」斯之謂矣。夫行教化，在乎設職官；設職官，在乎審官才；審官才，在乎精選舉。制禮以端其俗，立樂以和其心，此先哲王致治之大方也。故職官設，然後興禮樂焉；教化隳，然後用刑罰焉；列州郡，俾分領焉；置邊防，遏戎狄焉。是以食貨為之首，選舉次之，職官又次之，禮又次之，樂又次之，刑又次之，州郡又次之，邊防末之。或覽之者，庶知篇第之旨也。

〔五〕【評論】王樹民先生云：「其書的主要價值在編排組織完善，使分見於編年和紀傳等各種體裁形式下的史料，尤其關於典章制度、社會經濟發展等重要史實，在以類相從的新形式下重新予以適當的組織，令人容易得到完整而有系統的概念，這是唐以前各種體裁的史書都不能達到的。」(《史部要籍解題》第 201 頁，中華書局 1981 年版)

〔六〕【整理與研究】日人仁井田陞撰《通典版本考》(《史學消息》1937 年第 1～8 期)，玉井是博撰《通典的撰述與流傳》(《史學史資料》1980 年第 1 期)，葛兆光撰《杜佑與中唐史學》(《史學史研究》1981 年第 1 期)。今按，《通典》一書成於貞元十七年 (801)，為中國典籍文化專史的首創之作，開創了典志體，對後世史書編纂有較大的影響。

152. 唐會要一百卷

宋王溥 (922～982) 撰。溥字齊物，并州祁 (今山西祁縣) 人。漢乾祐中登進士第一。周廣順初拜端明殿學士。恭帝嗣位，官右僕射。入宋，仍故官，進司空、同平章事，監修國史，加太子太師，封祁國公。卒謚康定。事蹟具《宋史》本傳。

初，唐蘇冕〔一〕嘗次高祖至德宗九朝之事，為《會要》四十卷。宣宗大中七年 (853)，又詔楊紹復等〔二〕次德宗以來事為《續會要》四十卷，以崔鉉監修。段公路《北戶錄》〔三〕所稱《會要》，即冕等之書也。惟宣宗以後記載尚闕，溥因復採宣宗至唐末事續之，為《新編唐會要》一百卷。建隆二年 (961) 正月奏御，詔藏史館。〔四〕

書凡分目五百十有四〔五〕，**於唐代沿革損益之制極其詳覈**〔六〕。官號內有識量、忠諫、舉賢、委任、崇獎諸條，亦頗載事蹟，其細瑣典故，不能概以定目者，則別為雜錄，附於各條之後。又間載蘇冕駁議，義例該備，有裨考證。

今僅傳抄本〔七〕，脫誤頗多，八卷題曰「郊儀」，而所載乃南唐事，九卷題曰「雜郊儀」，而所載乃唐初奏疏，皆與目錄不相應。七卷、十卷，亦多錯入他文。蓋原書殘闕，而後人妄摭竄入，以盈卷帙。又一別本，所闕四卷亦同，而有《補亡》四卷。採摭諸書所載唐事，依原目編類，雖未必合溥之舊本，而宏綱細目，約略粗具，猶可以見其大凡。今據以錄入，仍各注補字於標目之下，以示區別焉。〔八〕(《四庫全書總目》卷八十一)

【注釋】

〔一〕【蘇冕】事蹟附載《舊唐書・蘇弁傳》。

〔二〕【撰人】修撰者還有崔瑑、薛逢、鄭言等人。

〔三〕【北戶錄】唐段公路撰。詳記南粵風土與物產，凡 52 條。有《叢書集成》本。

〔四〕【署名】作者止署王溥之名，實經三次修撰，王溥不過為其最後完成者。按王溥在後周及宋初官為宰相，曾監修國史，故得纂成此書，實際上與一般的官修之書無異，而不能與杜佑、鄭樵、馬端臨等以個人之力為主著成一書者相提並論。（王樹民《史部要籍解題》第 248 頁，中華書局 2003 年版）

〔五〕【考證】應為五百九十二目，其中二十一目分上下篇，實得五百七十一目。王樹民《史部要籍解題》將其分類概括為：帝系六卷，禮二十三卷，宮殿一卷，輿服二卷，樂二卷，學校四卷，刑三卷，曆象三卷，封建三卷，佛道三卷，官制三十二卷，食貨十一卷，四裔七卷。

〔六〕【評論】《唐會要》修成於宋初，其主要部分則為撰定於中唐與晚唐時期，故書中所保存的唐代史料異常豐富，多為兩《唐書》所不及者。（《史部要籍解題》第 223～224 頁，中華書局 1981 年版）

〔七〕【版本】通行的刊本以武英殿聚珍本為最佳，後來的刻本皆以此為底本。

〔八〕【整理與研究】今有 1991 年上海古籍出版社校勘本。經清人整理的《唐會要》，在多大程度上反映了《唐會要》的原貌？1954、1955 年，日本學者平岡武夫等率先指出，通行本《唐會要》存在不少問題，東京靜嘉堂文庫所藏明抄本與殿本屬不同系統，具有重要的史料參考價值。1984 年，島田正郎撰文介紹了臺北圖書館所藏兩種《唐會要》抄本，並以「定格令」等條為例，詳細比較了其中「康熙舊抄本」（即浙江汪啟淑家藏本，詳後。現已移藏臺北故宮博物院圖書館）與通行本之間存在的種種差異。1989 年，古畑徹發表《〈唐會要〉的諸版本》一文，對臺北、東京所藏 3 種《唐會要》抄本進行深入探討，就抄本年代、版本流傳、通行本《唐會要》補闕諸問題提出了若干重要見解。劉安志《清人整理〈唐會要〉存在問題探析》（《歷史研究》2018 年第 1 期）認為，殿本不少內容經過了四庫館臣的增刪改補，已非《唐會要》原貌，今人用之，當慎之又慎，切不可籠而統之視為真實可信的第一手原始資料。當然，四庫館臣對《唐會要》的加工整理，是為了完成清廷欽定的任務，但館臣的學識、水平、素養以及工作態度，很大程度上決定了整理質量的高低。面對「脫誤頗多」的《唐會要》抄本，館臣只能想辦法利用其他史料予以加工完善，但對相關記載進行增刪改補，不管是有意還是無意，都反映了整個整理工作的粗疏與率意。因為經四庫館臣增刪改補後的文字，均在客觀上新建了不少「史實」，不僅導致相關記載出現混亂，也給今人研究造成極大困擾。對殿本《唐會要》存在的諸問題，我們有必要保持清醒的認識，盡可能避免出現「日用而不知」的狀況。相較而言，四庫本雖然也有適度增刪改補，但問題不如殿本嚴重，在一定程度仍保留所據底本的原貌。

153. 五代會要三十卷

宋王溥（922～982）撰。

五代干戈俶擾，百度陵夷，故府遺規，多未暇修舉。然五十年間法制典章，尚略具於累朝《實錄》，溥因檢尋舊史，條分件繫，類輯成編。於建隆二年（961）與《唐會要》並進，詔藏史館。後歐陽修作《五代史》，僅列司天、職方二考，其他均未之及。如晉段顒、劉昫等之議廟制，周王樸之議樂，皆學關鉅典，亦略而不詳。又如**經籍鏤版，昉自長興。千古官書，肇端於是。**崇文善政，豈宜削而不書。乃一概刊除，尤為漏略。賴溥是編，得以收放失之舊聞，厥功甚偉。〔一〕至於租稅類中，載周世宗讀《長慶集》，見元微之所上均田表，因令制素成圖，頒賜諸道。而歐史乃云世宗見元微之均田圖，是直以圖為元微之作，乖舛尤甚。微溥是編，亦無由訂歐史之謬也。蓋歐史**務談褒貶，為《春秋》之遺法。是編務核典章，為《周官》之舊例。**各明一義，相輔而行，讀《五代史》者，又何可無此一書哉！〔二〕（《四庫全書總目》卷八十一）

【注釋】

〔一〕**【評論】**王樹民先生云：「全書三十卷，共分二百七十九目，其中六目分上下篇，實得二百七十三目。其史料價值也大致與《唐會要》相近，五代時期史料比較貧乏，本書能有系統地記載了典制沿革等重要史實，因而尤為學者所重視。」（《史部要籍解題》第 224 頁，中華書局 1981 年第 1 版）

〔二〕**【校勘】**《儀顧堂題跋》卷四《新刻五代會要跋》云：聚珍本《五代會要》凡錯簡二，皆連而為一。其一，第十六卷祠部門僧尼籍帳內無名下「今臣檢點」至「年月日同者」，四百餘字，乃禮部門後唐天成三年和凝奏上也。上接「未曾團奏」，下接「否委無虛謬」句，「者」字則後人所妄增也。舊抄本不誤。卷二十一選事下周廣順三年五月敕「三選已上及未成功」下，「開宿引納家狀」至「三月十五日過官」，五百餘字，乃選限門周顯德五年吏部流內銓狀，上接「南曹十月內」，下接「畢三月三十日云云」，「功」字則後人所妄增也。（下略）（第 55 頁）今按，四庫本《五代會要》前者不誤，後者誤。

【整理與研究】郭雲濤、張和平合撰《王溥與〈五代會要〉研究》（合肥工業大學出版社 2019 年版）。

154. 建炎以來朝野雜記〔一〕四十卷

宋李心傳（1166～1243）撰。心傳有《建炎以來繫年要錄》，已著錄。

心傳長於史學，凡朝章國典多所諳悉。是書取南渡以後事蹟，分門編類。甲集二十卷，分上德、郊廟、典禮、制作、朝事、時事、故事、雜事、官制、取士、財賦、兵馬、邊防十三門。乙集二十卷，少郊廟一門，而末卷別出邊事，亦十三門。每門各分子目。雖以「雜記」為名，其體例實同「會要」。蓋與《建炎以來繫年要錄》互相經緯者也。甲集成於嘉泰二年（1202），乙集成於嘉定九年（1216），書前各自有序。〔二〕周密《齊東野語》嘗論所載趙師睪犬吠，乃鄭斗所造，以報撻武學生之憤；許及之屈膝，費士要狗竇，亦皆不得志報私仇者撰造醜詆；所謂韓侂胄僭逆之類，悉無其實云云〔三〕。蓋掇拾群言，失真者固亦不免。然於高、孝、光、寧四朝禮樂刑政之大，以及職官、科舉、兵農、食貨，無不該具。首尾完瞻，多有馬端臨《文獻通考》、章俊卿《山堂考索》及《宋史》諸志所未載。故《通考》稱為**南渡以來野史之最詳者**。王士禎《居易錄》亦稱其大綱細目，粲然悉備，為史家之鉅擘〔四〕。言宋事者當必於是有徵焉。

其書在宋有成都辛氏刊本，並冠以國史本傳，暨宣取《繫年要錄》指揮數通。今惟寫本僅存。案：張端義《貴耳三集序》〔五〕稱，心傳告以《朝野雜記》丁、戊二集將成。則是書尚不止於甲、乙二集。而《書錄解題》及《宋史》本傳均未之及，殆以晚年所輯，書雖成而未出，故世不得見歟？〔六〕（《四庫全書總目》卷八十一）

【注釋】

〔一〕【書名】四庫本作《建炎雜記》。

〔二〕【考證】甲集成於嘉泰二年，乙集成於嘉定九年，書前各自有序。四庫本卷首提要無此語，又檢四庫本，書前亦無序。

【李心傳《建炎以來朝野雜記序》】心傳年十四五時，侍先君子官行都，頗得竊窺玉牒所藏金匱石室之副，退而過庭，則獲剽聞名卿才大夫之議論。每念渡江以來，紀載未備，使明君良臣名儒猛將之行事猶鬱而未彰。至於七十年間兵戎財賦之源流、禮樂制度之因革、有司之傳往往失墜，甚可惜也！乃緝建炎至今朝野所聞之事，凡有涉一時之利害與諸人之得失者，分門著錄，起丁未，迄壬戌，以類相從，凡六百有五事，勒為二十卷。或謂心傳曰：子之是書固學者之所宜究心也，況言人之善而不及其惡，記人之功而不錄其過，是書之行於世也則宜。雖然，子以論著之餘，而記見聞之故，凡有所取，則未及乎取者，必以為見遺。凡有所揚，則不足乎揚者必疑其見抑。吾懼夫兩端之怨詈，將不得免，子安用此其以賈禍也？可不慮哉？心傳謝曰：下國山野之人，上而名卿才大夫，下而巖穴幽棲之士，其未之識者眾矣，遠而朝廷四方，久而二萬七千八百四十有八旬之事，其未聞與未知者亦不少矣。事苟有所略，人苟有所遺，蓋孤陋寡聞之罪，非敢去取乎其間也，孚有所得，屢書不一書而後已，可乎哉？既以告人，遂筆其辭於編首。嘉泰二年冬十月晦，秀巖野人李心傳伯微甫序。

【李心傳《建炎以來朝野雜記》乙集序】《朝野雜記》既成之三年，復為書，號《續記》，既抵乙丑之冬矣，顧視前集所書，往往缺略未備，而所憶中興以來舊聞遼事尚或有之，欲補綴成編，未暇也。客有謂心傳曰：「自昔權臣用事，必禁野史，故孫盛作《晉春秋》，而桓溫謂其諸子言：『此史若行，自是關鄉門戶事。』近世李莊簡作小史，秦丞相聞之，為興大獄，李公一家盡就流竄。此往事之明戒也，子其慮哉？」心傳瞿然而止。未幾，權臣殛死，始欲次比其書，會有旨給札，上心傳所著《高廟繫年》，鉛槧紛然，事遂中輟，既而自念曰：此非為己之學也。乃取舊編，束之高閣，而熟復乎聖經賢傳之書。又念前所未錄者尚數百條，不忍棄也，稡而次之，謂之乙集。昔安陸鄭尚書嘗獻言於壽皇，指近歲史官紀載疏繆，謂當質諸衣冠故老之傳聞，與夫山林處士之紀錄，庶幾善惡是非不至差誤。壽皇嘉納，報不如章實錄所書，可覆視也。間者滕宗鄉又舉以為言，聖上亦既從其請矣，然則是編也或可以備汗青之採摭乎？若夫擇焉而不精，語焉而不詳，則單見淺聞，無所逃罪。後之覽者亦尚恕之哉！嘉定九年歲次丙子七月哉生明，秀巖野人李心傳序。

〔三〕【史源】《齊東野語》卷三「誅韓本末」條。

〔四〕【史源】《居易錄》卷八。

〔五〕【張端義《貴耳集序》】余從江湖遊，接諸老緒餘，半生鑽研，僅得短長錄一帙。秀巖李心傳先生見之，則曰余有《朝野雜錄》，至戊、巳矣。藉此以助參訂之闕。

〔六〕【版本與研究】聚珍本、福本、函海本、廣州局本、吳興張鈞衡刻適園叢書本、叢書集成初編本、文物出版社 1991 年影印本。中華書局 2000 年出版徐規點校本。

155. 西漢會要七十卷

宋徐天麟撰。天麟字仲祥，臨江（今江西清江）人。開禧元年（1205）進士。調撫州教授，歷武學博士，通判惠、潭二州，權知英德府。事蹟附見《宋史》徐夢莘傳。傳稱天麟為通直郎得之之子，夢莘之從子。晁公武《讀書志》則稱為夢莘之子。考樓鑰《攻媿集》有《西漢會要序》，曰徐思叔為《左氏國紀》，其兄秘閣商老為《北盟錄》。已而思叔之子孟堅著《漢官考》。次子仲祥又作《漢會要》。商老，夢莘之字。思叔，得之之字也。〔一〕然則史不誤而晁氏誤矣。

其書仿《唐會要》之體。取《漢書》所載制度典章見於紀、志、表、傳者，以類相從，分門編載。其無可隸者，亦依蘇冕舊例，以雜錄附之。凡分十有五門，共三百六十七事〔二〕。嘉定四年（1211）具表進之於朝，有旨付尚書省，藏之秘閣。

班固書最稱博贍，於一代禮樂刑政，悉綜括其大端。而理密文繁，驟難得其體要。天麟為之區分別白，經緯本末，一一犁然。其詮次極為精審。惟所採只據本史，故於漢制之見於他書者，概不採掇，未免失之於隘〔三〕。又如《輿服門》中於司馬相如、揚雄諸賦鋪張揚厲之語一概摘入，殊非事實，亦為有乖義例。然其貫串詳洽，實未有能過之者。昔人稱顏師古為《漢書》功臣，若天麟者，固亦無愧斯目矣。〔四〕（《四庫全書總目》卷八十一）

【注釋】

〔一〕【西漢會要序】梁王筠論家門集，自言吾門人人有集，以為盛事。然自永嘉南渡，以至齊梁，文氣日以卑弱，所謂連篇累牘，不出月露之形者也。臨江徐氏，以儒名家。始，余讀思叔《左氏國紀》，故中書舍人陳公君舉為之序，固已甚重其書。後見貳卿彭公子壽為其表兄秘閣商老求儒榮堂詩，始知其編《北閣錄》甚富，史官奏其有益於史筆，遂膺延閣之寵。尋傳其書，知其有思叔之兄伯仲皆以詩書發身，晚皆掛冠家居，為鄉里標表。已而思叔長子孟堅著《漢官考》，次子仲祥又仿《唐會要》之體，為《西漢會要》一書。三代之餘，治效近古，莫如西京，典章文物，立法定制，不惟輝煥周密，其言語亦皆雅馴，非後世可及。然而散於紀傳表志之間，讀者未易識其倫緒。仲祥究心於此二十餘年，無一事不錄，無一語無據，條列臚分，秩然有敘，開卷一閱，而二百餘年之事歷歷在目，其體專以班氏為主，又旁取荀悅諸書，參考異同，視古之文類，與近時《漢雋》《博聞》《六帖》《法語》《字類》等書，皆出其上。士夫之好古者，無不欲錄而藏之，不患其不傳，顧何待於序引，而求之不置。余既書儒榮之堂，又銘秘閣之墓，思叔致書，又以此為屬，為著其大略，惟老憊，不能盡纂述之詳為有愧云。（樓鑰《攻媿集》卷五十三）

〔二〕【門目】全書分為帝系、禮、樂、輿服、學校、運曆、祥異、職官、選舉、民政、食貨、兵、刑法、方域、蕃夷十五門。

〔三〕【史源】《中國歷史大辭典・宋史卷》「西漢會要」條認為所採之書還有《史記》（第 115 頁）。《攻媿集》亦稱「其體專以班氏為主，又旁取荀悅諸書，參考異同」。《西漢會要》是否參考了他書，待考。

〔四〕【讀書方法】錢泰吉《曝書雜記》卷上：「讀《漢書》者，有徐氏《會要》以考一代之掌故，有王氏（益之）《（西漢）年紀》以觀一代之事績，則事半古人，功必倍之。」（第 24 頁）

156. 東漢會要四十卷

宋徐天麟撰。

天麟官撫州教授時，既奏進《西漢會要》，後官武學博士時，續成此書，於寶慶二年（1226）覆奏進之。其體例皆與前書相合。所列亦十五門，分三百八十四事，惟《西漢會要》不加論斷，而此書則間附以案語，及雜引他人論說，蓋亦用蘇冕《駁議》之例也。東漢自光武中興，明、章嗣軌，皆汲汲以修舉廢墜為事。典章文物，視西京為盛。而當時載筆之士，如《東觀紀》，及華嶠、司馬彪、袁宏之類，遺編斷簡，亦間有留傳。他若《漢官儀》《漢雜事》《漢舊儀》諸書，為傳注所徵引者，亦頗犁然可考。故東漢一代故事，較西漢差為詳備。

天麟據范書為本，而旁貫諸家〔一〕，悉加裒次。其分門區目〔二〕，排比整齊，實深有裨於考證。中間如獻帝子濟陰王熙、山陽王懿、濟北王邈、東海王敦，雖為曹氏所置，旋即降為列侯。然既以封建立國，自當著之帝系皇子條下，以表其實。乃因范書無傳，遂削而不書，未免闕漏。又天麟自序〔三〕中稱劉昭因范氏遺緒，注補八志，而不知其為司馬彪《續漢書·志》，實非范書。晁公武已譏之，則亦偶然失檢。然其大體詳密，即稍有踳駁，固不足以為累也。

其書世所傳者，皆據宋本傳抄，第三十七、三十八兩卷全闕，三十六、三十九兩卷，亦各佚其半，無可考補。今亦並仍之焉。(《四庫全書總目》卷八十一)

【注釋】

〔一〕【編纂】以范曄《後漢書》為本，而旁貫《東觀漢紀》《漢官儀》《漢雜事》《漢舊儀》，以及華嶠、司馬彪、袁宏諸家之書。

〔二〕【門目】全書分為帝系、禮、樂、輿服、文學、曆數、封建、職官、選舉、民政、食貨、兵、刑法、方域、蕃夷十五門。

〔三〕【東漢會要自序】臣頃於嘉定四年九月表進臣所編《西漢會要》七十卷，際遇寧宗仁文哲武，恭孝皇帝稽古右文，日新聖學，既塵淵矱之覽，乃十一月丁卯有旨，付尚書省藏之秘閣。竊自惟念，臣猥以庸愚，妄效前賢纂輯，遭逢聖明，不棄葑菲，俾得晉聯廣內之儲，豈意書生有此榮遇？當時三館之士被命看詳，間謂臣言：「兩漢治效，上軌殷周，制度文物，炳耀青史。今詳於西漢，而略於東都，豈不猶為缺典？」臣退而自忖，所幸精力未疲，乃因公退之暇，翻閱范史，旁貫諸書，復加哀次，成《東漢會要》四十卷。竊惟炎運中興，禮樂庶事，視西都為加詳，建官置兵，以節約而鄉簡，雖建武改制，事歸臺閣，中世失權，政移戚宦，然猶足以綿延二百年之祚，比隆於高文武宣者，以紀綱法度猶有可以憑藉扶持者也。自蔡邕作《十意》，補續前志，其文既已湮沒。范曄亦欲遍作諸志，依準前書，然徒懷著述，莫究僝功。曄又嘗以十志託於謝儼，搜撰垂畢，值曄傾敗，委棄弗存。其後劉昭因曄遺緒，以注補之。今八志所述，綱目粗備。然食貨、兵刑、學校、選舉之類，皆缺弗著，學者病焉。臣不量疏謬，復茲編綴，以補一朝之典。睿聖當極酌古御今，庶有裨於乙覽之萬分。凡八志已詳者，今特撮其綱要；志所未備者，則詳著本末。又間以己見為之論述，使議禮者參兩漢之沿革以求三代之遺範，則是非得失粲然在目，孰為可法？孰為可鑒？於是考而證諸，其於世教詎云無補乎？寶慶二年六月二十二日，奉議郎武學博士臣徐天麟謹上。

157. 文獻通考三百四十八卷

元馬端臨〔一〕（1254？～1334）撰。端臨字貴與，江西樂平人。宋宰相廷鸞之子也。咸淳中漕試第一。會廷鸞忤賈似道去國，端臨因留侍養，不與計偕。元初起為柯山書院山長，後終於台州儒學教授。

是書凡《田賦考》七卷，《錢幣考》二卷，《戶口考》二卷，《職役考》二卷，《征榷考》六卷，《市糴考》二卷，《土貢考》一卷，《國用考》五卷，《選舉考》十二卷，《學校考》七卷，《職官考》二十一卷，《郊社考》二十三卷，《宗廟考》十五卷，《王禮考》二十二卷，《樂考》二十一卷，《兵考》十三卷，《刑考》十二卷，《經籍考》七十六卷，《帝系考》十卷，《封建考》十八卷，《象緯考》十七卷，《物異考》二十卷，《輿地考》九卷，《四裔考》二十五卷。其書以杜佑《通典》為藍本。田賦等十九門，皆因《通典》而離析之。經籍、帝系、封建、象緯、物異五門，則廣《通典》所未及也。

自序謂：「引古經史謂之文，參以唐、宋以來諸臣之奏疏、諸儒之議論謂之獻。」故名曰《文獻通考》。中如《田賦考》載唐租庸調之制，而據《唐會要》，則自開元十六年（728）以後，其法屢改。載五代田賦之制，而據《五代會要》，尚有天成四年（929）戶部奏定三京諸府夏秋稅法一事，乃一概略之。楊炎〔二〕定兩稅法奏疏，最關沿革，亦佚不載。《職役考》載口算之制，而《漢書》永建四年（129）「除三輔三年逋租過更口算芻稿」詔書不載。《征榷考》詳載鹽鐵，而《五代會要》後唐長興四年（931）諸道鹽鐵轉運使奏定鹽鐵條例不載。又雜稅載菓菜之稅，而《漢書》永元六年（94）「流民販賣勿出租稅」詔不載。《國用門》載漕運興廢，而《後漢書》建武七年（31）罷護漕都尉，建初三年（78）罷常山諸處河詔不漕不載。其載唐代東都及鄭州諸處漕運措置，亦不及《唐會要》之詳。歷代賑恤，於漢既載本始四年（前70）之詔，而略三年郡國傷旱甚者民毋出租賦之詔。《選舉考》詳載兩漢之選舉，而《漢書》元封四年詔舉茂才異等，始元元年（前86）遣廷尉持節行郡國舉賢良，永光元年（前43）詔舉樸質敦厚遜讓有行者，光祿歲以此科第郎從官，俱不載。《學校考》辨先聖、先師之分，而《唐會要》貞觀二十一年（647）詔以孔子為先聖、顏回等為先師之制不載。至《職官考》則全錄杜佑《通典》，五代建置尤敘述寥寥，核以王溥《五代會要》、孫逢吉《職官分紀》，僅得其十之一二。《郊社考》多外經典，而《尚書》之肆類於上帝不載。《逸周書》《白虎通》《三輔黃圖》所載周明堂之制最詳，亦不及徵引。又載歷代明堂之制，而梁武帝改作明堂，詳於《隋書·禮儀志》者不載，地祇之祭只引《周官》及《禮記·郊特牲》，而《禮運》祭地瘞繒，及《考工記》玉人兩圭五寸祀地之文不載。漢祀后土之制，只載《漢舊儀》祭地河東，而《漢官儀》北郊壇在城西北諸制不載。又雩祭引《左傳》《周禮》注疏，而《禮記·祭法》:「雩宗，祭水旱也。」《爾雅》:「舞號雩也。」皆不載。祭日月只引《禮記》《周禮》，而《大戴禮》「天子春朝朝日，秋暮夕月」及《尚書大傳》「古者帝王以正月朝迎日於東郊」，皆不載。於漢制既載宣帝時成山祠日、萊山祠月，而建始時罷此祠，復立於長安城事，又不載。《社稷門》引各經注疏所論社制，而《周書·作雒》篇建社之制，及蔡邕《獨斷》所載天子大社之制，皆不載。祀山川亦引經傳，而《儀禮·覲禮》「祭山邱陵升，祭川沈」，《爾雅》「祭山曰庪縣，祭川曰浮沉」，皆不載。又分代詳載，而獨略北齊天保元年分遣使人致祭於五嶽、四瀆〔三〕。《宗廟考》載後魏七廟之制，只引《禮志》改七廟之詔，不知興建沿革，詳於孫惠蔚本傳。又唐初建七廟，《新唐書·禮樂志》多略，而不參用《舊唐書·禮儀志》。《王禮考》載周之朝儀，而不引《周書·王會解》，又詳載歷代朝儀，而不載《史記·秦本紀》始皇三十五年營作朝宮。載漢代朝儀，而不載《續漢書·禮儀志》所載常朝之制。又輿服之載於史志者，必詳敘卿士大夫，如漢制二千石車朱兩轓之類，所以明差等也，而一概從略。《樂考》載五代廟樂不如《五代會要》之詳。《兵考》載晉兵制至悼公四年而止，其後治兵邾南，甲車四千乘不載。載魯兵制自昭公搜紅始，而成公元年作邱甲，襄公十一年作三軍，昭公五年舍中軍，俱不載。《經籍考》卷帙雖繁，然但據晁、陳二家之目，參以諸家著錄，遺漏宏多。《輿地考》亦本歐陽忞《輿地廣記》，罕所訂補。

大抵門類既多，卷繁帙重，未免取彼失此。然其條分縷析，使稽古者可以案類而考。又其所載宋制最詳，多《宋史》各志所未備。案語亦多能貫穿古今，折衷至當。雖稍遜《通典》之簡嚴，而詳贍實為過之，非鄭樵《通志》所及也。〔四〕(《四庫全書總目》卷八十一)

【注釋】

〔一〕【作者研究】王瑞明撰《馬端臨評傳》(南京大學出版社 2001 年版)。

〔二〕【楊炎】(727～781)，字公南，陝西鳳翔人。德宗時宰相。建中元年(780)廢除租庸調制，改行以資產為定稅標準的兩稅法。

〔三〕【四瀆】唐玄宗封「河」為靈源公，「濟」為清源公，「江」為廣源公，「淮」為長源公，故稱。皆立廟時祭之。

〔四〕【評論】王樹民先生云:「以《通考》與《通典》相比,從形式到內容,都得到了擴大和提高;以《通考》與《通志》相比,《通志》只做到舊史書的粗略總和,《通考》則予以重新組織,表達了新的看法……《通典》以精密見稱,《通考》以博通為長。」(《史部要籍解題》第209～210頁,中華書局1981年版)

【整理與研究】王瑞明主編《文獻通考研究》(中州古籍出版社1994年版),鄧瑞撰《馬端臨與〈文獻通考〉》(山西古籍出版社2003年版),周宗濂輯《文獻通考正續匯纂》(經學文化事業有限公司2014年版),連凡撰《〈文獻通考·經籍考〉研究》(武漢大學出版社2018年版)。

158. 明會典一百八十卷

明弘治十年(1497)奉敕撰〔一〕。十五年(1502)書成,正德四年(1509)重校刊行,故卷端有孝宗、武宗兩序〔二〕。其總裁官為大學士李東陽、焦芳、楊廷和,副總裁官為吏部尚書梁儲。纂修官為翰林院學士毛紀、侍講學士傅(圭)〔珪〕、侍讀毛澄、朱希周、編修潘辰,並列銜卷首,然皆武宗時重校諸臣。其原修之大學士徐溥〔三〕等,竟不列名,未詳當日何意也。

其體例以六部為綱,吏、禮、兵、工四部諸司,各有事例者,則以司分。戶、刑二部諸司但分省而治,共一事例者,則以科分。故一百八十卷中,宗人府自為一卷弁首外,餘第二卷至一百六十三卷,皆六部之掌故。一百六十四卷,至一百七十八卷,為諸文職。末二卷為諸武職,特附見其職守沿革而已。南京諸曹,則分附北京諸曹末,不別立條目,惟體例與北京異者乃別出焉。其官制前後不同者,如太常司改為太常寺之類,則書其舊名,而注曰後改為某官,其別開公署者,如鴻臚寺本為儀禮司之類,則書其新名,而注曰本為某官。其戶口貢賦之盈縮,制度科條之改易,亦相連並載,以見變通創建之由。大抵以洪武二十六年(1393)諸司職掌為主,而參以《祖訓》《大誥》《大明令》《大明集禮》《洪武禮制》《禮儀定式》《稽古定制》《孝慈錄》《教民榜文》《大明律》《軍法定律》《憲綱》十二書。於一代典章最為賅備。凡史志之所未詳,此皆具有始末,足以備後來之考證。

其後嘉靖八年(1529),覆命閣臣續修《會典》五十三卷,萬曆四年(1576),又續修《會典》二百二十八卷。今皆未見其本,莫知存佚。殆以嘉靖時祀典太濫,萬曆時秕政孔多,不足為訓,故世不甚傳歟?〔四〕(《四庫全書總目》卷八十一)

【注釋】

〔一〕【申時行】此書撰者實為申時行。時行（1535～1614）字汝默，號瑤泉。江蘇長洲人。著有《賜閒堂集》。

〔二〕【作序時間】卷端孝宗、武宗兩序時間分別為弘治十五年十二月十一日、正德四年十二月十九日。

〔三〕【謙齋文錄】明徐溥撰。溥於孝宗時在內閣十二年，與劉健謝遷等協心輔治，不立異同，然於事有不可者，侃侃力爭，多所匡正。孝宗時，朝廷清暇，海內小康，論者謂溥等襄贊之力為多。今集中奏議尚存其指事陳言，委曲懇至，具見老成憂國之忱，與隆萬以後訐激取名囂爭立黨者詞氣迥殊。蓋有明盛時士大夫風氣如是也。是文章不如器量，當時已有公評。然有德之言，終與途飾字句者異，是又不能不以其器量重其文章矣。（《四庫全書總目》卷一百七十）

〔四〕【版本】萬曆重修本有《萬有文庫》本。《四庫全書總目》此處多臆測之辭。【整理與研究】原瑞琴撰《〈大明會典〉研究》（中國社會科學出版社 2009 年版）。

159. 七國考十四卷

明董說〔一〕（1620～1686）撰。說有《易發》，已著錄。

是編載秦、齊、楚、趙、韓、魏、燕七國制度。分職官、食貨、都邑、宮室、國名、群禮、音樂、器服、雜記、喪制、兵制、刑法、災異、瑣徵十四門。皆採掇諸書，以相佐證，略如會要之體。

大致以《戰國策》《史記》為本，而以諸子、雜史補其遺闕。其所援引如劉向《列仙傳》、張華《感應類從志》〔二〕、《子華子》《符子》、王嘉《拾遺記》之類，或文士之寓言，或小說之雜記，皆據為典要。而《月令》所載太尉、大酋之屬，注者明曰秦官，乃反遺漏，未免去取不倫。又既以七國為名，自應始自分晉以後。而秦之寺人，上引車鄰；楚之兩廣，遠征《左傳》，則於斷限有乖。

《新序》載魏王欲為中天之臺，許琯諫止，未必實有其事，即有之，亦議而未行，而「魏宮室門」中，乃出一「中天台」；「莊子」載無盛鶴列於麗譙，蓋城闕之通名，非魏所獨有，乃於「魏宮室」中標一目曰「麗譙」。《琴操》載韓殺聶政之父，乃古來之常制，非韓所創，乃於「韓刑法」中標一目曰「殺」，亦嫌於苟盈卷帙。

至於秦水心劍事，本見《續齊諧記》，乃云《白帖》，秦捨晉侯於靈臺，本見《左傳》，乃云《列女傳》，亦往往不得其出典。觀其前後無序跋，而「齊職官門」注「封君后妃附」，乃只有封君而無后妃。殆說未成之稿，偶為後人傳錄歟？

然《春秋》以前之制度，有經傳可稽，秦、漢以下之故事，有史志可考。**惟七雄雲擾，策士縱橫，中間一二百年，典章制作，實蕩然不可復徵。**說能參考諸書，排比鉤貫，尚一一各得其崖略。俾考古者有徵焉，雖間傷蕪漫，固不妨過而存之矣。〔三〕（《四庫全書總目》卷八十一）

【注釋】

〔一〕**【作者研究】**董說字雨若，浙江湖州人。黃道周之弟子。後為沙門，法名南潛。著述甚富，詳參羅振玉《雪堂類稿》戊冊第 1279 頁。

〔二〕**【感應類從志】**舊本題晉張撰。隋、唐以來經籍、藝文諸志皆所不載，諸家書目亦不著錄。書中語多俚陋，且皆妖妄、魘制之法。其為依託無疑也。（《四庫全書總目》卷一三〇）

〔三〕**【整理與研究】**繆文遠對董書拾遺訂誤，撰成《七國考訂補》（上海古籍出版社 1987 年版）。續撰《戰國制度通考》（巴蜀書社 1998 年版），分職官、食貨、地理、兵制、法制五目，對戰國重要制度作了很好的綜述。〇楊寬《戰國史》修訂本《後記》對明董說《七國考》「法經」條引文有新的見解：「桓譚《新論》是南宋時散失的，董說這條引文究竟從哪裏轉引來的，無從查考，實不足信。」張警《〈七國考〉「法經」引文真偽析疑》（《法學研究》1983 年第 6 期）、段俊傑《〈七國考〉中「法經」引文真偽再辨》（《求索》2015 年第 1 期）圍繞此問題展開討論，段俊傑認為，對於該段引文，《法經》標題中的「法」字符合李悝所處時代的背景；「王者之政莫急於盜賊」的說法符合李悝時代對法律的需求。結合傳世和出土文獻，利用秦漢律二級分類的理論進行分析可以看出，引文的篇目和體例結構具有合理性。學界對這段引文的內容的質疑不能成立，應該重視這段引文的史料價值。

160. 欽定大清會典一百卷

乾隆二十九年（1764）奉敕撰。

伏考《國朝會典》，初修於康熙三十三年（1694），續修於雍正五年（1727），至是凡三經釐定。典章彌備，條目彌詳。〔一〕

考昔成周之制，百度分治以六官，六官統匯於《周禮》。聖人經世之樞要，於是乎在。雖越數千載，時勢異宜，政令不能不增，法制不能不改，職守亦不能不分，難復拘限以六官，而其以官統事，以事隸官，則實萬古之大經，莫能易也。故歷代所傳，如《唐六典》《元典章》《明會典》遞有損益，而宏綱巨目，不甚相遠。然其書之善否，則不盡繫編纂之工拙，而繫乎政令之得失。蓋一朝之會典，即記一朝之故事。故事之所有，不能删而不書；故事之所無，亦不能飾而虛載。故事有善有不善，亦不能有所點竄變易。如《唐六典》先頒祥瑞之名目，分為三等，以待天下之奏報，殆於上下相罔。然當時有此制，秉筆者不能不載也。又如《至正條格》中偏駁不公之令，經御題指謫者，人人咸喻其非，然亦當時有此制，秉筆者不能載也。國多秕政，安怪書多駁文乎？至於《周禮》一經，朱子稱其盛水不漏，亦其時體國經野，事事為萬世開太平，故其書亦傳之萬世，尊為法守，非周公有所塗飾於其間也。

我國家列聖相承，文謨武裂，垂裕無疆，規畫既皆盡善。我皇上執兩用中，隨時損益，又張弛皆衷於道，增删悉合其宜。則是書之體裁精密，條理分明。足以方駕《周禮》者，實聖主鴻猷上軼豐鎬也夫，豈歷代規條所能望見涯涘乎？〔二〕(《四庫全書總目》卷八十一)

【注釋】

〔一〕【評論】王樹民先生云：「明、清二代的會典，是從宋、元時期的會要發展而來的。明代的會典性質與《元典章》相近而條理較為整齊。《清會典》僅有條律規定而不載事例，其範圍更較《明會典》為狹，事例別編為一書，故應以二書合看，以收相輔相成之效。」(《史部要籍解題》第233～234頁，中華書局1981年版)

〔二〕【整理與研究】劉廣安《大清會典三問》認為，法史學界關於《大清會典》的效力、適用、編纂意義問題上具有影響力的三種觀點有待商榷。《大清會典》並不具有最高效力層次的法律地位，其在適用上具有三個特點：朝廷統一編纂《會典》，各衙門分別適用則例；皇帝根據需要直接適用《會典》中的禮制大綱；援引律例而非《會典》斷罪。編纂《大清會典》，具有確立法統、統一法律體系的政治意義和法律意義，又有建立盛世標誌、爭取官民擁戴的文化意義和教育意義。(《華東政法大學學報》2015年第6期)克禮、李建江《〈大清會典〉的初創》認為，《大清會典》是清廷頒布的第一部王朝成文法彙編，囊括了政府人事組織規定，以及行政程序、行政行為方面的制度性條例與法典，它整合了與包括皇帝在內的政治和行政主體有關的規則，這些條例是清代的行政法，奠定了此後 220 年間清朝政府及其統治下的多民族帝國運轉的基礎。（《法律史譯評》2019 年卷）

161. 欽定大清會典則例一百八十卷

乾隆二十九年（1764）奉敕撰。

與《大清會典》同時告成。《會典》原本，以則例散附各條下，蓋沿歷代之舊體。至是乃各為編錄，使一具政令之大綱，一備沿革之細目，互相經緯，條理益明。考《周禮》為一代之典制，而六官所職，其文頗略。其見於諸書者，如都城之廣狹，《左傳》稱先王之制，大都不過參國之一，中五之一，小九之一。《逸周書・作雒解》稱大縣城方王城三之一，小縣城方王城九之一。其文相合，當為周之舊典，而《周禮》無之。又太子生之禮，《左傳》稱接以太牢、卜士負之，士妻食之。《禮記・內則》所載，文雖稍詳，其事並同，當亦為周之舊典，而《周禮》亦無之。知《周禮》舉其要，而度數節次之詳，則故府別有其記載，與六典相輔。又《左傳》載：「王以鞏伯宴而私賄之，使相告之曰：『非禮也，勿籍。』」知當日王室之禮，或改於舊，必籍而記之，以為故事。其書雖不傳，其文則旁見側出，散在古籍者，尚灼然可考也。

然則《會典》之外，別為《則例》，正三代之古義矣。其間隨時損益之跡，悉出聖人之化裁。蓋帝王創制顯庸，有百世不變之大經，《詩》所謂「不愆不忘，率由舊章」是也；有因時制宜之大用，《記》所謂「一張一弛，文武之道」是也。即政典之因革，以仰窺皇心之運量，精一執中，具昭於是，豈徒備掌故而已哉。〔一〕（《四庫全書總目》卷八十一）

【注釋】

〔一〕【版本】嘉慶二十三年（1818）重纂《會典》八十卷，《事例》九百二十卷，圖一百三十二卷。光緒二十五年（1899）重修之，《會典》復為一百卷，《事例》則增為一千二百二十卷，圖二百七十卷。《萬有文庫》以光緒重修本的原寫本影印行世。

162. 欽定續文獻通考二百五十二卷

乾隆十二年（1747）奉敕撰。

馬端臨《文獻通考》斷自宋寧宗嘉定以前。採摭宏富，體例詳賅，元以來無能繼作。明王圻始捃拾補綴，為《續文獻通考》二百五十四卷。體例糅雜，顛舛叢生，遂使數典之書，變為兔園之策，論者病焉。〔一〕然終明之世，亦無能改修。豈非以包括歷朝，委曲繁重，難於搜羅而條貫之哉？

我皇上化洽觀文，道隆稽古。特命博徵舊籍，綜述斯編。黜上海之野文〔二〕，補鄱陽之鉅帙〔三〕，採宋、遼、金、元、明五朝事蹟議論，匯為是書。初議於馬氏原目之外，增朔閏、河渠、氏族、六書四門。嗣奉敕修《續通志》，以《天文略》可該朔閏，《地理略》原首河渠，氏族、六書更鄭樵之舊部。既一時並撰，即無容兩笈復陳。故二十四門仍從馬氏之原目。其中如《錢幣考》之載鈔銀，《象緯考》之詳推步，於所必增者乃增；《物異考》之不言徵應，《經籍考》之不錄佚亡，於所當減者乃減。亦不似王氏之橫生枝節，多出贅疣。

大抵事蹟先徵正史，而參以說部雜編。議論博取文集，而佐以史評、語錄。其王圻舊本，間有一長可取者，沙中金屑，亦不廢搜求，然所存者十分不及其一矣〔四〕。至於考證異同，辨訂疑似，王本固為疏陋，即馬本亦略而未詳。茲皆本本元元，各附案語，一折衷於聖裁。典核精密，纖悉不遺，尤二書所不逮焉。蓋王圻著述，務以炫博，故所續《通考》及《稗史彙編》《三才圖會》之類，動盈二三百卷，而無所取材。此書則每成類，即先呈御覽，隨事指示，務使即博且精。故非惟可廢王氏之書，即馬氏之書，歷來推為絕作，亦陶鑄之而有餘也。（《四庫全書總目》卷八十一）

【注釋】

〔一〕【評論】王樹民先生云：「《續文獻通考》對於馬端臨的《文獻通考》，不僅是續撰，更是增補，從而擴大並充實了其書的內容，尤以保存明代的史料為最多，所以這部書的學術價值是不容抹煞的。後來清朝統治者修撰《續文獻通考》，不僅從這部書中抄襲了大量的資料，並以誣衊的詞句極力貶抑這部書，說是『體例糅雜，顛舛叢生，遂使數典之書，變為兔園之策，論者病焉』。更斥之為『上海之野文』。清統治者要抬高他們所編的《續三通》，所以著重指斥這部書的缺點。今按所增《道統》《氏族》等六考，一部分為取自《通志略》，一部分為在明代理學家的影響小的產物，實均無足取，其他部門編排也失於繁瑣，但不應因此否定其全書所收史料的重要性。」（《史部要籍解題》第 212 頁，中華書局 1981 年版）

〔二〕【上海之野文】指王圻的《續文獻通考》一書，因王圻為上海人。

〔三〕【鄱陽之鉅帙】指馬端臨的《文獻通考》一書，因馬端臨為江西鄱陽人。

〔四〕【評論】《提要》既貶人之書為「野文」、「疏陋」、「炫博」，又竊人之書以為己有。廢王氏之書，存官修之本。四庫館臣在清高宗指揮下幹了不少如此好事！

163. 欽定皇朝文獻通考二百六十六卷

乾隆十二年（1734）奉敕撰。

初與《五朝續文獻通考》共為一編。乾隆二十六年（1761），以前朝舊事，例用平書，而述昭代〔一〕之典章，錄列朝之詔諭、尊稱、鴻號，於禮當出格跳行〔二〕，體例迥殊，難於畫一，遂命自開國以後，別自為書。後《續通典》《續通志》皆古今分帙，即用此書之例也。

其二十四門，初亦仍馬氏之目。嗣以《宗廟考》中用馬氏舊例附錄群廟，因而載入敕建諸祠。仰蒙睿鑒周詳，綸音訓示，申明禮制，釐定典章，載筆諸臣始共知尊卑有分，名實難淆，恍然於踵謬沿訛之失，乃恪遵聖諭，別立「群廟」一門，增原目為二十五。其中子目，《田賦》增「八旗田制」，《錢幣》增「銀色」、「銀直」及「回部普兒」，《戶口》增「八旗壯丁」，《土貢》增「外藩」，《學校》增「八旗官學」，《宗廟》增「崇奉聖容之禮」，《封建》增「蒙古王公」，皆以今制所有而加。《市糴》刪「均輸」、「和買」、「和糴」，《選舉》刪「童子科」，《兵考》刪「車戰」，皆以今制所無而省。至《象緯》增「推步」，《物異》刪「洪範五行」，《國用》分為九目，尊號冊封之典，自《帝系》移入《王禮》，則斟酌而小變其例者也。

考馬氏所敘宋事，雖以世家遺蔭，多識舊聞。然計其編摩，實在入元以後。故典章放失，疏略不詳。理宗以下三朝，以國史北移，更闕無一字。案：理宗以後國史，元兵載以北歸，事見《宋季三朝政要序》。今則聖聖相承，功成文煥，實錄記注，具錄於史官，公牘奏章，全掌於籍氏，每事皆尋源竟委，賅括無遺。故卷帙繁富，與馬氏原本相埒。夫《尚書》兼陳四代，而《周書》為多，《禮記》亦兼述三王，而《周禮》尤備。蓋監殷、監夏，百度修明，文獻足徵，搜羅自廣，有不必求博而自博者矣。（《四庫全書總目》卷八十一）

【注釋】

〔一〕【昭代】政治清明的時代。常用以稱頌本朝或當今時代。

〔二〕【跳行】另起一行書寫。梁紹壬《兩般秋雨盦隨筆・跳行》:「作書出格曰『抬頭』。《金石錄》稱唐之中嶽嵩山碑，書皇帝太后，不跳行，不空格。跳行者，抬頭也。」

164. 欽定續通典一百四十四卷

乾隆三十二年（1767）奉敕撰。

杜佑《通典》終於天寶之末。是書所續，自唐肅宗至德元年（756），訖明崇禎末年。凡選舉六卷，職官二十二卷，禮四十一卷，樂七卷，兵十二卷，刑十六卷，州郡十八卷，邊防四卷，食貨十八卷，篇目一仍杜氏之舊。惟杜氏以兵制附刑後，今則兵、刑各為一篇，稍有不同。考古者虞廷九官，有士而無司馬。凡蠻夷寇賊，一隸於士。《魯語》臧文仲稱:「大刑用甲兵〔一〕，其次用斧鉞〔二〕，中刑用刀鋸〔三〕，其次用鑽笮〔四〕，薄刑用鞭朴〔六〕。」則兵、刑可以為一。又《左傳》紀少昊以祝鳩為司馬，爽鳩為司寇。而秋官、夏官，《周禮》亦分兩職，則兵刑亦可為二。以事蹟多寡，卷帙繁簡，酌為門目之分合，其宏旨仍不異也。

至於編纂之例，唐代年紀稍遠，舊典多亡，五代及遼，文獻靡徵，史書太略，則旁搜圖籍以求詳；明代見聞最近，雜記實繁，宋、金及元，著作本多，遺編亦夥。則嚴核異同以傳信，總期於既精既博，不濫不遺。

案:《宋史・藝文志》有宋白《續通典》二百卷，今其書已亡。陳振孫《書錄解題》載其咸平三年（1000）奉詔，四年（1001）九月書成，起唐至德初，迄周顯德末。又載王欽若言杜佑《通典》，上下數千載為二百卷，而其中四十卷為《開元禮》。今之所載二百餘年，亦如前書卷數，時論非其複重。

玆編仰稟聖裁，酌乎繁簡之中。而九百七十八年內，典制之源流，政治之得失，條分件繫，綱舉目張。誠所謂記事提要，纂言鉤玄。較諸杜氏原書，實有過之無不及。宋白所續，更區區不足道矣。(《四庫全書總目》卷八十一)

【注釋】

〔一〕【甲兵】鎧甲和兵械。泛指兵器。

〔二〕【斧鉞】斧與鉞。泛指兵器。亦泛指刑罰、殺戮。

〔三〕【刀鋸】刀和鋸。古代刑具。亦代指刑罰。

〔四〕【鑽笮】鑽指臏刑，笮指黥刑。

〔五〕【鞭扑】亦作「鞭朴」。用作刑具的鞭子和棍棒。亦指用鞭子或棍棒抽打。

165. 欽定皇朝通典一百卷

乾隆三十二年（1767）奉敕撰。

以八門隸事，一如杜佑之舊。其中條例則或革或因。如錢幣附於食貨，馬政附於軍禮，兵制附於刑法。於理相近，於義有取者，今亦無所更易。至於古今異制，不可強同。如《食貨典》之「榷酤」「算緡」，《禮典》之「封禪」，前朝弊法，久已為聖代所除，即一例從刪，不復更存虛目。又《地理典》以統包歷代，分併靡常。疆界參差，名稱舛互。故推原本始，以九州提其大綱。今既專述本朝，自宜敬遵今制。況乎威弧震疊，式廓昄章。東届出日之邦，西括無雷之國。山河兩戒，並隸職方。近復戡定冉駹〔一〕，開屯列戍。皇輿廣闊，更非九州舊界所能包。故均以《大清一統志》為斷，不更以《禹貢》州域紊昭代之黃圖。

至杜氏述唐朝掌故與歷代共為一書，故皆分綴篇終。其文簡略，亦體裁所限，不得不然。今則專勒一編，式昭國典，當法制修明之世，鴻猷善政，史不勝書。故卷目加繁，溢於舊笈。且杜氏所採者，惟《開元禮》為詳。今則謨烈昭垂，各成完帙。禮有《大清通禮》《皇朝禮器圖式》，樂有聖祖御製《律呂正義》、皇上御製《律呂正義後編》，刑有《大清律例》，兵有《中樞政考》，地理有《皇輿表》《大清一統志》《欽定日下舊聞考》《盛京通志》《熱河志》《滿洲源流考》《皇輿西域圖志》。又有《大清會典》及《則例》總其綱領，《八旗》及《六部則例》具其條目。故縷分條繫，端委詳明，用以昭示萬年，誠足媲美乎《官》《禮》，又豈杜氏之掇拾殘文、裒合成帙所可同日語哉！（《四庫全書總目》卷八十一）

【注釋】

〔一〕**【冉駹】**古部族名。漢武帝時以其地置汶山郡，在今四川省阿壩藏族羌族自治州茂縣和汶川、理縣一帶。

166. 欽定皇朝通志二百卷

乾隆三十二年（1767）奉敕撰。

《二十略》之目，亦與鄭樵原本同，而紀傳、年譜則省而不作。蓋實錄國史，尊藏金匱，與考求前代，刪述舊文，義例固不侔也。

至於《二十略》中，有原本繁而今汰者三：《都邑略》中樵兼載四裔所居，非但約略傳聞，地多無據，且外邦與帝京並列，義亦未安。今惟恭錄興京、盛京、京師城闕之制，以統於尊；《諡略》中樵分三等二百十品，多所臆定。今惟恭錄賜諡，以昭其慎；《金石略》中樵所採頗雜，今惟恭錄列聖寶墨、皇上奎章，兼及御定《西清古鑒》《三希堂帖》《淳化軒帖》《蘭亭八柱帖》諸刻，餘悉不登，以滌其濫。

有原本疏而今補者二：《天文略》中樵惟載《步天歌》，今則敬遵聖祖仁皇帝御製《儀象考成》〔一〕《靈臺儀象志》〔二〕，皇上御製《儀象考成後編》〔三〕，會通中西之法，以究象緯之運行；《地理略》中樵以四瀆統諸水，而州縣郡道，以水為別，今則於其不入四瀆者，大河以北如盛京、京畿諸水，大江以南如浙、閩、甌、粵諸水，以及滇南、漠北諸水自入南北海者，並一一補載。而河有重源，今底定西域而始知者，亦恭錄聖製，以昭示來茲。

有原本冗瑣而今刪並者三：《藝文略》中樵所列既多舛訛；《校讎略》中樵所舉亦未精確；《圖譜略》中樵分記有、記無二類而記無多至二十六門，既多虛設，如擊桐、試馬、鬥羊、對雉諸圖，尤猥雜無取。**今並以《欽定四庫全書總目》為斷，以折其中。**

有原本之所未聞者三：《六書略》中以國書十二字頭括形聲之變化，並以《欽定西域同文志》臚列蒙古、西番、託忒、回部諸字。絲牽珠貫，音義畢該，非樵之穿鑿偏旁所知也；《七音略》中，以國書合聲之法為翻切之總鑰，而兩合、三合之中有上下連書，有左右並書，有重聲大書，輕聲細書。以《欽定同文韻統》為華梵之通津，以天竺五十字母，配合成一千二百十二音，又以西番三十字母別配合成四百三十四音，而各釋以漢音，漢音不具，則取以合聲，非樵株守等韻所知也；《昆蟲草木略》中樵分八類，《五朝續通志》已為補漏訂訛。至於中國所無而產於遐方，前代所無而出於今日，如金蓮花、夜亮木之類，見於《欽定廣群芳譜》；普盤櫻、額堪達罕、秦達罕之類，見於聖仁皇帝《幾暇格物編》；北天竺鳥沙爾器、火雞、箬漠鮮、知時草之類，見於《御製詩集》；如奇石、密食、鶩鸞爾之類，見於《欽定西域圖志》，尤非樵之抱殘守匱所知矣。

蓋創始之作，考校易疏；論定之餘，體裁益密。生於衰微之世，則耳目難周；生於明備之朝，則編輯易富。樵當宋之南渡，局於見聞，又草創成書，無所質證，故踳駁至於如斯。以視遭遇昌斯，仰蒙聖訓，得以搜羅宏富，辯證精詳，以成一代鉅觀者，其瞠乎莫逮，亦良有由矣。

謹案：鄭樵《通志》入別史，《欽定續通志》亦入別史，均以兼有紀傳故也。至《皇朝通志》惟有十二略，則名為《通志》，實與《通典》《通考》為類，故恭錄於政書之中。(《四庫全書總目》卷八十一）

【注釋】

〔一〕【御定儀象考成】乾隆九年奉敕撰。乾隆十七年告成，御製序文頒行。卷首上下為《御製璣衡撫辰儀》。卷第一之十三，為《總紀恒星及恒星黃道經緯度表》。卷第十四之二十五，為《恒星赤道經緯度表》。卷第二十六，為《月五星相距恒星黃赤道經緯度表》。卷第二十七之三十，為《天漢經緯度表》。案：璣衡之制，馬融、鄭玄注《尚書》皆以為渾儀是其遺法。唐宋而後，日以加詳，然規環既多，遮蔽隱映之患，勢不能免。郭守敬析之為簡、仰二儀，人稱其便。(下略)(《四庫全書總目》卷一〇六）

〔二〕【靈臺儀象志】中所列諸表，皆據曩時分度。今則逐時加修，得歲差真數。其三垣二十八宿以及諸星，今昔多少不同者，並以乾隆九年甲子為元。驗諸實測，比舊增一千六百一十四星，亦前古之所未聞。密考天行，隨時消息，所以示萬年修改之道者，舉不越乎是編之範圍矣。(《四庫全書總目》卷一〇六）

〔三〕【御定曆象考成後編】乾隆二年奉敕撰。《新法算書》推步法數，皆仍西史第谷之舊。其圖表之參差，解說之隱晦者，聖祖仁皇帝《曆象考成》上、下二編，研精闡微，窮究理數，固已極一時推步之精，示萬世修明之法矣。第測驗漸久而漸精，算術亦愈變而愈巧。自康熙中西洋噶西尼法蘭德等出，又新制墜子表以定時，千里鏡以測遠，以發第谷未盡之義。(《四庫全書總目》卷一〇六）

167. 漢官舊儀一卷補遺一卷

案：《永樂大典》載《漢官舊儀》一卷，不著撰人名氏。考梁劉昭注《續漢書・百官志》，引用《漢官儀》則曰應劭〔一〕，引用《漢舊儀》則不著其名。《隋書・經籍志》《唐書・藝文志》作四卷，《宋史・藝文志》作三卷，《書錄解題》始作《漢官舊儀》，注曰衛宏撰，或云胡廣。宏本傳作《漢舊儀》四篇〔二〕，以載西京雜事，不名「漢官」。今惟此三卷，而又有「漢官」之目，未知果當時本書否？

今案：《永樂大典》此卷，雖以「漢官」標題，而篇目自皇帝起居、皇后親蠶，以及璽綬之等、爵級之差，靡不條繫件舉，與宏傳所云西京雜事相合。又前、後《漢書》注中，凡引用《漢舊儀》者，並與此卷所載相同。則其為衛氏本書，更無疑義。或後人以其多載官制，增題「官」字歟？原本轉相傳寫，節目淆亂。字句舛訛，殆不可讀。茲據班、范正史，綜覈參訂，以讞其疑。其原有注者，略仿劉昭注《百官志》之例，通為大書，稱本注以別之，又考前、後《漢書》紀、志注中，別有徵引《舊儀》數條，並屬郊天〔三〕、祫祭〔四〕、耕籍〔五〕、飲酎〔六〕諸大典，此卷俱未採入。蓋流傳既久，脫佚者多，謹復搜擇甄錄，別為一篇，附諸卷尾，以補本書之未備云。（《四庫全書總目》卷八十二）

【注釋】

〔一〕【應劭《漢官儀》】收入孫星衍等輯《漢官六種》（中華書局 1990 年版）。

〔二〕【衛宏《漢舊儀》】收入孫星衍等輯《漢官六種》（中華書局 1990 年版）。

〔三〕【郊天】祭天。

〔四〕【祫祭】古代天子諸侯所舉行的集合遠近祖先神主於太祖廟的大合祭。

〔五〕【耕籍】亦作「耕藉」、「耕耤」。古時每年春耕前，天子、諸侯舉行儀式，親耕籍田，種植供祭祀用的穀物，並以示勸農。歷代皆有此制，稱為耕藉禮或籍田禮。據《禮記・月令》，其禮為天子三推，三公五推，卿、諸侯九推。至清末始廢。

〔六〕【飲酎】喝反覆多次釀成的醇酒。一種正尊卑的古禮。

168. 大唐開元禮一百五十卷

唐太子太師同中書門下三品兼中書令蕭嵩〔一〕等奉敕撰。

杜佑《通典》及新、舊《唐書・禮志》稱，唐初禮司無定制，遇有大事，輒制一儀，臨時專定。開元中，通事舍人王岩上疏請刪削《禮記》舊文，益以今事。集賢學士張說奏《禮記》不刊之書，難以改易，請取貞觀、顯慶禮書折衷異同，以為唐禮。乃詔右散騎常侍徐堅、左拾遺李銳、太常博士施敬本撰述，歷年未就。至蕭嵩為學士，覆奏起居舍人王仲邱等撰次成書。由是唐之五禮始備，即此書也。

其書卷一至卷三為序例，卷四至七十八為吉禮，卷七十九至八十為賓禮，卷八十一至九十為軍禮，卷九十一至一百三十為嘉禮，卷一百三十一至一百五十為凶禮。凶禮古居第二，而退居第五者，用貞觀、顯慶舊制也。

貞元中，詔以其書設科取士，習者先授太常官，以備講討，則唐時已列之學官矣。新、舊《唐書》禮志皆取材是書，而所存僅十之三四。杜佑撰《通典》，別載《開元禮纂類》三十五卷，比《唐志》差詳，而節目亦多未備。其討論古今，斟酌損益，首末完具，粲然勒一代典制者，終不及原書之賅洽。故周必大序稱，朝廷有大疑，稽是書而可定；國家有盛舉，即是書而可行。誠考禮者之圭臬也〔二〕。

《新唐書・藝文志》載修《開元禮》者，尚有張烜、陸善經、洪孝昌諸人名。而《通典・纂類》中所載五嶽、四瀆名號及衣服一門，間有與此書相出入者。蓋傳寫異文，不能畫一。既未詳其孰是，今亦並仍原本錄之，不復竄改，庶幾不失闕疑之義焉。(《四庫全書總目》卷八十二)

【注釋】

〔一〕【蕭嵩】(？～749)，唐雍州長安人。官至中書門下三品兼中書令，後以太子太師歸，卒年八十餘。

〔二〕【考禮者之圭臬】是書詳記唐代之五禮，為研究唐代禮法及法律、風俗的原始資料。

〔三〕【整理與研究】張文昌撰《唐代禮典的編纂與傳承——以〈大唐開元禮〉為中心》(花木蘭文化出版社 2008 年版)。

169. 大金集禮四十卷〔一〕

不著撰人名氏。亦不著成書年月。據黃虞稷《千頃堂書目》，蓋明昌六年(1195)禮部尚書張瑋(？～1216)等所進。今考書中紀事，斷至大定。知為章宗時書，虞稷所載當不誤也。

其書分類排纂，具有條理。自尊號、冊謚以及祠祀、朝會，燕饗諸儀，燦然悉備。**以《金史》諸志相校，其藍本全出於此**。而志文援引舛漏，失其本意者頗多。若祭方邱儀，是書有前祭二日太尉告廟之儀，而《金史》遺落不載。又《金史》云：「設饌幕於內壝東門之外，道北南向。」考之此書，則陳設饌幕乃有東門、西門二處。蓋壇上及神州東方、南方之饌，陳於東門外，西方、北方之饌，陳於西門外。《金史》獨載設於東門外者，於禮為舛。如斯之類，

不一而足。非得此書，無以知史志之疏謬也。則數金源之掌故者，此為總匯矣。〔二〕

惟第十卷載夏至日祭方邱儀，而圜邱郊天儀獨闕。考《金史》自天德以後，並祀南北郊，大定、明昌，其制漸備。編書者既載北郊儀注，不應反遺南郊。蓋傳寫脫佚，非原書有所不備也。〔三〕（《四庫全書總目》卷八十二）

【注釋】

〔一〕【版本】傳本缺十二至十七、二十六、三十二等卷。卷十、十一、十八、十九、二十七亦有缺失和錯簡。《知聖道齋讀書跋》卷一有此書跋語。

〔二〕【金源掌故總匯】此書是金代禮制的總匯。《金史》禮、儀衛、輿服各志以此為藍本。

〔三〕【辨偽】錢大昕《跋大金集禮》云：「《大金集禮》四十卷，周漪塘、黃蕘圃兩家抄本皆云卷十二至十七元有闕文，又卷廿六、卷卅三闕。今檢第十、第十一兩卷係《夏至祭方邱之儀》，篇中有云『如圜邱儀』，則此兩卷之前已闕《圜邱儀》矣。其目錄次序恐未足信。此書雖無序文，不知纂輯年月，要必成於大定之世，故於『雍』字稱御名，而不及明昌以後事。獨補闕文一葉有明昌、承安、泰和及世宗廟號，蓋後人取它書攙入，非《集禮》元文也。」（《潛研齋文集》卷二十八）

170. 廟學典禮六卷

不著撰人名氏。

諸家書目皆不著錄。覈其所載，始於元太宗〔一〕丁酉（1237），而終於成宗大德間〔二〕。蓋元人所錄也。

其書雜抄案牘，排綴成編，未經文士之修飾，故詞多椎樸。又原序原目，散佚無考，亦無從得其門類。幸其年月先後，皆有可稽，尚可排比成帙。謹釐析其文，勒為六卷。雖繁複之失，在所未免。而一代廟學之制，措置規畫，梗概具存，頗可與《元史》相參考。如至元六年（1346）設舉學校官一條，稱儒學提舉司秩從六品，而《百官志》作從五品；各路儒學教授秩八品，而《百官志》作九品。至元十九年（1359）郡縣學院官職員數一條，稱總管府設教授二員，學錄、學正各二員，散府設教授二員，學錄、學正各一員。而《百官志》作總官府教授一員，學正一員，學錄一員，散府上、中州教授一員，下州學正一員，俱不相合。蓋宋濂等修史之時，據其末年之制。而大德以前之舊典，則未及詳考也。又《選舉志》稱至元二十八年（1368），令江南諸路學及各縣學內設立小學，選老成之士教之。其他先儒過化之地，名賢經行之所，與好事之家出錢粟贍學者，並立為書院。是明言小學、書院，設於世祖之時，而此書載所立小學、書塾乃在大德四年（1300）。以成宗時人記成宗時事，不應訛異如是。或至元時雖有此議，實未及施行，至成宗乃補定其規制，而史未及詳與？

《元史》一書，自開局至告成，僅閱八月，其間潦草闕略，不一而足。諸志尤不賅備。留此一編，猶足以見一朝養士之典，固考古者所必稽矣。其中有當日文書程式，後人不能盡解，以致傳寫訛脫者，並詳覈釐正。無可考者則闕之。人名、地名、官名、譯語對音，尤多舛異。今皆一一核定，俾不失其真，以糾向來流傳之誤焉。〔三〕（《四庫全書總目》卷八十二）

【注釋】

〔一〕【元太宗】（1186～1241），即窩闊台。元太祖第三子。

〔二〕【成書時間】時為大德五年（1301）。

〔三〕【整理與研究】陳曉偉《〈廟學典禮〉四庫底本與四庫館臣改譯問題》認為，今本《廟學典禮》是乾隆間編修《四庫全書》時從《永樂大典》中輯錄出來的，書中民族語詞彙大都已經四庫館臣徹底改譯，但大多乖離原義。北京大學圖書館現藏一部清翰林院抄本《廟學典禮》，係四庫底本，其卷首《廟學典禮應翻譯者》列有 32 條改譯條目，與正文相互對應，據此可以逐一復原民族語的原本面目。這部四庫底本不僅為我們考察大典本《廟學典禮》的編纂過程提供了一份十分珍貴的原始檔案，而且是研究四庫館臣改譯問題的絕佳案例。（《民族研究》2016 年第 3 期）

171. 明集禮五十三卷

明徐一夔、梁寅、劉於、周於諒、胡行簡、劉宗弼、董彝、蔡琛、滕公琰、曾魯同奉敕撰。

考《明典匯》載，洪武二年（1369）八月，詔儒臣修纂禮書，三年九月書成，名《大明集禮》。其書以吉、凶、軍、賓、嘉、冠服、車輅、儀仗、鹵簿、字學、樂為綱。所列子目，吉禮十四：曰祀天〔一〕，曰祀地，曰宗廟〔二〕，曰社稷〔三〕，曰朝日〔四〕，曰夕月〔五〕，曰先農〔六〕，曰太歲〔七〕、風、雲、雷、雨師，曰嶽、鎮、海、瀆、天下山川、城隍〔八〕，曰旗纛〔九〕，曰馬祖〔十〕、先牧〔十一〕、〔馬〕社〔十二〕、馬步〔十三〕，曰祭厲〔十四〕，曰祀典神，曰三皇〔十五〕、孔子。嘉禮五：曰朝會〔十六〕，曰冊封〔十七〕，曰冠禮，曰婚，曰鄉飲酒。賓禮二：曰朝貢，曰遣使。軍禮三：曰親征，曰遣將，曰大射〔十八〕。凶禮二，曰弔賻〔十九〕，曰喪儀。又冠服、車輅、儀仗、鹵簿、字學各一。樂三：曰鐘律，曰雅樂，曰俗樂。

《明史・藝文志》及《昭代典則》均作五十卷，今書乃五十三卷。考《明典匯》載：「嘉靖八年（1529），禮部尚書李時請刊《大明集禮》，九年六月梓成。禮部言是書舊無善錄，故多殘闕。臣等以次詮補，因為傳注。乞令史臣纂入，以成全書（云云）。」則所稱五十卷者或洪武原本，而今所存五十三卷乃嘉靖中刊本，取諸臣傳注及所詮補者纂入原書，故多三卷耳。〔二十〕如《明・禮志》載洪武三年（1370）圜邱從祀，益以風、雲、雷、雨。而是書卷一《總序》曰：「國朝圜邱從祀，惟以大明、夜明、星辰、太歲。」又所載圜邱〔二十一〕從祀壇位及牲幣尊罍，均止及大明、夜明、星辰、太歲，不及風、雲、雷、雨，是益祀風、雲、雷、雨從祀圜邱在十一月。而是書成於九月，故未及纂入，實有明據。而卷一序神位版，乃曰風伯之神、雲師之神、雷師之神、雨師之神，並赤質金字，不應一卷之內，自相矛盾若此，則其為增入可知。又《明史・禮志》載：「洪武元年（1368）冬至，祀昊天上帝。儀注無先期告諸神祇及祖廟之文。至洪武四年（1371），始創此制。」而是書儀注則有之，知亦嘉靖諸臣詮補纂入者矣。

序為世宗御製，題為嘉靖九年（1530）六月望日。而《世宗實錄》載九年六月庚午，刻《大明集禮》成，上親製序文。是月己未朔，則庚午乃十二日，與《實錄》小有異同。疑十二日進書，望日製序，記載者並書於進書日也。〔二十二〕（《四庫全書總目》卷八十二）

【注釋】

〔一〕【祀天】祭祀天神。帝王郊祭的古禮。

〔二〕【宗廟】古代帝王、諸侯祭祀祖宗的廟宇。

〔三〕【社稷】古代帝王、諸侯所祭的土神和谷神。社，土神；稷，谷神。

〔四〕【朝日】古代帝王祭日之禮。《周禮・天官・掌次》：「朝日，祀五帝，則張大次小次，設重帟重案。」鄭玄注：「朝日，春分拜日於東門之外。」

〔五〕【夕月】指古代帝王祭月的儀式。《周禮・春官・典瑞》「以朝日」鄭玄注：「天子當春分朝日，秋分夕月。」龔自珍《五經大義終始論》：「朝日，嘉旦晝之道也；夕月，嘉莫夜之道也。」

〔六〕【先農】古代傳說中最先教民耕種的農神。或謂神農，或謂后稷。

〔七〕【太歲】古代天文學中假設的歲星。古代認為歲星（即木星）十二年一周天（實為 11.86 年），因將黃道分為十二等分，以歲星所在部分作為歲名。但歲星運行方向自西向東，與將黃道分為十二支的方向正相反，故假設有一太歲星作與歲星運行相反的方向運動，以每年太歲所在的部分來紀年。如太歲在寅叫攝提格，在卯叫單閼等。又配以十歲陽，組成六十干支，用以紀年。

〔八〕【城隍】守護城池的神。孔穎達疏：「水庸之屬，在地益其稼穡。」後遂附會水庸為守護城池之神，稱城隍。

〔九〕【旗纛】飾以鳥羽的大旗。

〔十〕【馬祖】星宿名。即房星（天駟星）。

〔十一〕【先牧】牧馬創始人，後奉為司牧之神。

〔十二〕【馬社】養馬之地所設立的祭祀后土之社，以發明用馬駕車之人配食。亦指配食者。

〔十三〕【馬步】馬神名。《周禮．夏官．校人》：「冬祭馬步。」鄭玄注：「馬步，神為災害馬者。」

〔十四〕【祭厲】古時向惡鬼祭祀，以求免於作祟。

〔十五〕【三皇】傳說中上古三帝王。所指說法不一。（1）伏羲、神農、黃帝。（2）伏羲、神農、女媧。（3）伏羲、神農、燧人。（4）伏羲、神農、祝融。（5）天皇、地皇、泰皇。（6）天皇、地皇、人皇。

〔十六〕【朝會】謂諸侯、臣屬及外國使者朝見天子。

〔十七〕【冊封】古代帝王以封爵授給皇貴妃、貴妃、親王、親王世子、藩國等。

〔十八〕【大射】為祭祀擇士而舉行的射禮。鄭玄注：「大射者，為祭祀射。王將有郊廟之事，以射擇諸侯及群臣與邦邦所貢之士可以與祭者……而中多者得與於祭。」

〔十九〕【弔賻】往喪家弔唁並送以財物。

〔二十〕【考證】羅振玉云：「案此本無梁寅及徐一夔等修撰銜名，前有嘉靖九年御製序，亦不言修增事，而絳雲、述古兩家所藏本，與此同，均五十三卷。又《明史．徐一夔傳》不言與修此書，《梁寅傳》載時以禮、律、制度分三局，寅在禮局中，討論精審，諸儒皆推服，書成，賜金幣。《四庫提要》據《典匯》所載同修諸臣，尚有劉於、周於諒、胡行簡、劉宗弼、董彝、蔡琛、滕公琰、曾魯，合之梁、徐，共十人，所考甚詳，足補《明史》梁、徐兩傳之略。此

書會最歷代禮制，至為賅備。今方設禮學館，何不將此書印行？其有裨參考不鮮矣。」（《雪堂類稿》戊冊第 1172 頁）

〔二十一〕【圜邱】古代帝王冬至祭天的地方。後亦用以祭天地。

〔二十二〕【整理與研究】趙克生《〈大明集禮〉的初修與刊布》認為，《大明集禮》為明朝第一部禮制全書，由於內容未備，洪武初修而不刊。到嘉靖九年前後，明世宗為祭禮改制的需要，把《大明集禮》正式刊刻、傳佈，並對明代後期朝野產生影響。（《史學史研究》2004 年第 3 期）吳洪澤《略談〈明集禮〉的纂修》從修書時間、纂修人氏、刊刻及影響三個方面加以考察，較為系統地考述了其編纂流程、具體內容及價值與影響等問題，訂正了前人的一些誤說。（《儒藏論壇》2012 年卷）向輝《消逝的細節：嘉靖刻本〈大明集禮〉著者與版本考略》側重於考察細節（詳見《版本目錄學研究》2016 年卷）。梁健《〈大明集禮〉撰刊與行用考述》認為，《大明集禮》成書於明初，直至嘉靖年間才得以重刊。這與其本身已經頒賜有司永為儀式並不矛盾；秘而不刊更不代表《大明集禮》在嘉靖朝以前行用不力或未曾行用。嘉靖朝以前的《大明集禮》並非置諸高閣，而是與其他頒降禮書一樣發揮備查、備考的功能。《大明集禮》作為兩朝《大明會典》撰修的重要參稽材料，為《大明會典》大經大法效力的確立提供了支撐。在形式、體例上與歷代核心禮典一脈相承的《大明集禮》，作為明人心目中「美矣善矣」的一代典章和萬世法程，是明人用以匡飭天下，乃至對周邊藩屬國實現「禮」的外交統治、精神同化的重要依據和手段。（《西南大學學報》2020 年第 1 期）

172. 國朝宮史三十六卷

乾隆七年（1742）奉敕撰。乾隆二十四年（1759）以原書簡略，覆命增修，越兩載而告成。

凡六門：首曰訓諭，恭載列朝聖訓、皇上諭旨，以昭垂家法；次曰典禮，備著內廷儀節、規制、冠服、輿衛之度，其外朝諸大禮詳於《會典》者則略之；次曰宮殿，按次方位，詳列規模，凡御筆榜書楹帖及諸題詠，並一一恭錄；次曰經費，凡獻賚、禮宴、服食、器用之數，纖悉必載；次曰官制，具載內臣員品，及其職掌與其功罪賞罰之等；次曰書籍，部分錄略，編目提要，皆窮理致治之作。而梵文貝筴皮藏淨域者不與焉。

伏讀諭旨，申明編輯是書之意，拳拳於立綱陳紀，聰聽明訓，為萬萬世遵循之本。蓋修齊治平之道並具於斯矣。〔一〕（《四庫全書總目》卷八十二）

【注釋】

〔一〕【整理與研究】北京古籍出版社出版《國朝宮史》排印本（1987 年版）。左步青《康雍乾時期宮闈紀略——〈國朝宮史〉》認為，《國朝宮史》三十六卷，分「訓諭」「典禮」「宮殿」「官制」「經費」「書籍」六門，彙編和記載了乾隆二十六年（1761）以前的宮闈禁令、宮殿苑囿建置、內廷事務和有關典章制度，「凡有關掌故者備識兼賅」。在此以後纂修的《會典》和《會典事例》等書，很多皆以此為依據。它成書較早，雖然有些粗疏，但集康熙、雍正、乾隆三朝宮廷史料之大成。陳連營、張楠《〈國朝宮史〉的編纂與乾隆年間的宮廷學研究》認為，隨著《國朝宮史》的編纂，清代官方對清宮廷建築、園囿、內廷人員及機構設置與管理制度、典制、經費、收藏與文化活動等諸多方面都進行了系統整理和記錄，這項工作為後代的宮廷文化研究提供了大量的翔實資料，奠定了清代宮廷史、古代藝術與文獻等諸多領域的重要研究基礎，並為現代宮廷學研究提供了有益的借鑒。（《故宮博物院院刊》2015 年第 1 期）

173. 廟制圖考一卷

國朝萬斯同（1638～1702）撰。斯同字季野，鄞縣（今屬浙江寧波市）人。

是書統會經史，折衷廟制。謂廟不在雉門〔一〕之外，《考工記》左祖、右社，據王宮居中而言，是廟在寢東，蓋本蔡卞、朱子、易祓〔二〕之說；又謂諸侯五廟，太祖居中，二昭居東，二穆居西，平行並列，蓋本賈公彥之說；又謂自虞、夏、商、周天子皆立七廟，惟周增文、武二祧為九廟，蓋本劉歆、王舜諸家之說；又謂《大傳》《小記》《祭法》《中庸》《詩序》《國語》《論語》所言『禘』，皆據宗廟大祭，非圜邱，蓋本王肅之說。於是上溯秦、漢，下迄元、明，凡廟制沿革，悉為之圖，以附於經圖之後，而綴以說。其用功頗勤，其義例亦頗明晰，視明季本之書，較為賅備。

其中所論，則得失互陳。如朱子謂群昭皆列北牖下而南向，群穆皆列南牖下而北向。斯同則謂《禮》室中但有南牖無北牖，朱子為誤。今考《喪大記》：「寢東首於北牖下。」《注》云：「病者恒居北牖，或為北牖。」是室有北牖明矣。《詩》：「塞向墐戶。」《經典釋文》引《韓詩》云：「向，北向窗也。」《毛傳》亦云：「向，北出牖也。」孔《疏》云：「為備寒不塞南窗，故云北出牖。」則是室有南牖又有北牖明矣。《郊特牲》云:「薄社北牖。」蓋但開北牖而塞其南,非凡屋本無北牖而特為薄社開之也。《荀子・宥坐篇》:「子貢觀於魯廟之北堂,出而問孔子曰:『鄉者賜觀於太廟之北堂,吾亦未輟還,復瞻被九蓋。』」《注》云:「北堂,神主所在也。九當為北。蓋音盍,戶扇也。」然則北堂既有北闔,何獨疑於北牖耶?《明堂位》:「刮楹,達鄉。」《注》云:「鄉,牖屬,謂夾戶窗也。每室八窗為四達。」然則太廟之制略似明堂,四成且皆有牖,又何獨於北牖而疑之耶?凡此之類,皆未深考者也。

至如朱子《祭圖》,祖、妣並列。斯同謂宗廟吉祭,一尸統二主,無女尸,何以知六廟之妣盡入太廟?遂引《曾子問》七廟五廟無虛主,惟祫祭為無主。即知妣主亦入太廟。凡此之類,則援證精確,為前人所未發矣。雖大旨宗王黜鄭,固守一隅,然通貫古今,有條有理,不可謂非通經之學也。王士禛記斯同所著書目有《廟制圖考》四卷。此本只一卷,殆傳抄者所合併歟?(《四庫全書總目》卷八十二)

【注釋】

〔一〕【雉門】古代諸侯之宮門名。一說天子之宮門名。《禮記・明堂位》:「雉門,天子應門。」孫希旦《集解》引劉敞曰:「此經有五門之名,而無五門之實。以《詩》《書》《禮》《春秋》考之,天子有皋、應、畢,無庫、雉、路;諸侯有庫、雉、路,無皋、應、畢。天子三門,諸侯三門,門同而名不同……《明堂位》所言,蓋魯用王禮,故門制同王門,而名不同也。」

〔二〕【祓】以祭祀、沐浴齋戒等方式祛除不祥。

174. 唐律疏義三十卷

唐太尉揚州都督、趙國公長孫無忌(?~659)等奉敕撰。〔一〕

《風俗通》稱:「《皋陶謨》:『虞造律。』」《尚書大傳》稱:「夏刑三千,周刑二千五百。」是為言律之始。其後,魏李悝著《法經》六篇,一盜法、二賊法、三囚法、四捕法、五雜法、六具法,商鞅受之以相秦。漢蕭何益《戶》《興》《廄》三篇為九篇,叔孫通又益旁章十八篇,張湯《越宮律》二十七篇,趙禹《朝律》六篇,合六十篇。馬融、鄭康成皆嘗為之章句。魏世刪約《漢律》,定增十九篇,就故五篇合十八篇。晉復增損為二十篇。南北朝互有更改,漸近繁密。隋文帝開皇三年(583),敕蘇威、牛弘等更制新律。除死罪以下千餘條,定留五百條,凡十二卷:一名例、二衛禁、三職制、四戶婚、五廄庫、六擅興、七盜賊、八斗訟、九詐偽、十雜律、十一捕亡，十二斷獄。史稱其刑網簡要，疏而不失。唐太宗詔房玄齡等增損《隋律》，降大辟為流者九十二，流為徒者七十一，而大旨多仍其舊。高宗即位，又命長孫無忌等偕律學之士撰為義疏行之，即是書也。

論者謂《唐律》一準乎禮，以為出入得古今之平，故宋世多採用之〔二〕。元時斷獄亦每引為據。明洪武初，命儒臣同刑官進講《唐律》，後命劉惟謙等詳定《明律》，其篇目一準於唐。至洪武二十二年（1389），刑部請編類頒行，始分吏、戶、禮、兵、刑、工六律，而以「名例」冠於篇首〔三〕。本朝折衷往制，垂憲萬年。《欽定大清律例》明簡公平，實永為協中弼教之盛軌。

臣等嘗伏讀而紬繹之。凡《唐律》篇目今所沿用者，有名例、職制、賊盜、詐偽、雜犯、捕亡、斷獄諸門；其《唐律》合而今分者，如戶婚為戶役、婚姻，廄庫為倉庫、廄牧，鬥訟為鬥毆、訴訟諸門；其名稍異而實同者，如衛禁為宮衛，擅興為軍政諸門；其分析類附者，如關津、留難諸條，《唐律》入衛禁，今析入關津。乘輿服御物事、應奏不奏、馹〔四〕使稽程、以財行求諸條，《唐律》俱入職制，今分析入禮律之儀制。吏律之公式，兵律之郵驛，刑律之受贓、謀殺人諸條，《唐律》入賊盜，今析入人命。毆罵祖父母、父母諸條，《唐律》併入鬥訟，今析為兩條，分入鬥毆、罵詈。又姦罪、市司平物價、盜決堤防、毀大祀邱壇、盜食田園瓜果諸條，《唐律》俱入雜律，今分析入刑律之犯奸，戶律之市廛、田宅，工律之河防，禮律之祭祀。蓋斟酌畫一，權衡允當，迨今日而集其大成。而上稽歷代之制，其節目備具，足以沿波而討源者，要惟《唐律》為最善。故著之於錄，以見監古立法之所自焉。

其書為元泰定間江西儒學提舉柳贇所校刊〔五〕。每卷末附以江西行省檢校官王元亮釋文及纂例，亦頗可以資參訂也。〔六〕（《四庫全書總目》卷八十二）

【注釋】

〔一〕【製作年代】唐永徽三年（652），高宗令孫無忌等為上年修訂的律書（永徽律）逐條注釋，並設為問答，成三十卷，於次年頒行。開元二十五年（737）又重加修訂。日人仁井田陞認為，現所見的《唐律疏義》不是成立在永徽年間，而是開元二十年的律疏（轉引自李慶先生之《日本漢學史》第三冊第137頁）。

〔二〕【評論】此書詳記唐代之律令，為中國現存最古和最完備的法律，且為唐以後各朝立法所本，並對鄰邦日本、朝鮮、越南等國的古代法律產生影響。

〔三〕【史源】《明史》卷九十三：「自漢以來，刑法沿革不一。隋更五刑之條，設三奏之令。唐撰律令，一準乎禮，以為出入，宋採用之，而所重者敕律，所不載者則聽之於敕，故時輕時重，無一是之歸。元製取所行一時之例，為條格而已。明初，丞相李善長等言：『歷代之律，皆以漢九章為宗，至唐始集其成，今制宜遵唐舊。』太祖從其言。太祖懲元縱弛之後，議刑用重典，然特取決一時，非以為則，後屢詔釐正，至三十年始申畫一之制，所以斟酌損益之者，至纖至悉，令子孫守之，群臣有稍議更改，即坐以變亂祖制之罪。而後乃滋弊者，由於人不知律，妄意律舉大綱，不足以盡情偽之變，於是應律起例，因例生例，例愈紛而弊愈無窮。」

〔四〕【馹】古代驛站專用的車。後亦指驛馬。

〔五〕【版本】此書有《四部叢刊三編》本，據宋本及影宋抄本影印。（《張元濟古籍書目序跋彙編》第 944～945 頁）日人仁井田陞通過潘氏滂喜齋藏本、元刻本殘卷、元至正本、岱南閣本、《四部叢刊》影印本的對校，認為潘氏滂喜齋所藏「宋本」當是「元刻本」。（轉引自李慶《日本漢學史》第三冊第 137 頁）

〔六〕【整理與研究】劉俊文撰《唐律疏義箋解》（中華書局 1996 年版、2015 年版），該書在點校《唐律疏議》的基礎上，對疏文引徵的史料、典制、語詞等加以箋釋，對律條律意、淵源、演變等進行剖析，並補充了大量案例。錢大群撰《唐律疏義新注》（南京師範大學出版社 2007 年版），每條均由引述、原文、譯文、注釋四部分組成。錢大群撰《唐律疏義文白讀本》（人民法院出版社 2019 年版）。

175. 營造法式三十四卷

宋通直郎試將作少監李誡〔一〕（？～1110）奉敕撰。

初，熙寧中敕將作監官編修《營造法式》，至元祐六年（1091）成書。紹聖四年（1097）以所修之本只是料狀，別無變造制度，難以行用，命誡別加撰輯。誡乃考究群書，並與人匠講說，分列類例，以元符三年（1100）奏上之。崇寧二年（1103），復請用小字鏤版頒行。誡所作《總看詳》中稱，今編修海行《法式》總釋、總例共二卷，制度十五卷，功限十卷，料例並工作等共三卷，圖樣六卷，目錄一卷，總三十六卷，計三百五十七篇。內四十九篇，係於經史等群書中檢尋考究。其三百八篇，係自來工作相傳，經久可用之法，與諸作諳會工匠，詳悉講究。蓋其書所言，雖止藝事，而能考證經傳，參會眾說，以合於古者飭材庀事〔二〕之義。故陳振孫《書錄解題》，以為遠出喻皓《木經》之上。

考陸友仁《硯北雜志》載誡所著尚有《續山海經》十卷，《古篆說文》十卷，《續同姓名錄》二卷，《琵琶錄》三卷，《馬經》三卷，《六博經》三卷。〔三〕則誡本博洽之士，故所撰述，具有條理。惟友仁稱誡字明仲，而書其名作「誡」字。然范氏天一閣影抄宋本及《宋史・藝文志》《文獻通考》俱作「誡」字，疑友仁誤也。

此本前有誡所奏《札子》及《進書序》各一篇，其第三十一卷當為「木作制度圖様上篇」，原本已闕，而以《看詳》〔四〕一卷錯入其中。檢《永樂大典》內亦載有此書，其所闕二十餘圖並在。今據以補足，而仍移《看詳》於卷首。又《看詳》內稱書總三十六卷，而今本制度一門較原目少二卷，僅三十四卷。《永樂大典》所載，不分卷數，無可參校。而覈其前後篇目，又別無脫漏，疑為後人所併省，今亦姑仍其舊云。〔五〕(《四庫全書總目》卷八十二)

【注釋】

〔一〕【李誡】字明仲，管城（今屬河南鄭州）人。宋程俱《北山集》卷三十三《宋故中散大夫知虢州軍州管句學事兼管內勸農使賜紫金魚袋李公墓誌銘》云：「元祐七年，以承奉郎為將作監主簿。紹興三年，以承事郎為將作監丞。元符中，建五王邸成，遷宣義郎，時公在將作且八年，其考工庀事，必究利害堅窳之致，堂構之方，與繩墨之運，皆已了然於心，遂被旨著《營造法式》，書成，凡二十四卷，詔頒之天下……公資孝友，樂善赴義，喜周人之急，又博學多技能，家藏書數萬卷，其手抄者數千卷。工篆籀草隸，皆入能品……公喜著書，有《續山海經》十卷、《續同姓名錄》二卷、《琵琶錄》三卷、《馬經》三卷、《六博經》三卷、《古篆說文》十卷。」

〔二〕【飭材庀事】飭材，謂百工飭化。庀事，謂辦事。

〔三〕【陸友仁】自號研北生，故以名其雜著。所錄皆遺文瑣事。友仁頗精賞鑒，亦工篆隸，故關於書畫古器者為多。中亦頗有考證。元陸友仁《硯北雜志》卷上：「李明仲誡所著書有《續山海經》十卷、《古篆說文》十卷、《續同姓名錄》二卷、《營造法式》廿四卷、《琵琶錄》三卷、《馬經》三卷、《六博經》三卷。」

〔四〕【看詳】審閱研究。

〔五〕【整理與研究】《營造法式》的崇寧二年刊行本已失傳，南宋紹興十五年（1145年）曾重刊，但亦未傳世。南宋後期平江府曾重刊，但僅留殘本且經元代修補。陸心源《儀顧堂題跋》卷四記載有影宋本。現在常用的版本有1919年朱啟鈐在南京江南圖書館發現的丁氏抄本《營造法式》（後稱「丁本」），完整無缺，據以縮小影印，是為石印小本；次年由商務印書館按原大本影印，是為石印大本。1925年陶湘以丁本與《四庫全書》文淵、文溯、文津各本校勘後，按宋殘葉版式和大小刻版印行，是為「陶本」。後由商務印書館據陶本縮小影印成《萬有文庫》本。梁思成撰《營造法式注釋》（《梁思成全集》第七卷）。陳明達撰《營造法式大木作研究》（文物出版社1981年版），陳明達撰《營造法式大木作制度研究》（文物出版社1993年版），潘谷西、何建中撰《營造法式解讀》（東南大學出版社2005年版），項隆元撰《營造法式與江南建築》（浙江大學出版社2009年版），故宮博物院編《營造法式》全13冊（紫禁城出版社2009年版），陳明達撰《營造法式辭解》（天津大學出版社2010年版），鄒其昌點校《文淵閣欽定四庫全書·營造法式》（商務印書館2005年版、人民出版社2011年版），呂變庭撰《營造法式五彩遍裝祥瑞意象研究》（中國社會科學出版社2011年版），李路珂撰《營造法式彩畫研究》（東南大學出版社2011年版），成麗、王其亨合撰《宋營造法式研究史》（中國建築工業出版社2017年版），故宮博物院編輯《故宮博物院藏清初影宋抄本營造法式》（故宮出版社2017年版），赫長旭、蘭海編譯《營造法式》（江蘇科學技術出版社2017年版），潘谷西、何建中合撰《營造法式解讀》第2版（東南大學出版社2017年版），喻夢哲撰《晉東南五代、宋、金建築與〈營造法式〉》（中國建築工業出版社2017年版），李誡撰《營造法式》手繪彩圖版（重慶出版社2018年版），傅熹年批註《營造法式合校本》（中華書局2018年版），梁思成撰《宋營造法式圖注》（清華大學出版社2018年版），吳吉明譯注《營造法式注釋與解讀》（化學工業出版社2018年版），陳明達點注《營造法式》（浙江攝影出版社2020年版，據商務印書館1933年版影印）。

176. 元典章前集六十卷附新集無卷數〔一〕

不著撰人名氏。〔二〕

前集載世祖即位（1280）至延祐七年（1320）英宗初政。其綱凡十：曰詔令、曰聖政、曰朝綱、曰臺綱、曰吏部、曰戶部、曰禮部、曰兵部、曰刑部、曰工部。其目凡三百七十有三〔三〕，每目之中又各分條格。

《新集》體例略仿《前集》，皆續載英宗至治元、二年（1321～1322）事，不分卷數，似猶未竟之本也。此書始末，《元史》不載。惟載至治二年（1322），金帶御史李端言：『世祖以來所定制度，宜著為令，使吏不得為奸，治獄有所遵守。』英宗從之，書成，名曰《大元通制》，頒行天下，凡二千五百三十九條。計其時代，正與此書相同。而二千五百三十九條之數，則與此書不相應。卷首所載中書省札，亦不相合，蓋各為一編，非《通制》也。

考《元史》以八月成書，諸志皆潦草殊甚，不足徵一代之法制。而《元經世大典》〔四〕又久已散佚。其散見《永樂大典》者，顛倒割裂，不可重編。遂使百年掌故，無成書之可考。此書於當年法令，分門臚載，採掇頗詳，固宜存備一朝之故事。然所載皆案牘之文，兼雜方言俗語，浮詞妨要者十之七八。又體例瞀亂，漫無端緒。觀省札中有「置簿編寫」之語，知此乃吏胥抄記之條格，不足以資考證，故初擬繕錄，而終存其目焉。〔五〕（《四庫全書總目》卷八十三）

【注釋】

〔一〕【史料價值】全名《大元聖政國朝典章》。陳垣云：「《元典章》為考究元代政教、風俗、語言、文字必不可少之書。」《元典章》為現存記載元代典章制度的重要史料。從史料價值上看，其文多為原始資料，其重要性非一般概括綜述之書所能及，是以頗為學術界所重視。但《四庫全書總目》未能認識其重要性，致使列入存目。

〔二〕【編纂】《元典章》一書不是元朝廷官修的，而是由元福建地方官吏抄錄彙集，而後刻於建陽書坊的。（《文史知識》1985 年第 12 期第 55 頁）

〔三〕【考證】實為三百二十七目。

〔四〕【元經世大典】元天曆二年（1329），以虞集、趙世延為總裁官，共計八百八十卷，明代以後失傳。近人有自《永樂大典》殘本輯錄成書者，所得有限。

〔五〕【整理與研究】傳世有沈家本刻本、臺灣故宮博物院影印元刻本。陳垣撰《元典章校補》十卷、《元典章校補釋例》六卷。日本京都大學人文研究所有《元典章研究》（1954 年）、《元典章索引稿》（1959～1969 年佐伯富編輯）。舒炳麟撰《元典章研究》（黃山書社 1995 年版），張金銑撰《元典章校注》（黃山書社 2011 年版）。

177. 崇文總目十二卷

宋王堯臣〔一〕（1003～1058）等奉敕撰。蓋以四館書併合著錄者也。

宋制以昭文、史館、集賢為三館，太平興國三年（978），於左升龍門東北建崇文院，謂之三館新修書院。端拱元年（988），詔分三館之書萬餘卷，別為書庫，名曰秘閣，以別貯禁中之籍，與三館合稱四館。景祐元年（1034）閏六月，以三館及秘閣所藏或謬濫不全，命翰林學士張觀、知制誥李淑、宋祁等看詳，定其存廢，訛謬者刪去，差漏者補寫。因詔翰林學士王堯臣、史館檢討王洙、館閣校勘歐陽修等校正條目，討論撰次，定著三萬六百六十九卷，分類編目，總成六十六卷，於慶曆元年（1041）十二月己丑上之，賜名曰《崇文總目》。後神宗改崇文院曰秘書省，徽宗時因改是書曰《秘書總目》。然自南宋以來，諸書援引，仍謂之《崇文總目》，從其朔也。

李燾《續通鑒長編》云《崇文總目》六十卷，《麟臺故事》亦同，《中興書目》云六十六卷，江少虞《事實類苑》〔二〕則云六十七卷，《文獻通考》則云六十四卷，《宋史・藝文志》則據《中興書目》作六十六卷，其說參差不一。考原本於每條之下具有論說，逮南宋時，鄭樵作《通志》，始謂其文繁無用，紹興中，遂從而去其序釋。故晁公武《讀書志》、陳振孫《書錄解題》著錄皆云一卷，是刊除序釋之後，全本已不甚行。南宋諸家或不見其原書，故所記卷數各異也。考《漢書・藝文志》本劉歆《七略》而作，班固已有自注。《隋書・經籍志》參考《七錄》，互注存佚，亦沿其例。《唐書》於作者姓名不見紀傳者，尚間有注文，以資考核，後來得略見古書之崖略，實緣於此，不可謂之繁文。鄭樵作《通志・二十略》，務欲凌跨前人，而藝文一略，非目睹其書則不能詳究原委。自揣海濱寒畯，不能窺中秘之全，無以駕乎其上，遂惡其害己而去之。此宋人忌刻之故智，非出公心。厥後托克托等案：托克托原作脫脫，今改正。作《宋史・藝文志》，紕漏顛倒，瑕隙百出，於諸史志中最為叢脞。是即高宗誤用樵言，刪除序釋之流弊也。宋人官私書目，存於今者四家。晁氏、陳氏二目，諸家藉為考證之資。而尤袤《遂初堂書目》及此書，則若存若亡，幾希湮滅，是亦有說無說之明效矣。

此本為范欽天一閣所藏，朱彝尊抄而傳之，始稍見於世，亦無序釋。彝尊《曝書亭集》有康熙庚辰（1700）九月作是書跋，謂欲從《六一居士集》暨《文獻通考》所載，別抄一本以補之〔三〕。然是時彝尊年七十二矣，竟未能辦。今以其言考之，其每類之序，見於歐陽修集者，只經、史二類，及子類之半。

馬端臨《文獻通考》所載論說亦然。晁公武《讀書志》、陳振孫《書錄解題》皆在《通考》之前，惟晁公武所見多《通考》一條，陳氏則但見六十六卷之目，題曰「紹興改定」者而已。《永樂大典》所引，亦即從晁、陳二家目中採出，無所增益，已不能復睹其全。然搜輯排比，尚可得十之三四，是亦較勝於無矣。謹依其原次，以類補入，釐為一十二卷。其六十六卷之原次，仍注於各類之下。

又《續宋會要》載：「大觀四年（1110）五月，秘書監何志同言，慶曆間集四庫為籍，今案籍求之，十才六七，宜頒其名類於天下，《總目》之外，別有異書，並借傳寫。紹興十二年（1142）十二月，權發遣盱眙軍向子固言，乞下本省，以《唐藝文志》及《崇文總目》所闕之書，注闕字於其下，付諸州軍，照應搜訪（云云）。」〔四〕今所傳本，每書之下多注闕字，蓋由於此，今亦仍之。王應麟《玉海》稱，當時國史謂《總目》序錄多所謬誤。黃伯思《東觀餘論》校正《崇文總目》十七條〔五〕。鄭樵《通志・校讎略》則全為攻擊此書而作。李燾《長編》亦云《總目》或有相重，亦有可取而誤棄不錄者。

今觀其書，載籍浩繁，牴牾誠所難保。然數千年著作之目總匯於斯，百世而下，藉以驗存佚，辨真贋，核同異，固不失為**冊府之驪淵，藝林之玉圃**也。（《四庫全書總目》卷八十五）

【注釋】

〔一〕**【王堯臣】**字伯庸，虞城（今屬河南商邱）人。天聖五年（1027）進士第一。官至參知政事。

〔二〕**【事實類苑】**宋江少虞撰。其書成於紹興十五年。以宋代朝野事蹟見於諸家記錄者甚多，而畔散不屬，難於稽考，因為選擇類次之。分二十二門，各以四字標題。

今按，羅振玉云：《大明一統志》四十三載，少虞常山人，政和中進士，歷建饒吉三州守，治狀皆第一；而此書題銜稱「左朝請大夫、權發遣吉州軍事事」，是紹興十五年少虞正官吉州時也。《四庫提要》謂《江西通志》未載其履貫，已不可考，疏矣。《四庫》本及天一閣、愛日精廬兩本，並六十三卷，《提要》云二十二門，由《祖宗聖訓》訖《風俗雜記》，此本則尚有《談諧戲謔》《神異幽怪》《詐妄謬誤》《安邊禦寇》四門，意此書傳世有兩本，此其完帙歟？（《雪堂類稿》戊冊第 1201 頁）

〔三〕【史源】《經義考》卷二百九十四：「按《崇文總目》，當時撰定諸儒皆有論說，凡一書大義必句其綱，法至善也。其後若《郡齋讀書志》《書錄解題》等編，咸取法於此，故雖書有亡失，而後之學者覽其目錄，猶可想見全書之本末焉。乃夾漈鄭氏持論，謂崇文目錄每書之下必著說，據標類自見，何用更為之說，又何用一一強為之說，使人意怠。於是紹興中改定此書，僅存六十六卷之目，悉去論說，書之散佚者，學者遂無由知撰述之本旨矣。幸而尚存其概者，則鄱陽馬氏之功也。」

司馬按，《總目》此處暗襲朱彝尊之論。

〔四〕【史源】《清波別志》卷二。

〔五〕【史源】宋黃伯思《東觀餘論》卷下。

178. 郡齋讀書志四卷後志二卷考異一卷附志一卷讀書志四卷

《郡齋讀書志》四卷，宋晁公武〔一〕（1101～1174）撰。《後志》二卷，亦公武所撰。趙希弁重編《附志》一卷，則希弁所續輯也。公武字子止，巨野（今屬山東）人。沖之之子。官至敷文閣直學士，臨安少尹（1171）。岳珂《桯史》記隆興二年（1164）湯思退罷相，洪适草制作平語，侍御史晁公武擊之〔二〕。則亦骨鯁之士。希弁，袁州（今江西宜春）人。宋宗室子，自題稱江西漕貢進士、秘書省校勘。以輩行推之，蓋太祖之九世孫也。

始，南陽井憲孟為四川轉運使，家多藏書，悉舉以贈公武，乃躬自讎校，疏其大略為此書，以時方守榮州（今四川榮縣），故名《郡齋讀書志》。後書散佚，而志獨存。淳祐己酉（1249），鄱陽黎安朝守袁州，因令希弁即其家所藏書目參校，刪其重複，摭所未有，益為《附志》一卷，而重刻之，是為袁本。時南充游鈞守衢州，亦取公武門人姚應績所編蜀本刊傳，是為衢本。當時二書並行於世〔三〕，惟衢本分析至二十卷，增加書目甚多。卷首公武自序一篇，文亦互有詳略。

希弁以衢本所增，乃公武晚年續裒之書，而非所得井氏之舊，因別摘出為《後志》二卷。又以袁、衢二本異同，別為《考異》一卷附之編末。蓋原志四卷為井氏書，《後志》二卷為晁氏書，並至南渡而止。《附志》一卷則希弁家書，故兼及於慶元以後也。

馬端臨作《經籍考》，全以是書及陳氏《書錄解題》為據。然以此本與《經籍考》互校，往往乖迕不合，如京房《易傳》，此本僅注三十餘字，而馬氏所引，其文多至十倍。又如宋《太祖實錄》《太宗實錄》《建康實錄》《汲冢周書》之類，此志本僅述其撰人時代及卷數而止，而馬氏所引，尚有考據議論，凡數十言。其餘文之多寡，詞之增損互異者，不可勝數。又希弁《考異》稱：袁本《毗陵易傳》，衢本作《東坡易傳》；袁本《芸閣先生易解》，衢本作《呂氏章句》。今《經籍考》所題，並同衢本，似馬端臨原據衢本採掇。然如《晉公談錄》《六祖壇經》〔四〕之類，希弁《考異》稱袁本所載而衢本所遺者，今《經籍考》實並引晁氏之說，則當時亦兼用袁本，疑此書已經後人刪削，不特衢本不可復見，即袁本亦非盡舊文，故與馬氏所引，不能一一符合歟？

又前志子部序錄，稱九曰小說類，十曰天文、曆算類，十一曰兵家類，十二曰刑家類，十三曰雜藝類，十四曰醫家類，十五曰神仙類，十六曰釋家類。而志中所列小說類，《雞跖集》後即為《群仙會真記》、王氏《神仙傳》、葛洪《神仙傳》三種。是天文曆算等五類全佚，而神仙類亦脫其標目，則其他類之殘闕，蓋可例推矣。然書雖非舊，而梗概仍存，終為考證者所取資也。〔五〕（《四庫全書總目》卷八十五）

【注釋】

〔一〕【作者研究】劉兆祐撰《晁公武及其郡齋讀書志》（臺灣嘉新水泥公司文化基金會 1969 年版）。郝潤華教授撰《晁公武評傳》（南京大學出版社 2006 年版），書末附錄《晁公武簡譜》。

〔二〕【史源】《桯史》卷一「湯岐公罷相」條。

〔三〕【版本】清錢泰吉《曝書雜記》卷下：「瞿木夫（中溶）有《衢志考辨》，論袁本之失，明衢本之得，惜未見傳刻。」今按，此書袁州本有《四部叢刊三編》本。張元濟認為「袁本出而衢本可廢」，其長跋有云：「《提要》泥於馬氏《經籍考》，反覆未得其說，則以誤目陳刻錯簡為殘闕，未省馬氏所採為蜀本也。迨嘉慶間，瞿中溶得不全舊抄衢本，汪閬源刻家塾舊抄衢本，一時矜為秘笈，瞿氏撰《衢本考辯》一文倡為兩本優劣之論；錢大昕《十駕齋養新錄》、阮元《進書錄》、錢泰吉《曝書雜記》各有載筆，乃至近人王先謙莫不推波助瀾，附和瞿說。或病袁《志》子部脫佚五類，而疑《後志》非趙氏原書，或誇衢本收書多幾及倍，而目袁《志》為四卷為不全初稿，或誤馬《考》捨袁取衢，引為兩本優劣之判。嘗屬余友姜子佐禹，即眾說以稽求，往往不和事實，蓋皆《提要》『衢本不可復見，袁本亦非盡舊文』之語，有以誤之。百年樸學之品題，舉世盲從而不察，衢本顯而袁本晦，是非之倒置久矣！」（《張元濟古籍書目序跋彙編》第 945～948 頁）潘景鄭《王蓮涇收校衢本郡齋讀書志》：「衢本自汪氏藝芸書舍重刻，流傳遂廣；袁本則通行陳氏小字一本，訛謬未快人意。近年涵芬樓得內府所藏宋刊袁本影印，原書面目復見於世，幾駕衢本而上之。然兩本互有是正，未可偏廢也。」（《著硯樓讀書記》第 212 頁）

〔四〕【六祖壇經】為禪宗六祖惠能得法傳宗事蹟與語錄的合編。提倡「頓悟成佛」，以與北禪宗「漸悟」說對立。1983 年中華書局出版《壇經校釋》。

〔五〕【整理與研究】孫猛撰《郡齋讀書志校證》（上海古籍出版社 1990 年版）。楊大忠撰《郡齋讀書志研究》（安徽大學 2010 年博士學位論文）。

179. 遂初堂書目一卷〔一〕

宋尤袤（1127～1194）撰。袤字延之，無錫人。紹興十八年（1148）進士。官至禮部尚書，謚文簡。事蹟具《宋史》本傳。

陳振孫《書錄解題》稱其遂初堂藏書為近世冠。楊萬里《誠齋集》有為袤作《益齋書目序》，其名與此不同。然《通考》引萬里序列《遂初堂書目》條下，知即一書。今此本無此序，而有毛幵一序，魏了翁、陸友仁二跋〔二〕。

其書分經為九門，曰經總類、周易類、尚書類、詩類、禮類、樂類、春秋類、論語孝經孟子類、小學類；分史為十八門，曰正史類、編年類、雜史類、故事類、雜傳類、偽史類、國史類、本朝雜史類、本朝故事類、本朝雜傳類、實錄類、職官類、儀注類、刑法類、姓氏類、史學類、目錄類、地理類；分子為十二門，曰儒家類、雜家類、道家類、釋家類、農家類、兵家類、數術家類、小說家類、雜藝類、譜錄類、類書類、醫書類；分集為五門，曰別集類、章奏類、總集類、文史類、樂典類，其例略與史志同。惟一書而兼載數本，以資互考，則與史志小異耳。諸書皆無解題。檢馬氏《經籍考》，無一條引及袤說，知原本如是。惟不載卷數及撰人，則疑傳寫者所刪削，非其原書耳。

其子部別立譜錄一門，以收《香譜》《石譜》《蟹錄》之無類可附者，為例最善。間有分類未安者，如《元經》本史而入儒家，《錦帶》本類書而入農家，《琵琶錄》本雜藝而入樂之類。亦有一書偶然復見者，如《大曆浙東聯句》一入別集，一入總集之類。又有姓名訛異者，如《玉瀾集》本朱槔作，而稱朱喬年之類。然宋人目錄存於今者，《崇文總目》已無完書，惟此與晁公武《志》為最古，固考證家之所必稽矣。（《四庫全書總目》卷八十五）

【注釋】

〔一〕【書名】尤袤號遂初居士，故以號名其集。

〔二〕【序跋】毛扆一序與魏了翁、陸友仁跋均載於四庫本。

180. 子略四卷目錄一卷

宋高似孫（約1154～1212）撰。似孫有《剡錄》，已著錄。

是書卷首冠以目錄，始《漢志》所載，次《隋志》所載，次《唐志》所載，次庾仲容《子抄》、馬總《意林》所載，次鄭樵《通志·藝文略》所載。皆削其門類，而存其書名，略注撰人、卷數於下。其一書而有諸家注者，則惟列本書，而注家細字附錄焉。其有題識者，凡《陰符經》《握奇經》《八陣圖》《鬻子》《六韜》《孔叢子》《曾子》《魯仲連子》《晏子》《老子》《莊子》《列子》《文子》《戰國策》《管子》《尹文子》《韓非子》《墨子》《鄧析子》《亢桑子》《鶡冠子》《孫子》《吳子》《范子》《鬼谷子》《呂氏春秋》《素書》《淮南子》《賈誼新書》《鹽鐵論》《論衡》《太玄經》《新序》《說苑》《抱朴子》《文中子》《元子》《皮子隱書》，凡三十八家。其中《說苑》《新序》合一篇，而《八陣圖》附於《握奇經》，實共三十六篇。惟《陰符經》《握奇經》錄其原書於前，餘皆不錄，似乎後人刪節之本，未必完書也。馬端臨《通考》多引之，亦頗有所考證發明。

然似孫能知《亢倉子》之偽〔一〕，而於《陰符經》《握奇經》《三略》《諸葛亮將苑》《十六策》之類，乃皆以為真，則鑒別亦未為甚確。其盛稱《鬼谷子》，尤為好奇。

以其會稡諸家，且所見之本猶近古，終非焦竑《經籍志》之流，輾轉販鬻，徒構虛詞者比。故錄而存之，備考證焉。〔二〕（《四庫全書總目》卷八十五）

【注釋】

〔一〕【辨偽】高氏《子略》曰：「開元、天寶間，天子方鄉道家者流之說，尊表老氏莊列，又以亢桑子號《洞靈真經》，既不知其人之仙否，又不識其書之可經，一旦表而出之，固未始有此書也。處士王褒乃趨世好，迨上意，撰而獻之。今讀其篇，往往採諸《列子》《文子》，又採《呂氏春秋》《新序》《說苑》，又時採諸戴氏禮，源流不一，往往論殊而辭異，可謂雜而不純，濫而不實者矣。」

柳宗元曰：「太史公為《莊周列傳》，稱其為書《畏累》《亢桑子》，皆空言無事實。今世有《亢桑子》書，其首篇出《莊子》，而益以庸言。蓋周所云者尚不能有事實，又況取其語而益之者，其為空言尤也。劉向、班固錄書無《亢倉子》，而今之為術者，乃始為之傳注，以教於世，不亦惑乎！」

《唐·藝文志》注云：「天寶元年詔，號《亢倉子》為《洞靈真經》，求之不獲。襄陽處士王士元謂《莊子》作《庚桑子》，太史公《列子》作《亢倉子》，其實一也。取諸子文義類者補其亡。今此書其士元補亡者耶？宜公有所不取也。」《史記》注：「亢，音庚。」《亢倉子》，王邵本作庚桑子。司馬彪曰：「庚桑，楚人姓名。」《列子》作亢倉子。《莊子》作庚桑楚。司馬云：「楚名，庚桑姓也。」《史記》作亢桑子。《唐新語》曰：「道家有庚桑子者，世無其書。開元末，處士王源撰《亢倉子》兩卷補之。」

《望溪集》卷三《書柳子厚辨亢桑子後》：「亢桑子之偽，柳子厚辨之，晁氏謂：唐天寶中，詔求其書不得，而襄陽王士元乃假託焉。士元年世先後於柳，雖不可知，然果詔求不得，而偽者晚出，則辨宜及之。且是書剽剟《戴記》諸子語甚眾，而子厚第云首篇出《莊子》，而益以庸言。又以文章取士，及被青紫章服，為唐以後人語明甚，不據是斥之，而獨以劉向、班固無其錄為疑。然則今所傳者，又可謂即子厚之所斥耶？」

〔二〕【整理與研究】司馬朝軍撰《子略校釋》（山東人民出版社 2018 年版）。

181. 直齋書錄解題二十二卷

宋陳振孫〔一〕（？～約 1261 或 1262）撰。振孫字伯玉，號直齋，安吉（今屬浙江湖州市）人。厲鶚《宋詩紀事》稱其端平中仕為浙西提舉，改知嘉興府。考周密《癸辛雜識》，「莆田陽氏子婦」一條稱陳伯玉振孫時以倅攝郡，又「陳周士」一條稱周士直齊侍郎振孫之長子〔二〕。則振孫始仕州郡，終官侍郎，不止浙江提舉，鶚蓋考之未詳也。

《癸辛雜識》又稱：「近年惟直齋陳氏書最多，蓋嘗仕於莆，傳錄夾漈鄭氏、方氏、林氏、吳氏舊書至五萬一千一百八十餘卷，且仿《讀書志》作解題，極其精詳（云云）。」〔三〕則振孫此書在宋末已為世所重矣。〔四〕

其例以歷代典籍分為五十三類，各詳其卷帙多少，撰人名氏，而品題其得失，故曰「解題」。雖不標經、史、子、集之目，而覈其所列，經之類凡十，史之類凡十六，子之類凡二十，集之類凡七，實仍不外乎四部之說也。〔五〕馬端臨《經籍考》惟據此書及《讀書志》成編。然《讀書志》今有刻本，而此書久佚，僅《永樂大典》尚載其完帙。惟當時編輯潦草，訛脫弘多，又卷帙割裂，全失其舊。謹詳加校訂，定為二十二卷。方今聖天子稽古右文，搜羅遺籍，列於四庫之中者，浩如煙海，此區區一家之書，誠不足以當萬一。然古書之不傳於今者，得藉是以求其崖略，其傳於今者，得籍是以辨其真偽，覈其異同，亦考證之所必資，不可廢也。

原本間於解題之後附以隨齋批註，隨齋不知何許人〔六〕。然補闕拾遺，於本書頗有所裨，今亦仍其舊焉。〔七〕（《四庫全書總目》卷八十五）

【注釋】

〔一〕【作者研究】《關於陳振孫之生平和著述》輯錄劉克莊、周密、錢泰吉、陸心源、陳樂素等十七條（見徐小蠻、顧美華點校《直齋書錄解題》附錄二）。喬衍琯撰《陳振孫學記》（文史哲出版社 1980 年版），何廣棪撰《陳振孫之生平及其著述研究》（文史哲出版社 1993 年版），武秀成撰《陳振孫評傳》（南京大學出版社 2006 年版）。

〔二〕【史源】周密《齊東野語》卷八「義絕合離」條。

〔三〕【史源】周密《齊東野語》卷十二「書籍之厄」條。

〔四〕【史源】《有關直齋書錄解題之提要題識》，見徐小蠻、顧美華點校《直齋書錄解題》附錄一。

〔五〕【校勘】卷首提要與殿本提要均有以下一段文字：「考諸前史，目錄類皆入史部。自劉歆《七略》以下，著錄者指不勝屈，其存於今者，《崇文總目》、尤袤《遂初堂書目》、晁公武《郡齋讀書志》及此書而已。《遂初堂書目》本無注，《崇文總目》注已散佚，其可考見諸書源流者，惟晁志及此書，故……」

〔六〕【隨齋考】隨齋即程棨。錢泰吉《曝書雜記》卷中云：「《直齋書錄解題》有隨齋批註，姓氏不著。《養新錄》疑為元時洛陽楊益，以其有《隨齋詩集》也。鄉先哲沈雙湖吏部謂隨齋為程棨，見《頤采堂集·書直齋書錄解題後》。云：『錄中附有隨齋批註，一時纂修諸公，未詳其人。余按：卷三鄭樵《石鼓文考》批註有先文簡字，宋龍圖閣學士吏部尚書新安程泰之大昌，謚文簡。曾孫棨，字儀甫，號隨齋，元時人。周益公作文簡墓誌云：「公自宦遊去鄉里，樂吳興溪山之勝，而卜居焉。晚得安吉梅溪鄉邸閣山，規營塋域，卒葬其地。子四人，準、新、本、阜。孫三人，端復、端節、端履。」文簡自歙遷湖，子孫貫安吉，與直齋同時同里。而批註所云：「樵以秦斤秦權有丞殹兩字，遂以石鼓為先秦物，先文簡論而非之，其說具載《演繁露》。」則隨齋為棨，確然無疑矣。』證據鑿鑿，錄於此以告讀《書錄解題》者。」（遼寧教育出版社 1998 年版，第 34 頁）

〔七〕【整理與研究】徐小蠻、顧美華點校《直齋書錄解題》（上海古籍出版社 1987 年版），何廣棪撰《陳振孫之經學及其直齋書錄解題經錄考證》（花木蘭文化出版社 2006 年版），何廣棪撰《陳振孫之史學及其直齋書錄解題史錄考證》（花木蘭文化出版社 2006 年版），何廣棪撰《陳振孫之子學及其直齋書錄解題子錄考證》（花木蘭文化出版社 2007 年版），何廣棪撰《陳振孫之文學及其直齋書錄解題集錄考證》（花木蘭文化出版社 2010 年版），何廣棪撰《陳振孫〈直齋書錄解題〉研核餘瀋》（花木蘭文化出版社 2011 年版），張守衛撰《直齋書錄解題研究》（安徽大學出版社 2015 年版）。

182. 漢藝文志考證十卷

宋王應麟（1223～1296）撰。應麟有《周易鄭康成注》，已著錄。

《漢書·藝文志》因劉歆《七略》而修，凡句下之注不題姓氏者，皆班固原文，其標某某曰者，則顏師古所集諸家之說。然師古注班固全書，藝文特其八志之一，故僅略疏姓名時代，所考證者，如《漢著記》即起居注，《家語》非今《家語》，鄧析非子產所殺，莊蔥奇嚴助之駁文，逢門即逢蒙之類，不過三五條而止。

應麟始捃摭舊文，各為補注，不載《漢志》全文，惟以有所辯論者摘錄為綱，略如《經典釋文》之例。其傳記有此書名而《漢志》不載者，亦以類附入，易類增《連山》《歸藏》《子夏易傳》，詩類增《元王詩》，禮類增《大戴禮》《小戴禮》《王制》《漢儀》，樂類增《樂經》《樂元語》，春秋類增《冥氏春秋》，道家增《老子指歸》《素王妙論》，法家增《漢律》《漢令》，縱橫家增《鬼谷子》，天文增夏氏《日月傳》《甘氏歲星經》《石氏星經》《巫咸五星占》《周髀星傳》，曆譜增《九章算術》《五記論》，五行增《翼氏風角》，經方增《本草》，凡二十六部，各疏其所注於下，而以「不著錄」字別之。

其間如《子夏易傳》《鬼谷子》〔一〕，皆依託顯然，而一概泛載，不能割愛。又庾信《哀江南賦》稱栩陽亭有離別之賦，實由誤記《藝文志》，與所用「桂華馮馮」誤讀《郊祀志》者相等。應麟乃因信附會，以栩陽為漢代亭名，亦未免間失之嗜奇。然論其該洽，究非他家之所及也。〔二〕（《四庫全書總目》卷八十五）

【注釋】

〔一〕【史源】柳子厚嘗曰：「劉向、班固錄書無《鬼谷子》，《鬼谷子》後出，而險戾峭薄，恐其言妄亂，世難信，尤者晚乃益出七術，怪謬異甚，言益隘，使人猖狂失守。」來鵠亦曰：「鬼谷子昔教人詭紿激訐揣測險滑之術，悉備於章，學之者惟儀秦而已。始捭闔飛箝，實今之常態，是知漸漓之後，不讀鬼谷子書者，其行事皆得自然符契也。昔倉頡作文字，鬼為之哭，不知鬼谷作是書，鬼何為耶？」世人欲知鬼谷子者，觀二子言略盡矣。

〔二〕【整理與研究】清姚振宗撰《漢書藝文志拾補》《漢書藝文志條理》（《二十五史補編》本），顧實撰《漢書藝文志講疏》（上海古籍出版社 1987 年版）。

183. 欽定天祿琳琅書目十卷

乾隆四十年（1775）奉敕撰〔一〕。

初，乾隆九年（1744），命內直諸臣檢閱秘府藏書，擇其善本進呈御覽，於昭仁殿列架庋置，賜名曰「天祿琳琅」。迄今三十餘年，秘笈珍函，搜羅益富。又以詔求遺籍，充四庫之藏，《宛委叢編》《嫏嬛墜簡》咸出應昌期。因掇其菁華，重加整比，並命編為目錄，以垂示方來。冠以丁卯（1747）《御題昭仁殿》詩及乙未（1775）《重華宮茶宴用天祿琳琅聯句》詩。

其書亦以經、史、子、集為類，而每類之中，宋、金、元、明刊版及影寫宋本，各以時代為次。或一書而兩刻皆工致，則兩本並存，猶尤袤《遂初堂書目》例也；一版而兩印皆精好，亦兩本並存，猶漢秘書有副例也。案：事見《漢書》敘傳。每書各有解題，詳其鋟梓年月及收藏家題識、印記，並一一考其時代、爵里，著授受之源流。案：張彥遠《歷代名畫記》有論十六篇，其十一記鑒識、收藏、閱玩，十二記自古跋尾押署，十三記自古公私印記。自後賞鑒諸家遞相祖述。至《鐵網珊瑚》所載書畫始於是事特詳。然藏書著錄則未有辨訂及此者。即錢曾於《也是園書目》之外，別出《讀書敏求記》，述所藏舊刻、舊抄，亦粗具梗概，不能如是之條析也。

至於每書之首，多有御製詩文題識，並恭錄於舊跋之前。奎藻光華，增輝簡冊。旁稽舊典，自古帝王，惟唐太宗有賦《尚書》一篇，詠司馬彪《續漢志》一篇，宋徽宗有題南唐舊本《金樓子》一篇而已，未有乙覽之博，宸章之富，品題之精確如是者。臣等繕錄之下，益頌鑒別之詳明，聖學高深，超軼乎三古也。〔二〕（《四庫全書總目》卷八十五）

【注釋】

〔一〕【編纂】于敏中等奉敕編撰。嘉慶二年（1797）彭元瑞等奉敕續編為二十卷。

〔二〕【整理與研究】劉薔教授撰《天祿琳琅研究》（北京大學出版社 2012 年版）、《天祿琳琅知見書錄》（北京大學出版社 2017 年版），故宮博物院編《故宮博物院藏欽定天祿琳琅書目初編後編》（故宮出版社 2014 年版）。

184. 千頃堂書目三十二卷

國朝黃虞稷（1629～1691）撰〔一〕。虞稷字俞邰，先世泉州人，崇禎末流寓上元（今江蘇南京）。書首自題曰閩人，不忘本也。

所錄皆明一代之書。經部分十一門。既以《四書》為一類，又以《論語》《孟子》各為一類，又以說《大學》《中庸》者入於「三禮」類中。蓋欲略存古例，用意頗深。然明人所說《大學》《中庸》，皆為《四書》而解，非為《禮記》而解。即《論語》《孟子》亦因《四書》而說，非若古人之別為一經，專門授受，其分合殊為不當。《樂經》雖亡，而不置此門，則律呂諸書無所附，其刪除亦未允也。

史部分十八門。其簿錄一門，用尤袤《遂初堂書目》之例，以收《錢譜》《蟹錄》之屬，古來無類可歸者，最為允協。至於典故以外，又立食貨、刑政二門，則贅設矣。

子部分十二門，其墨家、名家、法家、縱橫家並為一類，總名雜家，雖亦簡括，然名家、墨家、縱橫家傳述者稀，遺編無幾，並之可也，並法家刪之，不太簡乎？

集部分八門，其別集以朝代科分為先後，無科分者，則酌附於各朝之末，視唐、宋二《志》之糅亂，特為清晰，體例可云最善。

惟制舉一門可以不立。明以八比取士，工是技者，隸首不能窮其數，即一日之中，伸紙搦管而作者，不知其幾億萬篇，其不久而化為故紙敗燼者，又不知其幾億萬篇。其生其滅，如煙雲之變現，泡沫之聚散。虞稷乃徒據所見而列之，不亦慎耶？

每類之末，各附以宋、金、元人之書，既不賅備，又不及於五代以前，其體例特異，亦不可解。然焦竑《國史經籍志》既誕妄不足為憑，傅維鱗《明書．經籍志》〔二〕、尤侗《明史．藝文志稿》尤冗雜無緒。考明一代著作者，

終以是書為可據，所以欽定《明史・藝文志》頗採錄之。略其舛駁，而取其賅贍可也。〔三〕(《四庫全書總目》卷八十五)

【注釋】

〔一〕【編纂】來新夏先生主編《清代目錄提要》:「此為黃虞稷在其父《千頃堂藏書目》基礎上編撰而成。黃氏以十年之功，撰修《明史・藝文志》利用自家兩代藏書、官私藏書目及地方文獻，於康熙二十八年（1689）成稿，一份上交明史館，另一份則以《千頃堂書目》為名行世。」(齊魯書社 1987 年版第 28 頁)

〔二〕【明書】一百七十一卷，國朝傅維鱗撰。維鱗初名維楨，靈壽人……自謂搜求明代行藏印抄諸書，與家乘、文集、碑誌，聚書三百餘種，九千餘卷，參互實錄，考訂異同。可謂博矣。然體例舛雜，不可縷數。蓋一代之史，記載浩繁，非綜括始終，不能得其條理。而維鱗節節葉葉，湊合成編。動輒矛盾，固亦勢使之然矣。(《四庫全書總目》卷五十)

〔三〕【整理與研究】瞿鳳起、潘景鄭整理本（上海古籍出版社 2001 年版）最為通行。張明華撰《黃虞稷和千頃堂書目》(國際文化出版公司 1994 年版)，劉淨淨撰《千頃堂書目研究》(國家圖書館出版社 2018 年版)，此書將《千頃堂書目》置於明代的政治、經濟、文化以及中國目錄學史的多維視角下，通過對《千頃堂書目》採訪圖書的範圍與途徑、著錄圖書的內容與數量、著錄體例等方面的詳細分析，探討《千頃堂書目》的性質、體例以及與《明史・藝文志》關係等較有爭議的問題。

司馬按，筆者通過校勘發現，四庫本《千頃堂書目》是一個極為低劣的本子，我們擬專題討論。

185. 經義考三百卷

國朝朱彝尊（1629～1709）撰。彝尊字錫鬯，號竹垞，秀水（今屬浙江嘉興）人。康熙己未（1679）薦舉博學鴻詞，召試授檢討，入直內廷。彝尊文章淹雅，初在布衣之內，已與王士禛聲價相齊。博識多聞，學有根柢，復與顧炎武、閻若璩頡頏上下。凡所撰述，具有本原。〔一〕

是編統考歷朝經義之目，初名《經義存亡考》，惟列存、亡二例。後分例曰存、曰闕、曰佚、曰未見，因改今名。凡御注敕撰一卷，《易》七十卷，《書》

二十六卷，《詩》二十二卷，《周禮》十卷，《儀禮》八卷，《禮記》二十五卷，《通禮》四卷，《樂》一卷，《春秋》四十三卷，《論語》十一卷，《孝經》九卷，《孟子》六卷，《爾雅》二卷，《群經》十三卷，《四書》八卷，《逸經》三卷，《毖緯》五卷，《擬經》十三卷，《承師》五卷，《宣講》《立學》共一卷，《刊石》五卷，《書壁》《鏤版》《著錄》各一卷，《通說》四卷，《家學》《自述》各一卷。其《宣講》《立學》《家學》《自述》三卷，皆有錄無書，蓋撰輯未竟也。每一書前列撰人姓氏、書名、卷數，其卷數有異同者，則注某書作幾卷。次列存、佚、闕、未見字。次列原書序、跋、諸儒論說，及其人之爵里。彝尊有所考正者，即附列案語於末。惟序、跋諸篇與本書無所發明者，連篇備錄，未免少冗。又《隋志》著錄，凡於全經之內專說一篇者，如「易類」之《繫辭注》《乾坤義》，「書類」之《洪範五行傳》《古文舜典》，「禮類」之《夏小正》《月令章句》《中庸傳》等，皆與說全經者通敘先後，俾條貫易明。彝尊是書乃以專說一篇者附錄全經之末，遂令時代參錯，於例亦為未善。然上下二千年間，元元本本，使傳經原委一一可稽，亦可以云詳贍矣。〔二〕

至所注佚、闕、未見，今以四庫所錄校之，往往其書具存，彝尊所言不盡可據。然冊府儲藏之秘，非人間所得盡窺。又恭逢我皇上稽古右文，搜羅遺逸，琅嬛異笈，宛委珍函，莫不乘時畢集，圖書之富，曠古所無，儒生株守殘編，目營掌錄，窮一生之力，不能測學海之津涯，其勢則然，固不足為彝尊病也。〔三〕(《四庫全書總目》卷八十五）

【注釋】

〔一〕【作者研究】朱則傑撰《朱彝尊研究》(浙江古籍出版社 1995 年版、鳳凰出版社 2020 年版），徐志平撰《朱彝尊傳》(《嘉禾春秋》第 2、3、4 期），王利民撰《博大之宗——朱彝尊傳》(浙江人民出版社 2006 年版），張宗友撰《朱彝尊年譜》(鳳凰出版社 2014 年版）。

〔二〕【評論】《陸隴其年譜》:「朱彝尊言宋、元諸儒經解無人表章，當日就湮沒。又言有日月，必有眾星；有河海，必有細流。今儒者見與程朱異者，便以為得罪先儒。先生謂竹垞之學，記誦詞章之學也，故其言如此。」(第 250 頁）今按，《陸隴其年譜》第 103～104 頁載有《記誦詞章功利說》一文，他將學術分為記誦之學、詞章之學、功利之學，皆加貶斥。所倡導者仍不外乎孔、孟、程、朱之道。同時批評流俗「遇愈隆而行愈污，位益尊而品愈卑」。

〔三〕【整理與研究】翁方綱撰《經義考補正》十二卷。羅振玉撰《經義考目錄》（西泠印社出版社 2005 年版），林慶彰主編《點校補正經義考》（臺北「中央研究院」中國文哲研究所籌備處 1999 年版）、《朱彝尊經義考研究論集》（臺北「中央研究院」中國文哲研究所籌備處 2000 年版）、《經義考新校》（上海古籍出版社 2010 年版），楊果霖撰《朱彝尊〈經義考〉研究》（花木蘭文化工作坊 2005 年版），張宗友撰《經義考研究》（中華書局 2009 年版），司馬朝軍撰《經義考通說探原》（即出）。

186. 集古錄十卷

宋歐陽修（1007～1072）撰。修有《詩本義》，已著錄。

古人法書惟重真蹟，自梁元帝始集錄碑刻之文，為《碑英》一百二十卷，見所撰《金樓子》，是為金石文字之祖。今其書不傳，曾鞏欲作《金石錄》而未就，僅製一序，存《元豐類稿》中。修始採摭佚遺，積至千卷，撮其大要，各為之說。至嘉祐、治平間，修在政府，又各書其卷尾，於是文或小異，蓋隨時有所竄定也，修自書其後，題嘉祐癸卯（1063）。至熙寧二年己酉（1069），修季子棐復摭其略，別為《目錄》〔一〕，上距癸卯蓋六年，而棐記稱「錄既成之八年」，則是錄之成，當在嘉祐六年辛丑（1061）。其真蹟跋尾，則多係治平初年所書，亦間有在熙寧初者，知棐之《目錄》，固承修之命而為之也。諸碑跋今皆具修集中。其跋自為書，則自宋方崧卿裒聚真蹟，刻於廬陵（今江西吉安）。曾宏父《石刻鋪敘》〔二〕稱有二百四十六跋，陳振孫《書錄解題》稱有三百五十跋，修子棐所記，則曰凡二百九十六跋，修又自云凡四百餘篇有跋。近日刻《集古錄》者〔三〕又為之說曰：「世所傳《集古跋》四百餘篇，而棐乃謂二百九十六，雖是時修尚無恙，然續跋不應多逾百篇。因疑寫本誤以三百為二百。」以今考之，則通此十卷，乃正符四百餘跋之數。蓋以集本與真蹟合編，與專據集本者不同。宋時廬陵之刻今已不傳，無從核定，不必以棐記為疑矣。是原本但隨得隨錄，不復詮次年月，故修之自序曰：「有卷帙〔次第〕，而無時世先後，蓋其取多而未已也。」〔四〕近來刻本乃以時代先後為序，而於每卷之末附列原本卷帙次第，轉有年月倒置，更易補正之處，故錢曾《讀書敏求記》以為失其初意。然考毛晉跋是書曰：「自序謂上自周穆王以來，則當以吉日癸巳石刻為卷首，毛伯敦三銘是作序目後所得，宜在卷末。即子棐亦未敢妄為詮次。蓋周益公未能考訂（云云）。」據此，則周必大時之本已案時世為次，其由來固已久矣。今刻修文集者，但序時代，不復存每卷末之原次，則益為疏耳。今仍依見行篇次著於錄焉。(《四庫全書總目》卷八十六)

【注釋】

〔一〕【歐陽修自序】《集古錄》既成之八年，家君命棐曰:「吾集錄前世埋沒缺落之文,獨取世人無用之物而藏之者,豈徒出於嗜好之僻,而以為耳目之玩哉!其為所得亦已多矣,故嘗序其說而刻之。又跋於諸卷之尾者二百九十六篇序,所謂可與史傳正其闕謬者已粗備矣。若撮其大要，別為目錄，則吾未暇。然不可以闕而不備也。」夫此千卷之書者，刻之金石，託之山崖，未嘗不為無窮之計也。然必待集錄而後著者，豈非以其繁而難於盡傳哉！故著其大略，而不道其詳者，公之志也。(見洪适《隸釋》卷二十三)

〔二〕【石刻鋪敘】錢大昕《跋石刻鋪敘》與《四庫全書總目》之《石刻鋪敘》提要非常相似。(詳見《潛研堂文集》卷三十)

〔三〕【考證】所謂「近日刻《集古錄》者」，實為周必大。《文忠集》卷五十二《平園續稿》十二載《歐陽文忠公集古錄序》。

〔四〕【歐陽修自序】見四庫本卷首。原序「卷帙」後有「次第」二字，據以補入。

187. 金石錄三十卷

宋趙明誠(1081～1129)撰。明誠字德父，密州諸城(今屬山東濰坊市)人。歷官知湖州軍州事。

是書以所藏三代彝器及漢唐以來石刻，仿歐陽修《集古錄》例編排成帙。紹興中，其妻李清照表上於朝。張端義《貴耳集》謂清照亦筆削其間，理或然也。有明誠《自序》〔一〕並清照《後序》。前十卷皆以時代為次，自第一至二千咸著於目，每題下注年月、撰書人名；後二十卷為辯證，凡跋尾五百二篇中邢義、李證、義興茶舍、般舟和尚四碑，目錄中不列其名，或編次偶有疏舛，或所續得之本未及補入卷中歟？

初鋟版於龍舒,開禧元年(1205)濬儀趙不讇又重刻之,其本今已罕傳〔二〕。故歸有光、朱彝尊所見皆傳抄之本。或遂指為未完之書，其實當時有所考證，乃為題識。故李清照跋稱，二千卷中有題跋者五百二卷耳，原非卷卷有跋，未可以殘闕疑也。清照跋，據洪邁《容齋四筆》，原為龍舒刻本所不載，邁於王順伯家見原稿，乃撮述大概載之。此本所列，乃與邁所撮述者不同，則後人補入，非清照之全文矣。

自明以來，轉相抄錄，各以意為更移，或刪除其目內之次第，又或竄亂其目之年月，第十一卷以下，或並削每卷之細目，或竟佚卷末之後序，沿訛踵謬，彌失其真〔三〕。顧炎武《日知錄》載章邱刻本，至以《後序》「壯月朔」為「牡丹朔」〔四〕，其書之舛謬可以概見。近日所傳，惟焦竑從秘府抄出本，文嘉從宋刻影抄本，崑山葉氏本，閩中徐氏本，濟南謝氏重刻本，又有長洲何焯、錢塘丁敬諸校本，差為完善。今揚州刻本皆為採錄，又於注中以《隸釋》《隸續》諸書增附案語，較為詳覈。別有范氏天一閣、惠氏紅豆山房諸校本，皆稍不及。故今從揚州所刊，著於錄焉。〔五〕（《四庫全書總目》卷八十六）

【注釋】

〔一〕【趙明誠自序】余自少小喜從當世學士大夫訪問前代金石刻辭，以廣異聞。後得歐陽文忠公《集古錄》，讀而賢之，以為是正訛謬，有功於後學甚大。惜其尚有漏落，又無歲月先後之次，思欲廣而成書，以傳學者，於是益訪求藏畜，凡二十年而後粗備。上自三代，下訖隋、唐、五季，內自京師，達於四方，遐邦絕域，夷狄所傳，倉史以來，古文奇字、大小二篆、分隸行草之書，鐘鼎簠簋尊敦甗鬲盤杅之銘，詞人墨客詩歌賦頌碑誌敘記之文章，名卿賢士之功烈行治，至於浮屠老子之說，凡古物奇器豐碑鉅刻所載，與夫殘章斷畫磨滅而僅存者，略無遺矣。因次其先後，為二千卷。余之致力於斯，可謂勤且久矣。非特區區為玩好之具而已也。蓋竊嘗以謂，《詩》《書》以後，君臣行事之跡悉載於史，雖是非褒貶出於秉筆者私意，或失其實，然至其善惡大節有不可誣，而又傳諸既久，理當依據。若夫歲月、地理、官爵、世次，以金石刻考之，其牴牾十常三四。蓋史牒出於後人之手，不能無失，而刻辭當時所立，可信不疑，則又考其異同，參以他書，為《金石錄》三十卷。至於文辭之媺惡，字畫之工拙，覽者當自得之，皆不復論。嗚呼！自三代以來，聖賢遺跡著於金石者多矣，蓋其風雨侵蝕，與夫樵夫牧童，毀傷淪棄之餘，幸而存者止此爾。是金石之固猶不足恃。然則所謂二千卷者終歸於磨滅，而余之是書有時而或傳也。

今按，陳祖美撰《趙明誠傳》，附於《李清照評傳》（南京大學出版社 1995 年版）之後。

〔二〕【版本】潘景鄭《校宋本金石錄》：「吾家滂喜齋舊藏殘宋本十卷，自錢遵王《敏求記》著錄以後，遞經前賢收藏，詫為海內孤帙。」此書有《四部叢刊》本。張元濟跋云：「是書宋刻，世間僅存十卷，即跋尾之卷十一至二十，今藏滂喜齋，迄未寓目。其傳抄之善者，推葉文莊、吳文定本、錢磬室本。」（《張元濟古籍書目序跋彙編》第 898～899 頁）張元濟《宋本金石錄跋》又云：「趙明誠《金石錄》三十卷，宋槧久亡……《讀書敏求記》稱馮硯祥有不全宋槧十卷，余頗疑即文休承所曾藏者。馮書散出，迭經名家鑒藏，先後入於朱文石、鮑以文、江玉屏、趙晉齋、阮文達、韓小亭家，卒乃歸於潘文勤。其十卷，即原書跋尾之卷一至十，實即全書之卷十一至二十也。當世詫為奇書，得之者咸鐫一『金石錄十卷人家』小印，以自矜異……獲睹之人，亦以為此十卷者，殆為人間孤本矣。而孰知三十卷本尚存天壤，忽於千百年沈薶之下，燦然呈現，夫豈非希世之珍乎？是本舊藏金陵甘氏津逮樓，世無知者。目錄十卷，跋尾二十卷，完好無缺。宋時刊本凡二……趙敦甫世講得之南京肆中，以此罕見珍本，不願私為己有，屬代鑒定，並附題詞，將以獻諸中央人民政府。」（《著硯樓讀書記》第 1105～1107 頁）

〔三〕【版本】羅振玉云：「《金石錄》在宋代，雖再刻，至明則多係抄本，往往更改刪削，善本至難得，向來有名之善本，以葉文莊、錢叔寶兩抄本為最。」（《雪堂類稿》戊冊第 1174～1175 頁）

〔四〕【壯月】《日知錄》卷十八「別字」條：「山東人刻《金石錄》，於李易安《後序》『紹興二年玄黓歲壯月朔』，不知『壯月』之出於《爾雅》，而改為『牡丹』。凡萬曆以來所刻之書，多『牡丹』之類也。」

〔五〕【版本】潘景鄭《校本金石錄》：卷末錄覃溪跋云：「乾隆丙申三月八日，於寶善亭以惠氏紅豆山房校本、范氏天一閣舊抄本、與陸丹叔學士新得舊抄本凡三本同校。是三本者，惠氏本暨丹叔本皆用義門校本謄入。然二本皆不及盧刻本，范氏本則又不及二本。從前曾以竹垞所校本即汪氏裘抒樓藏者校一過。又以孫氏萬卷樓所藏謝刻本校一過。與余所抄此盧刻本，凡校過六本云云。」（《著硯樓讀書記》第 253 頁）

今按，乾隆丙申即乾隆四十一年（1776），其時翁方綱正在四庫館中充任纂修官。此跋正是纂修《四庫全書》的極佳史料。

188. 隸釋二十七卷

宋洪适（1117～1184）撰。適初名造，後更今名，字景伯，饒州鄱陽（今江西波陽）人，皓之長子也。紹興壬戌（1142）中博學宏詞科。官至尚書左僕射、同中書門下平章事，謚文惠。事蹟具《宋史》本傳。〔一〕

是書成於乾道二年丙戌（1166），適以觀文殿學士知紹興府、安撫浙東時也。明年（1167）正月，序而刻之。周必大誌其墓道，云耽嗜隸古，為《纂釋》二十七卷者，即指此書。其弟邁序婁機《漢隸字原》云：「吾兄文惠公，區別漢隸為五種書，曰釋，曰纘，曰韻，曰圖，曰續。四者備矣，惟韻書不成。」又適自跋《隸續》云：「《隸釋》有續，凡漢隸碑碣二百八十有五。」又跋《淳熙隸釋》後云：「《淳熙隸釋》目錄五十卷，乾道中，書始萌芽，十餘年間，拾遺補闕，一再添刻，凡碑版二百五十有八。」然乾道三年（1167）洪邁跋云：「所藏碑一百八十九，譯其文，又述其所以然，為二十七卷。」又淳熙六年（1179）喻良能跋云：「公頃帥越，嘗薈粹漢隸一百八十九，為二十七卷。」是二跋皆與是書符合，則其自題曰《淳熙隸釋》者，乃兼後所續得合為一編。今其本不傳，傳者仍《隸釋》《隸續》各自為書。

此本為萬曆戊子（1588）王鷺所刻〔二〕，凡漢、魏碑十九卷，《水經注碑目》一卷，歐陽修《集古錄》二卷，歐陽棐《集古目錄》一卷，趙明誠《金石錄》三卷，無名氏《天下碑錄》一卷，與二十七卷之數合。每碑標目之下，具載酈、歐、趙三書之有無。歐、趙之書第撮其目，不錄其文，而是書為考隸而作，故每篇皆依其文字寫之，其以某字為某字，則具疏其下，兼核著其關切史事者為之論證。自有碑刻以來，推是書為最精博。

其中偶有遺漏者，如衛尉卿《衡方碑》，以「寬懔」為「寬栗」，以「聲香」為「馨香」，以「郘虎」為「召虎」，以「疣」為「疕」、「訕」為「謚」，以「剋長剋君」為「克長克君」，以「謇謇」為「蹇蹇」，以「樂旨」為「樂只」；《白石神君碑》，以「幽讚」為「幽贊」，以「無畺」為「無疆」。《潛研堂金石文跋尾》均舉其疏。又其小有紕繆者，如《鄭固碑》，「逡遁退讓」，適引《秦紀》「逡巡遁逃」釋之。按《管子》，桓子蹵然逡遁，《漢書・平當傳》贊逡遁有恥，蓋巡與循同，而循轉為遁。《集古錄》云遁當為循，其說最協。適訓為遁逃，殊誤。武梁祠堂畫像，武氏不著名字，適因《武梁碑》有「後建祠堂，雕文刻畫」之語，遂定為武梁祠堂。案梁卒於桓帝元嘉元年，而畫像文中有魯莊公字不諱改「嚴」，則當是明帝以前所作。《金石錄》作武氏石室畫像，較為詳審。適未免牽合其詞。至《唐扶頌》「分郟之治」語，案《公羊傳》「自陝而東者周公主之」，陸德明《釋文》曰：陝一云當作郟，古洽反。王城郟鄏，則古有以分陝為郟者。適以為用字之異，非也。《李翊夫人碑》，「三五桼兮袞左姬」，據《山海經》，剛山多桼木，《水經注》漆水下有桼縣、桼水、桼渠，字皆作桼，隸從桼省去水為朿。適以為即末字者，亦非也。然百醇一駁，究不害其宏旨。他如楊君《石門頌》，楊慎譏其不識䢖字，考之碑文，正作鑿石，別無䢖字。是則慎杜撰之文，又不足以為適病矣。（《四庫全書總目》卷八十六）

【注釋】

〔一〕【作者研究】錢大昕撰《洪文惠（適）公年譜》《洪文敏公（邁）年譜》。

〔二〕【版本】此書有《四部叢刊三編》本。張元濟跋云：「右明王雲鷺刊本……此必自宋刊洪氏原刊傳錄。」（《張元濟古籍書目序跋彙編》第 948 頁）

189. 隸續二十一卷

宋洪适（1117～1184）撰。

適既為《隸釋》，又輯錄續得諸碑，依前例釋之，以成是編。乾道戊子（1168）始刻十卷於越，其弟邁跋之。淳熙丁酉（1177），范成大又為刻四卷於蜀。其後二年已亥（1179），德清李彥穎又為增刻五卷於越，喻良能跋之。其明年庚子（1180），尤袤又為刻二卷於江東倉臺。肇其版歸之越，前後合為二十一卷，適自跋之〔一〕。越明年辛丑（1181），適復合前《隸釋》為一書，屬越帥刊行，適又自跋之，所謂前後增加，律呂乖次，命掾史輯舊版，去留移易，首末整整一新者是也。然辛丑所刻，世無傳本。《隸釋》尚有明萬曆戊子（1588）所刻，《隸續》遂幾希散佚。朱彝尊《曝書亭集》有是書跋曰：「范氏天一閣、曹氏古林、徐氏傳是樓含經堂所藏，皆止七卷。近客吳，訪得琴川毛氏舊抄本，雖殘闕過半，而七卷之外增多一百十七翻。末有乾道三年（1167）適弟邁後序（云云）。」〔二〕蓋自彝尊始合兩家之殘帙，參校成編。後刊版於揚州，即此本也。據喻良能跋云：「續有得者，列之十卷，曰《隸續》。既墨於版，復冥搜旁取，又得九卷。」則當時所刻，實止一十九卷。朱彝尊因疑其餘二卷是所謂《隸韻》《隸圖》者。然洪邁跋稱：「亦既釋之，而又得之，列於二十七卷以往（云云）。」則《隸續》當亦如《隸釋》之體，專載碑文。此本乃第五卷、六卷忽載碑圖，第七卷載碑式，第八卷又為碑圖，第九卷、十卷闕，第十一卷至二十卷又皆載碑文，第二十一卷殘闕不完，而適自跋乃在第二十卷尾。蓋前後參錯，已非原書之舊矣。〔三〕

考彝尊所云七卷之本，乃元泰定乙丑（1325）寧國路儒學所刻，較今所行揚州本訛誤差少，然殘闕太甚。今仍錄揚州之本，而以泰定本詳校異同，其殘闕者無可考補，則姑仍之焉。（《四庫全書總目》卷八十六）

【注釋】

〔一〕【自書隸續卷後】《隸釋》有續，前後共二十一卷。乾道戊子，始刻十卷於越。淳熙丁酉，姑蘇范至能增刻四卷於蜀。後二年，霅川李秀叔又增五卷於越。明年，錫山尤延之刻二卷於江東倉臺，而輦其板，合之越。延之與我同志，故鄭重如此。凡漢隸見於書者為碑碣二百五十八，甎文器物欵識二十二，魏晉碑十七，欵識二，欲合數書為一，未能也。今老矣，平生之癖，將絕筆於斯焉。庚子十一月洪景伯書。

〔二〕【史源】朱彝尊《曝書亭集》卷四十三《隸續跋》。

〔三〕【版本】錢大昕《跋隸續》云：「《隸續》無足本……」（《潛研堂文集》卷三十）潘景鄭《隸續校本》：「宋本不復得見，前賢著錄所藏七卷之本，殆皆出自元泰定本者。」（《著硯樓讀書記》第261頁）

190. 蘭亭考十二卷

舊本題宋桑世昌撰。世昌，淮海人，世居天台，陸游之甥也。案陳振孫《書錄解題》載《蘭亭博議》十五卷，注曰桑世昌撰。

葉適《水心集》亦有《蘭亭博議跋》曰：「字書自《蘭亭》出，上下數千載，無復倫擬，而定武石刻，遂為今世大議論。桑君此書，信足以垂名矣。君事事精習，詩尤工。其《即事》云：『翠添鄰塹竹，紅照屋山花。』蓋著色畫也。」〔一〕《書錄解題》又載：「《蘭亭考》十二卷，注曰即前書，浙東庾司所刻，視初本頗有刪改。初十五篇，今存十三篇。去其《集字篇》後人集蘭亭字作詩銘之類者。又《附見篇》兼及右軍他書跡，於《樂毅論》尤詳。其書始成，本名《博議》，高內翰文虎炳如為之序。及其刊也，其子似孫主為刪改，去此二篇固當，而其他務從省文，多失事實，或戾本意。其最甚者，序文本亦條達可觀，亦竄改無完篇。首末闕漏，文理斷續，於其父猶然，深可怪也（云云）。」〔二〕是此書經高似孫竄改〔三〕，已非世昌之舊矣。

今未見《博議》原本，無由驗振孫所論之是非。然是書為王羲之《蘭亭序》作，集字為文，其事無預於羲之，羲之他書，其事無預於蘭亭，似孫所刪，深合斷限，振孫亦不能不以為當也。其中評議不同者，如或謂梁亂，《蘭亭》本出外，陳天嘉中為智永所得；又或謂王氏子孫傳掌，至七代孫智永，此真蹟流傳不同也。又如或謂石晉之亂，棄石刻於中山，宋初歸李學究。李死，其子摹以售人，後負官緡。宋祁為定武帥，出公帑買之，置庫中。又或謂有遊士攜此石走四方，其人死營妓家，伶人取以獻宋祁。又或謂唐太宗以拓本賜方鎮，惟定武用玉石刻之，世號定武本。薛紹彭見公廚有石鎮肉，乃別刻石以易之。此又定武石刻流傳之不同也。推評條下，據王羲之生於晉惠帝太安二年癸亥（456），則蘭亭修禊時年五十有一，辨《筆陣圖》所云羲之年三十三書《蘭亭》之誤，是矣。然前卷既引王銍語，以劉餗之說為是矣，而又雲於東墅閱高似孫校書畫，見蕭翼宿雲門留題二詩，云使御史不有此行，烏得是語？則雜錄舊文，亦未能有所斷制。

至其八法一門，以書苑、禁經諸條專屬之蘭亭，尤不若姜夔《禊帖偏傍考》之為精密。是以曾宏父、陶宗儀諸家皆稱姜考而不用是書。然其徵引諸家頗為賅備，於宋人題識援據尤詳。世昌之原本既佚，存此一編，尚足見《禊帖》之源流。固不得以陳氏之排擊，遽廢是書矣。（《四庫全書總目》卷八十六）

【注釋】

〔一〕【史源】葉適《水心集》卷二十九《題桑世昌蘭亭博議後》。

〔二〕【史源】《直齋書錄解題》卷十四。

〔三〕【高似孫序】桑君盡交名公鉅卿，以及海內之士，以充其見聞者固不一。然與予遊從三十年，見必及此，其有贊於帖考者，尤為不一。今茲浙東臺使齊公屬加匯正，遂略用史法翦裁之。為此書者，無非風流大雅之事，又無非博古好事之人。若齊公獨拳拳於此者，是為風流大雅，博古好事之極矣。

191. 欽定校正淳化閣帖釋文十卷

乾隆三十四年（1769），詔以內府所藏宋畢士安家《淳化閣帖》賜本，詳加釐正，重勒貞瑉。首冠以御題「寓名蘊古」四字及御製《淳化軒記》，諭旨末載原帖舊跋及諸臣書後。其中古帖次第，一從舊刻，而於朝代之先後，名字之標題，皆援證史文，裁以書法，俾不乖於《春秋》之義。每卷皆恭摹御筆論斷，昭示權衡。又參取劉次莊、黃伯思、姜夔、施宿、顧從義、王澍諸說，而以大觀、太清樓諸帖互相考校，凡篆籀行草，皆注釋文於字旁，復各作訂異，以辨正是非，別白疑似，誠為墨林之極軌，書苑之大觀。

乾隆四十三年（1778），侍郎金簡以石刻貯在禁庭，自宣賜以外，罕得瞻仰，乃恭錄釋文，請以聚珍版摹印，俾共窺八法之精微。由是流佈人間，遂衣被於海內。考張彥遠《法書要錄》，末有《右軍書記》一卷，所載王羲之帖四百六十五，附王獻之帖十七，並一一為之釋文。劉次莊之釋《閣帖》〔一〕，蓋即以是為藍本。然彥遠書傳寫多訛，次莊書，至南、北宋間，陳與義已奉敕作《法帖釋文刊誤》一卷，今附刊韋續《墨藪》之末，則次莊所釋不盡足據可知。第諸家雖知其有訛，而辨訂未能悉當，遞相駁詰，轉益多岐。恭逢我皇上天縱聰明，遊心翰墨，裁成頡籀，陶鑄鍾、王，訓示儒臣，詳為釐定，書家乃得所指南。是不惟臨池者之幸，抑亦漢、晉以來能書者之至幸也！〔二〕（《四庫全書總目》卷八十六）

【注釋】

〔一〕【法帖釋文】宋劉次莊撰。曹士冕《法帖譜系》云：「臨江《戲魚堂帖》，元祐間，劉次莊以家藏《淳化閣帖》十卷摹刻其上，除去卷尾篆題，而增釋文。」曾敏行《獨醒雜志》曰：「劉殿院次莊，自幼喜書，嘗寓於新淦，所居民屋窗牖牆壁題寫殆遍。臨江郡庫有法帖十卷，釋以小楷，他法帖之所無也。」觀二書所記，則次莊之作《法帖釋文》，本附注石刻之中，未嘗別為一集。此本殆後人於《戲魚堂帖》中抄合成帙，而仍以閣本原第編之者也。（《四庫全書總目》卷八十六）

〔二〕【整理與研究】清徐朝弼撰《淳化閣帖釋文集釋》十卷，王欣夫認為「案語考證無多，刻亦簡陋，未為善本」，而劉庠手校本考釋精當。（《蛾術軒篋存善本書錄》第533～534頁）

192. 金石文字記六卷

國朝顧炎武（1613～1682）撰。

前有炎武自序，謂抉剔史傳，發揮經典，頗有歐陽、趙氏二《錄》之所未具者。今觀其書，裒所見漢以來碑刻，以時代為次，每條下各綴以跋。其無跋者，亦具其立石年月、撰書人姓名。**證據今古，辨正訛誤，較《集古》《金石》二《錄》實為精覈**，亦非過自標置也。所錄凡三百餘種。後又有炎武門人吳江潘耒補遺二十餘種。碑字間有異者，又別為摘錄於末，亦猶洪适《隸釋》每碑之後摘錄今古異文某字為某之遺意。

《潛研堂金石文跋尾》〔一〕嘗摘其舛誤六條：一曰齊《隴東王孝感頌》，炎武未見其碑額，臆題為《孝子郭巨墓碑》〔二〕；一曰唐《寂照和上碑》，本無刻石年月，炎武誤記為開成六年正月，且未考開成無六年〔三〕；一曰後唐《賜冥福禪院地土牒》，趙延壽、范延光皆押字，炎武視之未審，誤以為無押字〔四〕；一曰〔後〕周《中書侍郎平章事景範碑》，本行書，而炎武以為正書，本題孫崇望書，而炎武失載其名，皆中其失〔五〕；一曰（後）漢《蕩陰令張遷頌》，炎武誤以「既且」二字合為「暨」字〔六〕；一曰（後）漢《州從事尹宙碑》，書「鉅鹿」為「巨鏕」，證以《廣韻注》《後魏弔比干文》及《北史》，皆作「巨鏕」，炎武誤謂不當從金〔七〕。案：《張遷頌碑》拓本，「既且」二字，截然不屬，炎武誠為武斷。然字畫分明，而文義終不可解，當從闕疑。《金石文跋尾》所釋，亦未為至確。至於鉅鹿之鹿，自《史記》以下，古書皆不從金，《說文》亦不載鏕字。自《玉篇》始載之，其為顧野王原本，或為孫強所加，或為宋《大廣益會玉篇》所竄入，已均不可知。然其注曰：「鉅鹿，鄉名，俗作鏕。」則從金，實俗書，具有明證。北朝多行俗字，《顏氏家訓》嘗言之，此書亦頗摘其訛。北魏人書，似不可據為典要。《廣韻注》尤不甚可憑。如開卷東字注，謂東宮複姓，齊有大夫東宮得臣，亦可據以駁《左傳》乎？是固未足以服炎武也。

惟其斥石鼓之偽，謂不足儕於二雅，未免勇於非古。釋校官之碑，謂東漢時有校官，亦未免疏於考據，是則失之臆斷者耳。然在近世著錄金石家，其本末源流，燦然明白，終未能或之先也。〔八〕（《四庫全書總目》卷八十六）

【注釋】

〔一〕【潛研堂金石文跋尾】錢大昕撰。上起三代，下至金元。王鳴盛稱之為「盡掩七家出其上，遂為古今金石學之冠」。今按，《潛研堂文集》卷三十有《跋金石文字記》，批評顧炎武「考之未審」。此則提要首先將《潛研堂金石文跋尾》中的六條批評意見挖掘出來，再評判是非得失。如果館臣當初不認真通讀二書，則無法寫成提要稿。

〔二〕【史源】錢大昕《潛研堂金石文跋尾》卷二，《嘉定錢大昕全集》第陸冊第76頁。

〔三〕【史源】錢大昕《潛研堂金石文跋尾》卷八，《嘉定錢大昕全集》第陸冊第217頁。

〔四〕【史源】錢大昕《潛研堂金石文跋尾》卷十，《嘉定錢大昕全集》第陸冊第267頁。

〔五〕【史源】錢大昕《潛研堂金石文跋尾》卷十一，《嘉定錢大昕全集》第陸冊第278頁。

〔六〕【史源】錢大昕《潛研堂金石文跋尾》卷一，《嘉定錢大昕全集》第陸冊第30頁。今按，蕩陰令張遷為漢代人，而《總目》誤作「後漢」。

〔七〕【史源】錢大昕《潛研堂金石文跋尾》卷一，《嘉定錢大昕全集》第陸冊第25頁。今按，州從事尹宙為漢代人，而《總目》誤作「後漢」。

〔八〕【評論】羅振玉認為：「亭林先生所錄諸碑別體字，疏舛甚多，有正字而以為別體者，有以不誤為誤者……以亭林先生之博雅，尚有此誤，考據之不易如此。」（《雪堂類稿》乙冊第493～494頁）王欣夫認為翁方綱校本「所評述都有依據，而於亭林時加詰難，則學問之事，後來居上，無足奇也」。（《蛾術軒篋存善本書錄》第535～537頁）

193. 石經考異二卷

國朝杭世駿〔一〕（1696～1773）撰。世駿有《續方言》，已著錄。

是編因顧炎武《石經考》猶有採摭未備，辨正未明者，乃糾訛補闕，勒為二卷。上卷標十五目，曰延熹石經、曰書碑姓氏、曰書丹不止蔡邕、曰三字一字、曰正始石經非邯鄲淳書、曰魏文帝典論、曰漢魏碑目、曰《隋書・經籍志》正誤、曰鴻都學非太學、曰魏太武無刻石經事、曰顧考脫落北齊二條、曰唐《藝文志》載石經與《隋志》不同、曰唐石臺《孝經》、曰唐石經、曰張參《五經文字》〔二〕。下卷標三目，曰蜀石經〔三〕、曰宋開封石經、曰宋高宗御書石經。考證皆極精覈。

前有厲鶚、全祖望、符元嘉三序〔四〕。鶚序稱其五經、六經、七經之覈其實，一字、三字之定其歸，二十五碑、四十八碑之析其數，堂東、堂西之殊其列，自洛入鄴、自汴入燕之分其地，駁鴻都門學非太學，魏石經非邯鄲淳書，直發千古之蒙滯。而又引何休《公羊傳注》，證漢石經為一字，引孔穎達《左傳疏》，稱魏石經為三字，以補世駿所未及。祖望序亦引《魏略》《晉書》《隋志》證邯鄲淳非無功於石經，引《魏書・崔浩高允傳》〔五〕證魏太武時未嘗無立經事，與世駿之說互存參考。而汪沆、趙信、符曾諸人，復各抒所見，互相訂正，今並列於書中。蓋合數人之力，參訂成編，非但據一人之聞見。其較顧炎武之所考，較為完密，亦有由也。

然尤袤《遂初堂書目》所列成都石刻，稱《論語》《九經》《孟子》《爾雅》，較晁公武、曾宏父所記少一經，亦當為辨正。世駿乃偶遺不載，是則失之眉睫之前者，亦足見考證之難矣。（《四庫全書總目》卷八十六）

【注釋】

〔一〕【作者研究】胡吉勳撰《杭世駿年譜》（原為1999年復旦大學碩士論文）。

〔二〕【整理與研究】李景遠撰《張參五經文字之研究》(原為 1990 年臺灣政治大學碩士論文)。

〔三〕【蜀石經】即廣政石經。

〔四〕【序跋】厲鶚、全祖望、符元嘉三序並載四庫本卷首。

〔五〕【史源】《魏書》卷四十八。

194. 國史經籍志六卷

明焦竑(1540～1620)撰。竑有《易筌》〔一〕,已著錄。

是書首列制書類,凡御製及中宮著作,記注時政,敕修諸書,皆附焉。餘分經、史、子、集四部。末附《糾繆》一卷,則駁正《漢書》《隋書》《唐書》《宋史》諸《藝文志》,及《四庫書目》《崇文總目》、鄭樵《藝文略》、馬端臨《經籍考》、晁公武《讀書志》諸家分門之誤。

蓋萬曆間,陳于陛議修《國史》,引竑專領其事,書未成而罷,僅成此志,故仍以「國史」為名。顧其書叢抄舊目,無所考核,不論存亡,率爾濫載。古來目錄,惟是書最不足憑。世以竑負博物之名,莫之敢詰,往往貽誤後生。其譎詞炫世,又甚於楊慎之《丹鉛錄》矣。〔二〕(《四庫全書總目》卷八十七)

【注釋】

〔一〕【易筌】是書大旨欲以二氏通於《易》,每雜引《列子》《黃庭內景經》《抱朴子》諸書以釋經。史稱竑講學以羅汝芳為宗,而善耿定向、耿定理及李贄,時頗以禪學譏之,蓋不誣云。(《四庫全書總目》卷八)今按,《續修四庫全書》影印《易筌》六卷《附論》一卷(中國科學院圖書館藏明萬曆四十年刻本)。

〔二〕【整理與研究】焦竑《國史經籍志》是中國目錄學史上有影響的一部書目,歷來論者評價不一,褒貶懸殊較大。王國強教授《論國史經籍志》認為其類例和著錄在繼承借鑒《通志藝文略》的基礎上,也有較多的變通和創新:類例上,兩者體系有別,子目增刪調整較多;著錄上,兩者著錄內容和圖書歸類多有不同。《國史經籍志》類例詳悉,反映了古今著述源流和學術變遷,頗便查檢。該目繼承了古代書目類分圖書方法的優良傳統,並較好地處理了同類書的排序問題,它多彩的注釋方法和豐富的注釋內容,具有一定特色。《國史經籍志》之失在於著錄草率、體例叢雜和類目繁瑣。(《鄭州大學學報》1998 年第 6 期)

195. 讀書敏求記四卷

國朝錢曾（1629～1701）撰。曾字遵王，自號也是翁，常熟（今屬江蘇蘇州市）人。

家富圖籍，多蓄舊笈。此書皆載其最佳之本，手所題識，彷彿歐陽修《集古錄》之意。

凡分經、史、子、集四目。經之支有六，曰禮樂，曰字學，曰韻書，曰書，曰數書，曰小學；史之支有十，曰時令，曰器用，曰食經，曰種藝，曰豢養，曰傳記，曰譜牒，曰科第，曰地理輿圖，曰別志；子之支有二十，曰雜家，曰農家，曰兵家，曰天文，曰五行，曰六壬，曰奇門，曰曆法，曰卜筮，曰星命，曰相法，曰宅經，曰葬書，曰醫家，曰針灸，曰本草方書，曰傷寒，曰攝生，曰藝術，曰類家；集之支有四，曰詩集，曰總集，曰詩文評，曰詞。

其分別門目，多不甚可解。如五經並為一，而字學、韻書、小學乃岐而三；紀傳、編年、雜史之類並為一，而器用、食經之類乃多立子目；儒家、道家、縱橫家並為一，而墨家、雜家、農家、兵家以下乃又縷析諸名，皆離合未當。又如書法、數書本藝術而入經，種藝、豢養本農家而入史，皆配隸無緒。至於朱子《家禮》入禮樂，而司馬氏《書儀》、韓氏《家祭禮》則入史。吾衍《續古篆韻》入字書，而夏竦《古文四聲韻》則入韻書。以至《北夢瑣言》本小說，而入史，《元經》本編年，《碧雞漫志》〔一〕本詞品，而皆入子，編列失次者，尤不一而足。

其中解題，大略多論繕寫刊刻之工拙，於考證不甚留意。如《韻略》《易通》至謬之本，而以為心目了然。《東坡石鼓文全本》，實楊慎偽託，而以為篆籀特全。《朧仙史略》載元順帝為瀛國公子，誣妄無據，而以為修《元史》者見不及此。《了證歌》稱杜光庭，《太素脈法》稱空峒仙翁，本皆偽託，而以為實然。《玄珠密語》最為妄誕〔二〕，而以為申《素問》六氣之隱奧。李商隱《留贈畏之》詩後二首，本為誤失原題，而強生曲解。《聲畫集》本孫紹遠撰，而以為無名氏。《歲寒堂詩話》〔三〕本張戒撰，而以為趙戒。魏校《六書精蘊》最穿鑿，而謂徐官《音釋》六書之學極佳。《四聲等子》與劉鑒《切韻指南》異同不一，而以為即一書。《古三墳書》及《東家雜記》之琴歌，偽託顯然，而依違不斷。蕭常《續後漢書》正《三國志》之誤，而大以為非。王弼注《老子》，世有刻本，而以為不傳。龐安常聖散子方，宋人已力辨蘇軾之誤信，而復稱道其說。屈原賦、宋玉賦，《漢・藝文志》有明文，而斥錢杲之謂《離騷》

為賦之非。歐陽詹〔四〕贈妓詩真蹟，至邵伯溫時猶在，而以為寄懷隱士之作，皆不為確論。

然其述授受之源流，究繕刻之同異，見聞既博，辨別尤精。但以版本而論，亦可謂之賞鑒家〔五〕矣。〔六〕（《四庫全書總目》卷八十七）

【注釋】

〔一〕【碧雞漫志】宋王灼撰。岳珍撰《碧雞漫志校正》（巴蜀書社 2001 年版）。

〔二〕【玄珠密語】舊本題唐王冰撰。《素問序》稱詞理秘密，難粗論述者，別撰《玄珠》以明其道，則冰實有《玄珠》一書。然考冰為寶應時人，官至太僕令。而此書序中有「因則天理位而乃退志休儒」之語，時代事蹟，皆不相合。其書本《素問》五運六氣之說，而敷衍之，始言醫術，浸淫及於測望占候。前有自序，稱為其師玄珠子所授，故曰《玄珠密語》。又自謂以啟問於玄珠，故號啟玄。然考冰所注《素問》，義蘊宏深，文詞典雅，不似此書之迂怪。且序末稱：「傳之非人，殃墮九祖。」乃粗野道流之言。序中又謂：「余於百年間，不逢志求之士，亦不敢隱沒聖人之言。遂書五本，藏之五嶽深洞中。」是直言藏此書時，其年已在百歲之外，居然自號神仙矣，尤怪妄不可信也。宋高保衡等校正《內經》云：「詳王氏《玄珠》，世無傳者，今之《玄珠》乃後人附託之文耳。雖非王氏之書，亦於《素問》十九卷、二十四卷頗有發明。」則宋時已知其偽。明洪武間，呂復作《群經古方論》云：「《密語》所述，乃六氣之說，與高氏所指諸卷全不侔。」則呂復所見者，並非高保衡所見，又偽本中之重儓。術數家假託古人，往往如是，不足詰也。其書舊列於醫家，今以其多涉禨祥，故存其目於術數家焉。（《四庫全書總目》卷一一〇）

〔三〕【歲寒堂詩話】宋張戒撰。是書通論古今詩人，由宋蘇軾、黃庭堅，上溯漢、魏風騷，分為五等。大旨尊李、杜而推陶、阮，始明言志之義，而終之以無邪之旨，可謂不詭於正者。其論唐諸臣詠楊太真事，皆為無禮，獨杜甫立言為得體，尤足維世教而正人心。又專論杜甫詩三十餘條，亦多宋人詩話所未及。考《說郛》及《學海類編》載此書，均止寥寥三四頁。此本為《永樂大典》所載，猶屬完帙。然有二條，此本遺去，而見於《學海類編》者。今謹摭以增入，庶為全璧。《讀書敏求記》本作一卷，今以篇頁稍繁，釐為上下卷云。（《四庫全書總目》卷一九五）

今按，郭紹虞曾比較張戒與嚴羽之異同，分析極為精彩，可視為《四庫提要》之申論。他認為：「惟滄浪重韻味而流為禪悟，張戒重情志而歸於無邪。此則張氏與滄浪之分歧點也。其實情志厚則韻味自厚，二者原互有關係。韻味雖虛必基於實，如使情志淺薄，則韻味每流於空廓；反之，情志雖實必寓於虛，如使意境模糊，則情志亦無由表現，而後世詩人，每不能觀其會通，偏執一端以立門庭，張氏、滄浪即其先例。如使滄浪為王漁洋之先聲，則張氏又為沈歸愚之前驅矣。」（詳見《宋詩話考》第56～57頁）

〔四〕【歐陽詹】字行周，唐泉州晉江人。與韓愈交甚厚，善古文，有《歐陽行周文集》行世。

〔五〕【賞鑒家】彭元瑞《知聖道齋讀書跋》卷一：「書中無甚考證，間有舛誤。每拳拳於板本抄法，乃骨董家氣習。朱筆評閱者更陋，徒作狂語耳。」

〔六〕【整理與研究】錢曾撰、管庭芬、章鈺校正《錢遵王讀書敏求記校證》（江蘇廣陵古籍刻印社影印1987年版），管庭芬輯、章鈺補輯《讀書敏求記校正》（中國書店出版社2011年版），管庭芬、章鈺校證、傅增湘批註、馮惠民整理《藏園批註讀書敏求記校證》（中華書局2012年版）。潘景鄭《著硯樓讀書記》第217頁有「陳師簡校抄本讀書敏求記」條。

196. 述古堂書目無卷數

國朝錢曾（1629～1701）撰。

曾此編，乃其藏書總目。所列門類，瑣碎冗雜，全不師古。其分隸諸書，尤舛謬顛倒，不可名狀，較《讀書敏求記》更無條理。如楊伯嵒《九經補韻》，乃摭九經之字，以補《禮部韻略》，非九經音釋，而列之於經。《玉篇》《龍龕手鏡》《篇海》《從古正文》皆字書也，而列之韻學。《嘯堂集古錄》乃《博古圖》之類，而列之六書。《東觀餘論》乃雜編題跋，《寶章待訪錄》乃搜求書畫，而列之於金石。《班馬異同》《兩漢刊誤補遺》《後漢書年表》乃正史之支流，《兩漢博聞》乃類書，《唐闕史》乃小說，而列之雜史。《資治通鑒》入正史，而所謂編年一門，乃收《甲子紀元》之類。《政和五禮新儀》入禮樂，而《大金集禮》入政刑。《五木經》〔一〕李翱所作，本為博戲，《禁扁》王士點所作，雜記宮殿，而均入之營造。《東國史略》之類入外夷，而《高麗圖經》《真臘風土記》〔二〕《安南志略》《越嶠書》《西洋番國志》又入別志。《澉水志》本地理，而入之於掌故。《釋名》本小學，而入之雜子。《伯牙琴》本別集，《入蜀記》本傳記，而入之小說。《土牛經》本五行，而入之鳥獸。《帝範》〔三〕，唐太宗作，而入之疏諫。《容齋五筆》本說部，《群書歸正集》本儒家，《滄海遺珠》本總集，而入之類書。《詩律武庫》本類書，《滄浪吟卷》本別集，而入之詩話。《文章軌範》本總集，而入之詩文評。

大抵但循名目，不檢本書，鄭樵所譏以《樹萱錄》入農家者，殆於近之。至於以汪藻《浮溪文粹》為汪應辰，以王燾《外臺秘要》〔四〕為林億，撰人乖舛者，尤不可以毛舉。曾號多見古書，而荒謬至此，真不可解之事矣。(《四庫全書總目》卷八十七)

【注釋】

〔一〕【五木經】唐李翺撰。用五木投擲，以決勝負，故名。漢魏至唐盛行。今有《叢書集成》本。

〔二〕【真臘風土記】元周達觀撰。真臘本南海中小國，為扶南之屬。其後漸以強盛，自《隋書》始見於《外國傳》。唐、宋二史並皆紀錄，而朝貢不常至。故所載風土方物，往往疏略不備。元成宗元貞元年乙未，遣使招諭其國，達觀隨行。至大德元年丁酉乃歸。首尾三年，諳悉其俗。因記所聞見為此書，凡四十則。文義頗為賅贍。惟第三十六則內記瀆倫神譴一事，不以為天道之常，而歸功於佛，則所見殊陋。然《元史》不立真臘傳，得此而本末詳具，猶可以補其佚闕。是固宜存備參訂，作職方之外紀者矣。(《四庫全書總目》卷七十一)

今按，真臘，或稱占臘，即今柬埔寨。馮承鈞譯《真臘風土記箋注》，陳正祥撰《真臘風土記研究》，夏鼐撰《真臘風土記校注》(中華書局 1981 年版)。

〔三〕【帝範】唐太宗作。亦稱《金鏡帝範》。《四庫全書總目》列入子部儒家類。今按，此書有《四庫全書》本、《叢書集成》本。前者採自《永樂大典》，後者據日本本影印。大抵本文以日本本為佳，注文以四庫本為勝。有興趣者可以做一專題比較。又按，羅振玉《大雲書庫藏書題識·帝範》云：「二卷，日本寬文刻本。此書據晁氏《讀書志》在宋已佚其半，新舊《唐書》載此書，並作四卷，然全書僅十二篇，每三篇為一卷，似分卷太多。此本分上下二卷，每卷六篇。」(《雪堂類稿》戊冊第 1179 頁)

〔四〕【外臺秘要】唐王燾(約 670～755)撰。今按，《外臺秘要》集唐以前方書之大成。1955 年人民衛生出版社影印出版。靜嘉堂文庫藏宋紹興間四十卷刻本，被確認為「日本重要文化財」。(《日本藏漢籍珍本追蹤紀實》第 287～291 頁)

197. 史通二十卷

唐劉子玄（661～721）撰。子玄本名知幾，避明皇嫌名，以字行，彭城（今江蘇徐州）人。弱冠擢進士第。調獲嘉尉，遷鳳閣舍人，兼修國史。中宗時擢太子率更令，累遷秘書監、太子左庶子、崇文館學士。開元初，官至左散騎常侍。後坐事貶安州別駕，卒於官。事蹟具《唐書》本傳。〔一〕

此書成於景龍四年（710）。凡內篇十卷，三十九篇，外篇十卷，十三篇。蓋其官秘書監時，與蕭至忠〔二〕、宗楚客等爭論史事不合，故發憤而著書也。其內篇《體統》《紕繆》《弛張》三篇，有錄無書。考本傳已稱著《史通》四十九篇，則三篇之亡在修《唐書》以前矣。

內篇皆論史家體例，辨別是非。外篇則述史籍源流及雜評古人得失，文或與內篇重出，又或牴牾。觀開卷《六家》篇首稱：「自古帝王文籍，外篇言之備矣。」是先有外篇，乃擷其精華以成內篇，故刪除有所未盡也。〔三〕

子玄於史學最深，又領史職幾三十年，更曆書局亦最久。其貫穿今古，洞悉利病，實非後人之所及。〔四〕而性本過剛，詞復有激，詆訶太甚，或悍然不顧其安。《疑古》《惑經》諸篇，世所共詬，不待言矣。即如《六家》篇譏《尚書》為例不純，《載言》篇譏左氏不遵古法，《人物》篇譏《尚書》不載八元、八愷、寒浞、飛廉、惡來、閎夭、散宜生，譏《春秋》不載由余、百里奚、范蠡、文種、曹沫、公儀休、寧戚、穰苴，亦殊謬妄。至於史家書法，在褒貶不在名號，昏暴如幽、厲，不能削其王號也。而《稱謂》篇謂晉康、穆以下諸帝，皆當削其廟號。朱雲之折檻，張綱之埋輪，直節凜然，而《言語》篇斥為小辨，史不當書。蘧瑗位列大夫，未嘗棲隱，而《品藻》篇謂《高士傳》漏載其名。孔子門人欲尊有若，事出《孟子》，定不虛誣，而《鑒識》篇以《史記》載此一事，其鄙陋甚於褚少孫。皆任意抑揚，偏駁殊甚。其他如《雜說》篇指趙盾魚飧，不為菲食，議公羊之誣；并州竹馬，非其土產，譏《東觀漢記》之謬，亦多瑣屑支離。且《周禮》太史掌國之六典，小史掌邦國之志，則史官兼司掌故，古之制也。子玄之意，惟以褒貶為宗，餘事皆視為枝贅。故《表曆》《書志》兩篇，於班、馬以來之舊例，一一排斥，多欲刪除，尤乖古法。餘如譏《後漢書》之採雜說，而自據《竹書紀年》《山海經》；譏《漢書・五行志》之舛誤，而自以元暉之《科錄》為魏濟陰王暉業作；以《後漢書・劉虞傳》為在《三國志》中，小小疏漏，更所不免。然其縷析條分，如別黑白，一經抉摘，雖馬遷、班固，幾無詞以自解免。亦可云載筆之法家，著書之監史矣。

自明以來，注本凡三四家〔五〕，而訛脫竄亂，均如一轍。此本為內府所藏舊刻，未有注文，視諸家猶為近古。其中《點煩》一篇，諸本並佚其朱點，此本亦同。無可校補，姑仍之焉。〔六〕（《四庫全書總目》卷八十八）

【注釋】

〔一〕【作者研究】傅振倫撰《劉知幾年譜》（中華書局 1963 年版），與《史通作者劉知幾研究》（文星書店 1965 年版），許凌雲撰《劉知幾評傳》（南京大學出版社 1994 年版）。

〔二〕【蕭至忠】（？～713），唐沂州人。攀附太平公主。後因與合謀廢玄宗而被殺。

〔三〕【整理與研究】黃叔琳撰《史通訓詁補》，浦起龍撰《史通通釋》（1978 年中華書局出版浦起龍注標點本），林時民撰《劉知幾史通之研究》（臺北文史哲出版社 1987 年版），趙俊撰《史通理論體系研究》（遼寧大學出版社 1990 年版），張三夕撰《批判史學的批判——劉知幾及其史通研究》（臺北文津出版社 1992 年版、華中師範大學出版社 2010 年版）。

〔四〕【評論】是書論述史籍源流、體例、史官建置和舊史得失，為中國古代首創系統史學理論專著。可參考汪榮祖先生《史傳通說》（中華書局 2003 年版）一書。

〔五〕【版本】明嘉靖年間，陸深得到宋本，據之校刻行世，稱為蜀本。萬曆年間，張之象、張鼎思、郭延年、王惟儉等先後校刻此書。

〔六〕【史通削繁】錢泰吉《曝書雜記》卷上：「紀文達用浦氏本，細加評閱。所取者記以朱筆，其紕繆者以綠筆點之，冗漫者以紫筆點之。除二色筆所點外，排比其文，抄為一帙，曰《史通削繁》。」司馬按，可將紀昀《史通削繁》及《文心雕龍》評本與《總目》有關部分作一詳細的比較研究，看他在文學批評、史學批評上的主張多大程度上貫串到《總目》之中。

198. 唐鑒二十四卷

宋范祖禹（1041～1098）撰，呂祖謙（1137～1181）注。祖禹字淳父，華陽（今四川成都）人。嘉祐八年（1063）進士。歷官龍圖閣學士，出知陝州（今河南三門峽市）。事蹟附載《宋史》范鎮傳中。祖謙有《古周易》，已著錄。

初，治平中，司馬光奉詔修《通鑒》，祖禹為編修官，分掌唐史，以其所自得者著成此書。上自高祖，下迄昭、宣，撮取大綱，繫以論斷，為卷十二。

元祐初，表上於朝。結銜稱著作佐郎，蓋進書時所居官也。後祖謙為作注，乃分為二十四卷。蔡絛《鐵圍山叢談》曰：「祖禹子溫遊大相國寺，諸貴璫見之，皆指目曰：『此《唐鑑》之子。』」〔一〕蓋不知祖禹為誰，獨習聞有《唐鑑》也，則是書為當世所重可知矣。張端義《貴耳集》亦記高宗與講官言：「讀《資治通鑑》，知司馬光有宰相度量；讀《唐鑑》，知范祖有臺諫手段。」

惟《朱子語錄》謂其議論弱，又有不相應處〔二〕。然《通鑑》以武后紀年，祖禹獨用沈既濟之說，取武后臨朝二十一年，繫之中宗。自謂比《春秋》「公在干侯」之義，且曰雖得罪君子，亦所不辭。後朱子作《通鑑綱目》，書「帝在房州（今湖北房縣）」，實仍其例。王懋竑《白田雜著》亦曰：「范淳夫《唐鑑》，言有治人無治法。朱子嘗鄙其論，以為苟簡。而晚年作《社倉〔三〕記》，則亟稱之，以為不易之論，而自述前言之誤。蓋其經歷（既）〔已〕多，故前後所言有不同者，讀者宜詳考焉，未可執〔其〕一說以為定也。」〔四〕然則《朱子語錄》之所載，未可據以斷此書矣。〔五〕（《四庫全書總目》卷八十八）

【注釋】

〔一〕【史源】《鐵圍山叢談》卷四。

〔二〕【評論】《朱子語類》卷四十四：「大抵范氏說多如此，其人最好編類文字，觀書多匆遽，不仔細好學，而首章說得亂董董地，覺得他理會這物事不下。大抵范氏為人宏博純粹，卻不會研窮透徹。如《唐鑑》只是大體好，不甚精密，議論之間多有說那人不盡。」

〔三〕【社倉】古代置於民間之公共糧倉，因設於鄉社，故名。又稱為義倉。

〔四〕【史源】王懋竑《白田雜著》卷六。

〔五〕【整理與研究】呂祖謙撰《東萊音注唐鑑》，《呂祖謙全集》第24冊（浙江古籍出版社2017年版）。

199. 通鑑問疑一卷

宋劉羲仲撰。羲仲，筠州（今江西高安）人。秘書丞恕之長子，《宋史》附見恕傳末。但稱恕死後七年，《通鑑》成。追錄其勞，官其子羲仲，案：《宋史》原本作義仲，《癸辛雜識》亦作義仲。均傳寫之誤，今改正。為郊社齋郎。其始末則未詳也。

史稱司馬光編次《資治通鑑》，英宗命自擇館閣英才共修之。光對曰：「館閣文學之士誠多，至於專精史學，臣得而知者，惟劉恕耳。」即召為局僚。遇史事紛雜難治者，輒以諉恕。恕於魏、晉以後事，考證差謬，最為精詳。羲仲此書，即裒錄恕與光往還論難之詞〔一〕。據書末稱：「方今《春秋》尚廢，況此書乎（云云）。」蓋成於熙寧以後。

邵伯溫《聞見錄》稱：《通鑑》以《史記》、前後漢屬劉攽，以唐逮五代屬范祖禹，以三國歷九朝至隋屬恕。故此書所論，皆三國至南北朝事也。凡所辯論，皆極精覈。史所稱篤好史學，自太史公所記，下至周顯德末，私記雜說，無所不覽，上下數千載間，鉅細之事，如指諸掌者，殆非虛語。

《通鑑》帝魏，朱子修《綱目》改帝蜀，講學家以為申明大義，上繼《春秋》。今觀是書，則恕嘗以蜀比東晉，擬紹正統，與光力爭而不從。是不但習鑿齒、劉知幾先有此說，即修《通鑑》時亦未嘗無人議及矣。

末附羲仲與范祖禹書一篇，稱其父在書局，止類事蹟，勒成長編。其是非予奪之際，一出君實筆削。而羲仲不及見君實，不備知凡例中是非予奪所以然之故。范淳父亦嘗預修《通鑑》，乃書所疑問焉，所舉凡八事。覆載得祖禹答書，具為剖析，乃深悔其詰難之誤。且自言：「恐復有小言破言，小道害道，如己之所云者，故載之使後世有考焉。」其能顯先人之善，而又不自諱其所失，尤足見涑水之徒，猶有先儒質直之遺也。（《四庫全書總目》卷八十八）

【注釋】

〔一〕【史源】秘書丞高安劉公諱恕，字道原。嘗同司馬公修《資治通鑑》。司馬公深畏愛其博學，每以所疑問焉。秘丞公未冠登第，名動京師，文行並高，意氣偉然，然以直不容於世。論次一家之書，欲為萬世之傳，固已負其初心，而書未及成，捐棄館舍。後世又未必知秘丞公於《通鑑》嘗預有力焉也。秘丞公有子曰羲仲，傷其先人功之不彰，而幼侍疾家庭，嘗備聞餘論，乃纂集其與司馬公往復相難者，作《通鑑問疑》。（四庫本《通鑑問疑》卷首）

200. 讀史管見三十卷

宋胡寅（1098～1156）撰。寅字明仲，號致堂，崇安（今屬福建武夷山市）人。官至禮部侍郎，諡文忠。事蹟具《宋史》本傳。

是編乃其謫居之時讀司馬光《資治通鑑》而作。前有嘉定（丙）〔戊〕寅〔一〕其猶子大壯序稱：「書成於紹興乙亥（1155）。又稱其父安國受知高宗，奉詔修《春秋傳》，宏綱大義，日月著明。二百四十二年之後，至於五代。司馬

光所述《資治通鑒》，事雖備而立議少實，因用《春秋》經旨，尚論詳評（云云）。」〔二〕

案：胡安國之傳《春秋》，於筆削大旨雖有發明，而亦頗傷於深刻。是以《欽定春秋傳說匯纂》於其已甚之詞，多加駁正，以持褒貶之平。寅作是書，因其父說，彌用嚴苛。大抵其論人也，人人責以孔、顏、思、孟；其論事也，事事繩以虞、夏、商、周。名為存天理，遏人慾，崇王道，賤霸功，而不近人情，不揆事勢，卒至於窒礙而難行。王應麟《通鑒答問》謂：「但就一事詆斥，不究其事之始終。」〔三〕誠篤論也。又多假借論端，自申己說，凡所論是非，往往枝蔓於本事之外。

趙與時《賓退錄》曰：「胡致堂著《讀史管見》，主於譏議秦會之，開卷可（見）〔考〕也。如桑維翰雖因契丹而相，其意特欲興晉而已，固無挾（敵）〔虜〕以自重、劫國以盜權之意，猶足為賢。尤為深切。致堂本文定從子，其生也，父母欲不舉，文定夫人舉而子之。及貴，遭本生之喪，士論有非之者。案：寅以不持本生之服遭劾，見《宋史》本傳。其自辨之書則見所撰《斐然集》中。（考）〔故〕『漢宣帝立皇考廟』、『晉出帝封宋王敬儒』兩章，專以自解。而於『漢哀帝立定陶後』一節，直謂為人後者不顧私親，安而行之，猶天性也。吁，甚矣！首卷論豫讓報仇，曰無所為而為善，雖《大學》之道不是過。若致堂者，其亦有所為而著書者歟？」〔四〕則在當時論者亦有異同者矣。

至國朝朱直作《史論初集》〔五〕，專駁是書。其間詆訶之詞雖不免於過當，然亦寅之好為高論有以激之，至於出爾反爾也。〔六〕（《四庫全書總目》卷八十九）

【注釋】

〔一〕【校勘】序文原用太歲紀年作「著雍攝提格」，太歲在戊曰著雍，在寅叫攝提格，著雍攝提格即戊寅。而《總目》誤將「戊寅」作「丙寅」。此處戊寅為嘉定十一年，即公元 1218 年。

〔二〕【版本】陸心源《儀顧堂題跋》卷五：「據大正序，淳熙以前無刊本，至大正官溫陵，始刊於州治之中和堂，乃此書初刻也。其後嘉定十一年，其孫某守衡陽，刊於郡齋，並為三十卷。與《書錄解題》合，有猶子大壯序，明季有重刊本，即四庫附存其目之本也……是此書在宋凡三刻，元人又重刊之，其為當時所重可知。」今按，陸氏所藏八十卷本，今藏日本靜嘉堂文庫，為世間絕無僅有之孤本。（《日本藏漢籍珍本追蹤紀實》第 285～287 頁）

〔三〕【評論】《玉海》卷四十九「讀史管見」條：「胡寅既退居，著《讀史管見》，論周秦至五代得失，其論甚正。蓋於蔡京、秦檜之事，數寄意焉。」

〔四〕【史源】宋趙與時《賓退錄》卷二。《賓退錄》又云：「然其間確論固不容掩也。」

〔五〕【史論初集】國朝朱直撰。是集為駁正胡寅《讀史管見》而作。其中頗有持平之論，如《牛晉論》等篇，雖寅復生不能辨。然而詞氣太激，動乖雅道，每詆寅為腐儒；為濛濛未視之狗；為雙目如瞽，滿腹皆痰；為但可去注《三字經》《百家姓》，不應作史論；為癡絕，呆絕，稚氣，腐臭。雖寅書刻酷鍛鍊，使漢、唐以下無完人，實有以激萬世不平之氣。究之讀古人書，但當平心而論是非，不必若是之毒詈也。（《四庫全書總目》卷九十）

司馬按，錢大昕答王鳴盛書云：「學問乃千秋事，訂訛規過，非訾毀前人，實嘉惠後學。但議論須平允，詞氣須謙和。」學術乃天下之公器，學術批評當平心而論是非，不應動輒毒詈，否則貽笑大方。「文革」語言，火藥味十足，留下多少笑柄！

〔六〕【評論】馮班《鈍吟雜錄》卷四：「訐也，訕也，稱人之惡也，宋人謂之英氣君子之所惡也。一部《讀史管見》，都是謗毀古人。」

【整理與研究】尹業初撰《胡寅歷史政治哲學研究——以致堂讀史管見為中心》（中國社會科學出版社 2013 年版），作者認為，湖湘學派著名學者胡寅在《致堂讀史管見》中，選取《資治通鑒》的歷史題材，注重通過預先設立的「天理」標準與「正統」標準，對歷史事件與人物加以品評，目的是為歷史與現實樹正統、斥篡賊、明仁義、隆儒術、立三綱、興教化，具有很強的政治批判意識，表現出明顯的以經斷史，以史證經的義理化傾向。出於維護儒家價值觀的堅定立場，胡寅展開了對佛學、道學、玄學的批判，強調華夷之辨，凸顯出鮮明的理學精神。本著先秦崇尚「天德」的社會歷史觀，結合宋代理學思想的發展，胡寅形成了以「天理」為本位的社會歷史觀。客觀辯證地理解胡寅史論形式闡釋的歷史政治哲學及其歷史地位與作用，對於認識宋代儒學的演變及其社會作用，自有不可替代的學術價值。